梦山书系

文本解读与
小学语文教学设计

郭晓莹◎编著

海峡出版发行集团
THE STRAITS PUBLISHING & DISTRIBUTING GROUP
福建教育出版社

图书在版编目（CIP）数据

文本解读与小学语文教学设计/郭晓莹编著．—福州：福建教育出版社，2019.3（2022.3 重印）
ISBN 978-7-5334-8383-8

Ⅰ．①文…　Ⅱ．①郭…　Ⅲ．①小学语文课—教学设计
Ⅳ．①G623.202

中国版本图书馆 CIP 数据核字（2019）第 035842 号

Wenben Jiedu yu Xiaoxue Yuwen Jiaoxue Sheji
文本解读与小学语文教学设计
郭晓莹　编著

出版发行　福建教育出版社
（福州市梦山路 27 号　邮编：350025　网址：www.fep.com.cn
编辑部电话：0591-83786915
发行部电话：0591-83721876　87115073　010-62024258）
出 版 人　江金辉
印　　刷　福州报业鸿升印刷有限责任公司
（福州市仓山区建新镇建新北路 151 号　邮编：350082）
开　　本　710 毫米×1000 毫米　1/16
印　　张　19.5
字　　数　278 千字
插　　页　2
版　　次　2019 年 3 月第 1 版　　2022 年 3 月第 4 次印刷
书　　号　ISBN 978-7-5334-8383-8
定　　价　45.00 元

小学阅读教学入门之作

施茂枝

郭晓莹老师长期从事小学语文教学研究，在儿童阅读推广方面的研究与实践颇有成果，并产生积极影响。近年，又开始将研究领域延伸到阅读课堂教学，特别是有关阅读教学设计的基本方法和教学基本技能训练，也有了斩获。在其研究成果《文本解读与小学语文教学设计》即将出版之际，嘱我写几句话。

纵观全书，有以下四个特点：

其一，基础性。“小学语文课程与教学论”或“小学语文教材教法”之类相当程度上属于经验性课程，课程内容多由编著者研发或确定，与编者个体经验、个人视角以及所选取的实践“样品”的个性密切相关，不同版本教材或著述，内容差异巨大。深究起来，除了业界对小学语文教学方法缺乏普遍共识外，还根源于业界忽视小学语文教学需要的基本技能或基本素养。本书聚焦小学语文课程的最大领域——阅读，阐述文本与文本解读、教学设计环节与实践、阅读教学设计方法与实践、文体意识下的阅读教学设计、文本片段教学设计、案例分析与训练，特别在“基础”二字下功夫，侧重介绍上述各个方面的最基本而又被不少教材、小学语文教学类专著所忽略的做法和教法，对于从事或即将从事小学语文教学的教师或准教师，这些都是必须掌握的基本能力或基本技能，也就是从教必备的基本素养。阅读此书，可以较快地获得小学阅读教学的入门之法。

其二，全面性。全书触角全方位地延伸到阅读教学的多个方面。第二章的教学设计环节与实践，内容涵盖确定教学目标、把握教学重点、教学导入设计、作业设计、板书设计；第三章的阅读教学设计方法，内容涵盖阅读教学的方法、词语的教学方法、提问的方法；第四章文体意识下的阅读教学设计，内容涵盖阅读教学内容选择、阅读教学的策略、文体分类教学设计与分析、阅读教学设计典型范例；第五章的文本片段教学设计，内容涵盖片段教学与设计、片段教学流程、片段教学设计训练与分析、教材文本的片段教学设计范例；第六章的案例分析与训练，内容涵盖教学案例与案例分析、案例分析的典型问题、不同类型的案例分析。阅读本书，切实掌握这些内容，就可以基本满足应对日常阅读教学的需要，尤其是可以基本满足应对教师入职考试的需要，包括作答笔试和面试中的各种类型试题。

其三，实践性。小学语文教学论之类课程，终究是实践性课程，不以掌握理论知识和一整套理论体系为目标，而以培养教学能力、让学生顺利入职并初步站稳三尺讲台为目标取向。但遗憾的是，高校小学语文教学论教材，往往更偏重于阐述理论，而忽视基本能力和基本技能的训练，致使师范院校毕业生普遍不具备最基本的教学能力和教学技能。《中国教育报》2007 年 5 月 21 日刊载调查报告《高师毕业生为何站不稳三尺讲台》一文，真实地揭开了高师生普遍缺乏教学能力和教学技能的真面目，产生了较大反响。近年来，不能说状况完全没有改变，但依然不容乐观。与许多教材和专著不同，本书精准把握住实践性特点，重在进行基本的教学能力、教学技能训练，针对性强。

其四，操作性。即可学、可用，可以学以致用。本书通俗易懂，大部分的教学设计，其操作步骤、操作方法都阐释得比较具体、清晰，操作性比较强。如说明性文章，在文体教学内容选择中，阐释了此类课文语言、说明方法、整体布局等方面教学内容。在文体分类教学设计中先阐释说明文的设计要点：体味精准语言、培养学生科学的思维方法、学习并运用说明事物的基本方法、重构语言表达和说明方法；再通过具体案例，诠释说明文的设计范式，具体介绍此类课文的教学步骤。只要认真阅读，说明文的设计要领，就不难掌握。

基于上述“四性”，本书可以作为小学阅读教学的入门之作，对于准教师顺利入职和新教师较快站稳讲台，特别具有指导意义。许多从教多年的小学语文教师，在他们接受的教师教育经历中，上述各方面的技能或素养也多有缺漏，对于他们，本书同样具有参考价值。

是为序。

2018年12月于集美大学诚毅学院

目 录

第一章 文本与文本解读

第二章 教学设计环节与实践

第三章 阅读教学设计方法与实践

第四章　文体意识下的阅读教学设计

第五章　文本片段教学设计

第六章　教学案例分析与训练

第一章

文本与文本解读

第一节　文本解读的理论概述

“文本”是一种载体。中国古代曾经把文字写在竹简或绢帛上，还有铸在钟鼎上，铭刻在石碑上等，随着现代媒体技术的发展，又有了电子文本，各种各样记录了文学符码的载体都可以称为文本。语文“文本”有狭义和广义之分，狭义上的语文“文本”，是根据教育行政部门颁布的语文教学大纲或课程标准的要求，针对特定学生群体的需要而选编的语文教科书；广义上的语文“文本”则还包括以教学辅助资料为代表的、用以实现语文学科之教育目的的课内外的言语材料，它指以纸质文本为主的，包括电子音像文本等在内的语文教学所用的交流内容。

一、　文本解读理论的观点

“文本解读”一词有它的同义词、近义词，如文本细读、文本研读、文本钻研等等。“文本解读”源于 20 世纪西方文论中的一个重要流派——语义学，这一流派将语义分析作为文学批评的最基本的方法和手段，其中文本细读是语义学对文本进行解读的重要方法和显著特征。新批评流派的“细读”，强调的是对作品的研究，把文本的微观分析当作文学研究的中心，而不研究作家的生平和思想，其弊端是太过着重于修辞，拘泥于文字的隐喻、含蓄之类，缺乏一种总体把握的气魄。①

近年来，“文本解读”成为了一个热词，我国语文阅读理论界对“文本解

① 赖瑞云：《文本解读与语文教学新论》，北京师范大学出版社，2013 年 5 月出版，第 257 页。

读”也有如下的相关观点：

上海师范大学教授王荣生提倡根据体式和学情对文本进行教学解读，他认为依据体式，是文本解读的基本通则，而在文本的教学解读中，要关注学生的学习经验。①

福建师范大学教授孙绍振先生认为经典文本的内涵分为三个层次：第一个层次是学生可以一望而知的，是最为浅显的一层，第二个层次是容易被忽视的，是较为深刻的，而第三个层次是具有更加隐秘的内涵的，这三个层次是由浅入深的过程。文本解读就要挖掘文本的内在矛盾，揭示其隐秘的内涵。②

华中师范大学教授王先霈认为的“文本细读”是“一定要从文本实际出发，紧扣文本的文字，紧扣上下文。离开文本，就失去了最重要的根基。不尊重和细读体会原文，而去‘细读’，去大胆发挥，那是很要不得的”。

复旦大学教授陈思和提出了“直面作品”“寻找经典”“寻找缝隙”“寻找原型”的文本解读四法。

华东师范大学教授方智范提出“做作者知音、文本知音。感受形象、触摸语言，立足整体抓重点、抓神光所聚之文眼”的文本解读法。

以上专家学者对文本解读的内容和方法都提出了自己的见解和看法，大学学者的认识具有一定理论性，语文界也开始改变过去对文学鉴赏理论敬而远之的态度，而是渐渐尝试运用理论来指导实践。大学学者介入语文教学之中，是语文教育更新换代、成功突围的重要希望。结合教学实践，我们教学中所提到的文本解读，实际上是对美国新批评文本细读的一种“拿来”，是具有中国特色的文本解读，这种解读是开放的、多元的。一线教师注重的是具体教学实践。清华大学附小的特级教师窦桂梅提出，文本解读主要针对文学

---

① 步进：《如何确定教学内容——“依据文本体式”和“根据学生学情”的统一性》，《语文学习》2011 年第 21 期。

② 孙绍振：《文本分析的七个层次》，《语文建设》2008 年第 3 期，第 4—8 页。

作品的语言、细节、结构和背景来进行细读；特级教师王崧舟则提出在课堂语境中提倡文本崇拜、作者崇拜、读者崇拜等多种细读姿态共同存在的文本的多元细读姿态，他认为只要有利于教学，他人的观点、自己的感悟就有必要兼容并蓄，相辅相成。①

综上，“文本解读”是读者通过阅读从文本中获取和解释意义的过程。文本的价值和功能最终只能在读者阅读过程中实现。“文本解读”强调阅读主体的背景、经验、能力在阅读作品过程中的作用，读者凭借自己的感受力和想象力，批文入情，不仅要解读文本的字面意义，更要品味文本的字中情、言外意，破解文字密码，准确理解和感悟文本，并最终形成对文本的理解。这是一个包括艺术感知、情感逻辑、文学形式、文学流派、文学风格等的系统工程。

当前语文课堂教学的“文本解读”中经常存在如下问题：一是浅尝辄止，蜻蜓点水，浮在面上。对教材文本的解读根据教参所提供的结论去“理解”选文，根据课后思考和习题来“揣摩”编撰教材者的目的。二是拿来主义，一味相信教参和别人的设计，不假思索地复制、粘贴和引用。三是曲解或误读文本，脱离学生实际和时代特点来教，根据网络上的教案来“想出”教学内容等等。这些方法都是脱离文本、忽略学生具体情况的不合理解读方式。这种照本宣科的行为会将文本分析得支离破碎，导致学生觉得枯燥无味；还有很多时候会出现教师和学生“解读”在同一层次的尴尬，即“教与未教一个样”。这样的文本解读，必然造成课堂教学的无聊、无效。

“教师要上好一节阅读课，有三个关键：一是对文本要有正确深入的解读，二是要创造性地进行教学设计，三是灵活机动的课堂实施。”（沈大安）“三个关键”中“对文本要有正确深入的解读”更是重中之重的问题。文本解读主要目的是要确定“教什么”，“教什么”是研究“怎么教”的基础。在新课程背景下，要想让我们的阅读教学真正凸显语文学科的功能，体现工具性

---

① 胡薇：《钱理群、孙绍振文本细读比较研究》，华中师范大学硕士论文，2014 年，第 8—9 页。

和人文性的统一，实现高效课堂，能否正确深入解读文本无疑是小学语文阅读教学效率高低、精彩与否的关键。

二、 文本解读的视角

“一千个读者就有一千个哈姆雷特”，文本具有多元性，读者具有多层次性的特点，使得文本解读极为复杂与丰富。作为阅读教学的文本，进行文本解读时必须同时有教者视角、读者视角和儿童视角。

1. 教者视角

教者视角的文本解读是《义务教育语文课程标准（2011 年版）》（以下简称“课标”）指导下的解读。课标是文本解读的指南，教师要在理解文本的基础上对文本再创造。教者视角的文本解读要凸显学科的本体特征。

首先是与编者对话，了解教材编者之用意。课标指出：“阅读教学是学生、教师、教科书编者、文本之间对话的过程。”教材中的每一篇课文都是编者从浩如烟海的文章中精选出来的，安排在哪个位置也是经过编者再三斟酌的。如人教版小学语文四年级上册第三组安排的是“中外童话”，围绕这一专题，教材选取了不同作家、不同风格的四篇童话《巨人的花园》《幸福是什么》《去年的树》《小木偶的故事》，在单元后的“学习园地”中则安排了以读童话、编童话、讲童话、演童话为主要内容的“口语交际・习作”。童话类文本在一、二年级出现的频率已经很高，编者为什么在中年级还专门安排这一个单元呢？通过解读单元导语，我们便能领会：这一单元的童话类课文，具有总结、提升作用。所以，教师在教学时不仅要让学生阅读本单元童话，更要在此基础上，引导学生阅读更多的童话，并在大量阅读、建立感性认识的基础上，通过讨论、交流，引导学生体会童话的特点，感受童话的魅力。

教师只有把握教材的编写意图，了解课标的理念和要求，才能进行准确的文本解读，才能把握文本的价值取向，才能合理、有效地使用文本，有的放矢地进行阅读教学。

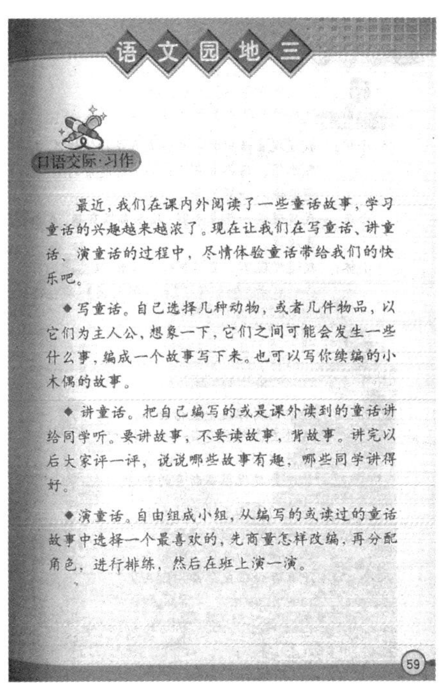

语文园地三

口语交际·习作

最近，我们在课内外阅读了一些童话故事，学习童话的兴趣越来越浓了。现在让我们在写童话、讲童话、演童话的过程中，尽情体验童话带给我们的快乐吧。

◆ 写童话。自己选择几种动物，或者几件物品，以它们为主人公，想象一下，它们之间可能会发生一些什么事，编成一个故事写下来。也可以写你续编的小木偶的故事。

◆ 讲童话。把自己编写的或是课外读到的童话讲给同学听。要讲故事，不要读故事，背故事。讲完以后大家评一评，说说哪些故事有趣，哪些同学讲得好。

◆ 演童话。自由组成小组，从编写的或读过的童话故事中选择一个最喜欢的，先商量怎样改编，再分配角色，进行排练，然后在班上演一演。

59

其次，与作者对话，体会作者的思想情感。作者创作时都会考虑读者的反应和接受能力，希望能达到一致的交流和理解。如《山雨》（人教版课标本第十一册）一课，作者赵丽宏向读者描绘了一幅有声有色的山林雨景图，字里行间处处洋溢着对山雨、对大自然那份浓浓的爱和深深的眷恋，体现出作者清雅脱俗的审美情趣。文章主要着笔于山雨带来的音韵美和色彩美，通过视觉和听觉描绘出山雨的特点，表达了作者对山雨、对大自然的喜爱之情。教学本篇课文要让学生阅读课文，体会作者对大自然的无比热爱之情，并引导学生在朗读中品味优美语言，领悟作者是怎样细致观察、用心倾听山雨的，学习通过联想和想象来表达独特的感受的方法。因此，“与作者对话”是教师品味、探究文本的过程，是教师将自己的情感倾注其中，使自己的思想与作者产生共鸣的过程。教师只有自己首先走进了文本，领悟了文本，体会作者的思想以后，才能把握文本的意义及实质性的重点内容，才能给文本的价值取向准确定位。教学时才能引导学生合理地解读文本。

2. 读者视角

“作品”在没有读者介入之前，只是纯粹的“文本”，作者创作了作品的一半，另一半等着读者来创作。在接受主义美学看来，文本是一个开放的“召唤结构”，它以自己的创造性空白热情地召唤读者的沉入和飞翔。因此，作为读者，每一次细读文本，都是一次独特的体验和行走。

以《穷人》（人教版课标本第十一册）为例，作家列夫·托尔斯泰用一千多字的短篇小说讲述渔夫和妻子桑娜，在邻居西蒙死后，主动收养她两个孩子的故事，从中看出淳朴善良的渔夫夫妇在生活的重压下，依然热爱生活，内心依旧富有。在被文本打动的同时，读者可能有如下疑问：

①明知恶劣的天气下出海会一无所获，为何渔夫深夜不归？②西蒙明知自己不行了，为何不提前将两个孩子托付亲友？③桑娜在“心惊肉跳”“忐忑不安”之后，为何两次陷入“沉思”与“沉默”？④穷人是否真的一无所有？

教师可以和学生带着这样的疑问一起梳理文本，在一次次讨论和思考中解疑，从而感受渔夫和妻子生活虽然艰难，但是他们的勤劳、善良却让贫穷的生活充满爱意。以下是一位教师在课堂上提出的思考，引导学生来理解“穷人”：

师：同学们，都说《穷人》写得很精彩，可老师读完了整篇小说，字里行间找不到一个“穷”字，这些穷人真的很穷吗？（生点头）那你是从什么地方读到的？

生：我从第二段的第三句看出他们很穷，因为课文说“丈夫不顾惜身体，冒着寒冷的风暴出去打鱼。她自己从早到晚地干活，还只能勉强填饱肚子”。他们很辛苦，但是也只能勉强维持生活。

师：还有补充吗？

生：课文中说“不论冬夏都光着脚跑来跑去”，“光着脚”说明他们连买鞋子的钱都没有，而且吃的是“黑面包”，黑面包我从课外了解到，它不像白面包那样很软很好吃，是很硬的，没有水的话，根本吃不下去的。而且说“菜只有鱼”，渔夫天天去打鱼的，因为没钱买菜，只能去打一点鱼来，看出他们很穷。

从以上课堂的互动中，我们可以看到每个读者（学生）在阅读时都带有自己的经验、反应和接受能力，阅读时会有自己对文本独特的理解和感受。读者自身的丰富性、鲜活的感受性决定了视角呈现的多元性。当然，由于读者主体的心理图式本身有强点和弱点，有敏感点和盲点，因而其反应是不完全一样的。所以，要沉下心来细读文本，捕捉文本的独特性，要读进去、想进去，读出形象，也要走出来、细品味，读出自己的独特理解。

3. 儿童视角

在小学阶段，学生即是儿童，文本解读要站在儿童的立场，用儿童的眼睛去发现文本，用儿童的心灵去亲近文本中属于儿童文化的那些特质。教师必须根据儿童的心理和成长特点，遵循教育教学的规律，用适合儿童的方法与策略来解读文本。

小学教材中有一个富有童趣的“泡泡语”设计，“泡泡语”即提示语。“泡泡语”通常很简短，位置不固定，常见于文中，或者篇末，有的会在“语文园地”或“拓展提升”中。“泡泡语”根据儿童的心理特点和文本学习的需要来设计：有的从学生的角度提出疑问，引导学生关注重点；有的引导学生揣摩遣词造句的妙处和文章的写法；有的引导学生在本课的基础上进行拓展延伸……如《蝙蝠与雷达》的泡泡语是：“我也要从动物身上得到启示，设计一个小发明。”《两个铁球同时着地》里的泡泡语是：“我知道伽利略的疑问是怎样产生的。”《万年牢》的泡泡语是：“课文中三处提到‘万年牢’，这中间有什么联系呢?”……教师可以利用“泡泡语”引导学生读、想、悟，让他们明白阅读过程中应该往什么地方想、想什么、怎么进一步思考，从而掌握阅读方法。这就是一种符合儿童心理的巧妙引导。

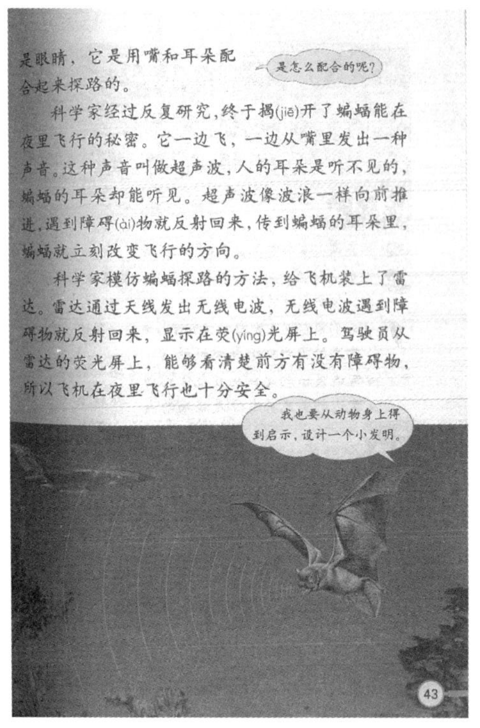

是眼睛，它是用嘴和耳朵配合起来探路的。

是怎么配合的呢？

科学家经过反复研究，终于揭(jiē)开了蝙蝠能在夜里飞行的秘密。它一边飞，一边从嘴里发出一种声音。这种声音叫做超声波，人的耳朵是听不见的，蝙蝠的耳朵却能听见。超声波像波浪一样向前推进，遇到障碍(ài)物就反射回来，传到蝙蝠的耳朵里，蝙蝠就立刻改变飞行的方向。

科学家模仿蝙蝠探路的方法，给飞机装上了雷达。雷达通过天线发出无线电波，无线电波遇到障碍物就反射回来，显示在荧(yíng)光屏上。驾驶员从雷达的荧光屏上，能够看清楚前方有没有障碍物，所以飞机在夜里飞行也十分安全。

我也要从动物身上得到启示，设计一个小发明。

43

儿童尽管阅历简单，但是已经有一定的个人经验、生活常识、百科知识，阅读一个作品，能有自己初步的理解与感受。不同文体的文本有其特有的语言和内容图式，但解读不是对文本作机械的条分缕析，肢解语言，深挖意义，而是对文本的“整个”欣赏。教师不能仅仅在文章的枝节上讨论，也不是“硬塞”给学生知识和道理。

如，《祖父的园子》（人教版课标本第十册）课文表现的是儿时的“我”在园子里充满乐趣、自由自在的生活：“看见一个黄瓜长大了，我跑过去摘下来，吃黄瓜去了。黄瓜还没有吃完，我又看见一只大蜻蜓从旁边飞过，于是丢下黄瓜追蜻蜓了。”这种无拘无束是儿童亲近自然的结果。在教学中，教师如果对“我”的行为进行“做事要专一认真”的类比化议论和道德性教育，就会造成“误读”。沈百英在《实施新教学法的几个注意点》中提出：“欣赏东西是艺术作品，艺术是混合的，不能分析的；好比吃菜，和调五味而食之，只觉得风味可口，倘使分析这种菜里的糖多少，盐多少，就不觉得好吃了。”因而，儿童视野下的文本解读须尊重儿童的语言、儿童的生活、儿童的心灵。在教学中，文本解读要能走进儿童的生活和心灵世界，基于儿童，基于教材，不要做超越儿童理解水平的主题开掘和意义的拔高。

三、 文本的多元解读

“阅读是学生的个性化行为”，因此“要珍视学生独特的感受、体验和理解。”（《义务教育语文课程标准（2011 版）》）这就为多元解读提供了根据和重要前提。文学性文本大部分可以进行多元解读，但是，如果对“独特体验”过分珍视，就会造成有些语文课对文本价值取向的误读或曲解。“多元”解读要关注价值取向的引导，也要注意“界限”。不同读者可以对文本有不同理解，但不等于可以不顾文本的价值取向，随心所欲地误读；不等于信口开河，故意唱反调，以显示与众不同的“个性”。文本虽然存在着空白和不确定性，但必然会有许多显性的、鲜明的“规定性”，多元解读也只能在这个界限范围内进行。作为教师，我们要引领学生对文本进行正确的解读，在注重多元理解的同时，根据教学目标，选择最具权威的、认同度高的观点作为学习的主要依据。

以《落花生》（人教版课标本第九册）一课为例，教师在教学中一般都会问：“从落花生身上，你得到了什么启示？”学生一般会从文章的语句中得出：“做人要像落花生那样，虽然不好看，但是很有用。”对此，如果教师只得出以下结论：“做人要做像落花生一样的人，虽然不起眼，但是有很大的实用价值。”那就有片面性。在课堂上，有些学生会认为：“我觉得做人要做像桃子、石榴、苹果那样的人。不但外表好看，而且实用。”因此，教师应该要结合不同的情况进行引导：“落花生不炫耀自己的品质固然可贵，但一味等待别人来发现的思想是否可取？给你舞台要你展示的时候，你会怎么做？”引导学生深入思考，该要表现自我、展示才华的时候，就得有苹果、桃子、石榴那样的勇气；该要脚踏实地、埋头苦干的时候，就要踏实工作，不炫耀，不张扬，像落花生一样。最后师生达成这样的共识：“桃子、石榴、苹果和落花生是不同的生活方式，向谁学习没有对错之分，可以做像落花生一样默默无闻的人，也可以做像桃子、石榴、苹果一样也能发挥作用的人。不管是哪一种生活方式，有一样东西是不变的，那就是‘做人要做有用的人’。”文本原始的价值取向是要像落花生那样默默无闻、无私奉献。人们的价值观也许会随着时代的变化而不断变化，有些观念已很难被现代人所接受，但“做有用的人”这一点却是永恒的，如果教师不能把握和体会到这一点，就会造成片面化或者误解。

总之，“阅读是学生的个性化行为，不应以教师的分析代替学生的阅读实践”。而我们既不能把学生的个体读书经验和收获全部当作是对文本的正确理解，不顾作者的思想和文本的价值取向；也不能理所当然地把教师的认识和感受强加于学生。文本解读的最终目标是引导学生走进文本，理解文本，从而学会赏鉴文本，获得内在成长。

第二节　文本解读的内容

小学语文教材中的文本看似浅显易懂，教师在解读时容易忽略其文本语言特点和其独特或丰富的内涵。“现在的教材绝大多数一看就懂，所以很容易在钻研教材的时候‘滑’过去，而不是像犁地一样‘犁’过去。”（王崧舟）“滑”过去，文本的解读就会流于表面，“犁”过去则是要挖掘文本内在值得解读的地方。

好的文本不仅具有丰富性，还具有多层次性。“层次性”是理解“文本”内涵的关键词。不论是文学文本还是应用文文本，只要是优秀的，它的能指系统就一定是立体的，多层次的。在教学中，文本解读不仅要挖掘一看便知的文本外显价值，更要善于挖掘文本的内隐价值。构成文学文本、应用文文本的具体层次，主要有语音、字形、词义、句式、篇章结构、整体内容形象、意蕴与意味等。文本解读一般围绕以下三个方面内容依次进行：

一是解“言”，解读文本呈现的具体语言系统，包含字词句、写法、结构等。

二是学“文”，解读文本呈现出的人物形象、社会生活故事以及故事背景等其他内容。

三是达“意”，解读文本形象内涵的思想、情感欲望等深层内容。

叶圣陶先生在《关于语言文学分科的问题》一文中说：语文教育的一个主要任务是让学生认识语言现象，掌握语言规律，学会正确地熟练地运用语言这个工具。

一、解“言”——掌握语言系统

“言”的具体语言系统包括字词句、写法、结构等。

1. 语言。指的是关键的字词句，甚至标点符号。读一篇课文，要求根据教材要求，去识字、解词、明句、读段、学篇；在解读这些语文知识过程中，又可认识一些语法、修辞、逻辑和文学知识。字词学习是每个阶段语文基础知识，我们在学习时除了课文的生字新词，还要留意那些具有重要表情达意作用的词句，某些使用重要修辞的句子，某些富有特点的构段或构篇知识，甚至某种专业知识，都应该有选择地纳入学习目标并加以理解。例如学习《海底世界》（人教版课标本第六册）时，可以把表现事物特点的词语作为重点，如“宁静”“窃窃私语”“嗡嗡”等表示海底世界声音的词语，“蕴藏”“储藏量”等也都要重点理解，因为这些词语都体现了海底世界是一个“物产丰富”的世界。好的语言文字能冲破常规用法，凸显人物的特点和心境，如《我的伯父鲁迅先生》（人教版课标本第十一册）中有一句“从此，我读什么书都不再马马虎虎了”。这里的“马马虎虎”是一个叠音词，起了强调的作用。正因为作者读书时“马马虎虎”，所以在谈《水浒传》时才闹出了张冠李戴的笑话，也表达了“我”的羞愧的心情。叠词的运用，可以增强语言的感染力，使文章更加生动形象。我们在阅读教学中，要指导学生结合具体的语言环境，去细细地领会和品味语言文字。

另外，课后习题中作为要求而列出的词句的理解，更应纳入解读目标。文中段落的总起句和文章点明事物特点的总结句都可以作为句子教学目标。其他课文中点明主要内容和文章主题思想的重点句子，运用一定修辞的句子，点明人物特点的句子都可以作为教学的重点目标对待。各年级的阅读教学都会涉及语言知识的解读，只是解读的要求和方法不同而已。但是应该注意选择符合年段要求的重点知识来作为知识教学目标。

2. 写法。写作手法包含表达方式、修辞手法、表现手法等方面。小学语文阅读文本常用的写法有：

常见的五种表达方式：记叙、议论、抒情、描写、说明。

常见的修辞手法：比喻（明喻、暗喻和借喻、博喻），借代，夸张，对偶，比拟（拟人、拟物），排比，设问，反问。

常见的表现手法：联想、想象、象征、对比、衬托、抑扬、前后照应、正面侧面描写、虚实结合、托物言志、直抒胸臆、借景抒情、融情于景等。

常见的句式；感叹句、反问句、连句等，如果在文中表达效果突出，都要作为解读的重点内容对待。

3. 结构。文章结构是指文章各部分之间的组织和安排。分析文章结构，即根据文体的特点，分析文章的开头、结尾、段落层次、过渡、照应等的安排。具体来说，就是划分文章的结构层次，段落与段落之间的谋篇布局，句子与句子之间段式结构。

常见的文章结构方式有四种：并列式、总分式、递进式、对照式。不同文体文章的结构安排有不同的特点：叙事性文本一般包括小说、散文等，常按时间、空间、人物、事件、情感等结构全文；说明性文章常按时间、空间、逻辑等顺序结构全文；议论文常按引论、本论、结论三部分结构全文。然后注意过渡句、中心句等。最后注意表示结构的一些标志性语言，如“第一”“第二”“首先……其次……”“一方面……另一方面……”“不仅如此……”“此外”等。

句段常用的结构术语有对比、衬托、铺垫、悬念、伏笔、照应、呼应、抑扬、波澜、过渡、线索、倒叙、插叙、层层深入、突出中心、深化中心、丰富内涵等。

我们还可以结合句段的位置来把握其在结构上的作用。

开头的句段：开篇点题；总领全文；引起下文，为下文作铺垫；设置悬念，引起读者的兴趣或思考；为下文埋下伏笔等。

中间的句段：总结上文；引出下文；承上启下（过渡）；为下文埋下伏笔；为下文作铺垫；推动情节的发展等。

结尾的句段：总结全文；点明中心；深化中心，升华主题；照应开头（或上文），首尾呼应；给人启示等。

阅读教学不仅要理解语言内容，更要学习语言表达，培养学生语言运用能力。语文教学的根本任务，就是培养学生对语言文字的理解力、敏感度和表达力。

二、学“文”——理解文章内容

学“文”即解读文本呈现出的人物形象、社会生活故事以及故事背景等其他内容。文本的故事性梳理能增强学生对文本的深度理解，帮助学生有效地学习并灵活地识别和记忆语言。

以《姥姥的剪纸》（苏教版第十一册）为例来看，以“剪纸”为线索塑造主要人物形象——姥姥，透过语言文字，我们可以感受到一个立体的姥姥形象：心灵手巧、心地善良、勤劳。文本围绕“剪纸”塑造了姥姥的以下特点：一是姥姥剪纸的技艺高超，“剪猫像猫，剪虎像虎，剪只母鸡能下蛋，剪只公鸡能打鸣”。姥姥的剪纸已经无所不能，达到了深入人心的地步。二是姥姥的人缘好，“姥姥广结善缘，有求必应，任谁开口都行”。三是姥姥勤学苦练，“数九隆冬剪，三伏盛夏剪，日光下剪，月光下剪，甚至抹黑剪”。文本还结合生活中的小故事来说明姥姥的剪纸技术十分高明，广结善缘，深得人心；姥姥还通过自己的剪纸经历告诉“我”，无论做什么事都要持之以恒，勤学苦练才能成功。

文本也展示了故事的背景。教师对文本进行解读时，不仅要帮助学生了解人物形象，厘清文章的谋篇布局，把握知识脉络，深化对课文的理解，还能引领学生了解故事背景，走进文本深处，愉快地融入文本。“大平原托着的小屯里，左邻右舍的窗子上，都贴着姥姥心灵手巧的劳作。”生活在大平原的姥姥，保持农村人的淳朴和热诚，像姥姥一样勤快的人有好多，但不是人人都像姥姥一样心善手巧。勤快，让姥姥手巧，手巧心善，又让乡村的人们感受到了剪纸这门艺术带来的生活的美好。于是，左邻右舍的窗子上，都贴着姥姥心灵手巧的劳作。那是姥姥的劳作，是她辛勤劳动的成果，也是浓浓的剪纸情、乡亲情。

语言的习得是以理解文章内容为基础的。让学生在相对完整、真实的内容情景中接触、体验、理解和学习语言，这样有利于他们更好地理解语言的意义和用法，也能更好地掌握语言的形式。

三、达“意”——体会情感和主题

解读文本形象内涵的思想、情感欲望等深层内容。在完成文本内容的整体感知后，教师应顺应故事脉络，引领学生细化文本学习，把零散的语言和内容还原成一个直观化、生活化和逻辑化的意义框架，帮助学生理解文本的思想内涵。在完成文本的逻辑串联以及意义品读后，教师接下来就可以引导学生提炼文本的内涵，带领学生合理地分析文本的情感因素，实现文本的情感教育。

还是以《姥姥的剪纸》为例来说。姥姥的剪纸的手艺已经达到了炉火纯青的地步了，她还是日复一日、夜复一夜坚持不懈。因为熟练，所以生巧。因为能给别人带来祝福，带来和乐安详幸福，所以姥姥乐于剪纸，所以村子里家家户户的窗子上都贴有姥姥的剪纸。这里的文字仅仅是写姥姥的心灵手巧吗？不仅如此，更多的是从文字中传达出一个立体的姥姥形象，此时的姥姥是一个爱的使者，她用精湛的剪纸技术，美化了乡村人的生活，使整个村子弥漫着浓浓的亲情与和乐。姥姥还用她会说话会传情的剪纸将亲情联结在一起，成为“我”心中永恒的回忆。姥姥的剪纸，让“我”学会体验人间亲情，感受人间的美好。

所以品味出心灵手巧是第一步，品味出姥姥对剪纸技艺的爱，对乡亲和亲人的爱，才是文字真正想要表达的东西。

文本解读，不能“站着看”，要坐得住，读进书里去，要“在汉语中出生入死”（朱光潜语）。基于文字基础的具有主体性的有个性的解读，体现出来的是阅读教学的生机与活力，有创意的解读是最高层次的解读，教学中教师可以调动学生的积极性和创造性，用自己的语言去解释文本，从中找到自我，并创造出新的自我。

第三节　文本解读的方法

文本解读就是要引导和组织学生把文本读懂。阅读教学中解读文本，首先要明确小学阅读教学应该解读什么和本年级应侧重解读什么内容的问题，才能把握各年段阅读教学质量关，提高学生的阅读能力。就当前的教学实践来看，文本解读要依据学段、学生、文本的特点准确并有创意的解读文本。

一、 文本解读的原则

1. 依据学段特点

不同年段的学生认知能力不同，应该根据学生认知能力和学习语文由浅入深、循序渐进的规律，把准各年段阅读教学的要求。

低段学习主要在识字识词识句上着力；中段学习侧重解读自然段的意义，在解读自然段之间联系的基础上认识意义段；高段学习应侧重引导解读篇章内容、结构和表达方法。

以单篇文本来说，读一篇文章，应遵循从整体—部分—整体的阅读过程。即通过初读了解课文，了解文章写了什么事或什么人，什么地方的景或物，弄清课文的主要内容；然后再品读文章具体语言和段落，对表现人物、事物、景物特点的重要语言文字所蕴含的思想，发表自己独特的看法，即作个性解读；最后再回到全文，从内容上体会人文思想，领悟全文的表达方法。各个年段都必须经历以上阅读过程，当然各年段解读程度不同而已。低段侧重前两个过程，老师讲解为主；中段老师有意识引导学生在初读词句、认识段落的基础上循序渐进地接触有关篇章知识；高段就要引导学生参与三个阶段的全部解读活动，引导学生自己全程参与文本解读。

2. 依据阅读教学的特点

各年段文本解读点和阅读教学侧重点不同，要从不同角度区别，即从语文知识角度、年段要求角度和解读课文的过程角度去认识和把握，并且要通过备课和课堂教学体现出来。阅读教学必然涉及词句段篇，各年段的阅读教学必然要进行词句段篇的教学。但是不能说一篇文章所有的词句段都要一一进行解读教学，只能根据年段各自的侧重点，有选择有重点地进行教学。例如：三年级，就要以学习自然段为主，在自然段的学习中理解词句，了解句与句之间的联系、构成自然段的方法等内容，如《海底世界》（北师大版第五册）：

你可知道，大海深处是怎样的吗？

海面上波涛澎湃的时候，海底依然很宁静。最大的风浪，也只能影响到海面以下几十米。最强烈的阳光也射不到海底，水越深光线越暗，五百米以下就全黑了。在这一片黑暗的深海里，却有许多光点像闪烁的星星，那是有发光器官的深水鱼在游动。

海底是否没有一点儿声音呢？不是的。海底的动物常常在窃窃私语。你用水中听音器一听，就能听见各种声音：有的像蜜蜂一样嗡嗡，有的像小鸟一样啾啾，有的像小狗一样汪汪，还有的好像在打鼾。它们吃东西的时候发出一种声音，行进的时候发出另一种声音，遇到危险还会发出警报。

海里的动物大约有三万种。它们各有各的活动方法。海参靠肌肉伸缩爬行，每小时只能前进四米。有一种鱼身体像梭子，每小时能游几十千米，攻击其他动物的时候，速度比普通的火车还快。乌贼和章鱼能突然向前方喷水，利用水的反推力迅速后退。还有些贝类自己不动，巴在轮船底下做免费的长途旅行。

海底有高山，有峡谷，也有森林和草地。植物的色彩多种多样，有褐色的，有紫色的，还有红色的。最小的单细胞海藻，要用显微镜才能看清楚。最大的海藻长达二三百米，是地球上最长的生物。

海底蕴藏着丰富的煤、铁、石油和天然气，还有陆地上储藏量很少的稀有金属。

海底真是个景色奇异、物产丰富的世界。

话题讨论：

三年级阅读教学的重点是什么？三年级的词语教学方法是随文识字还是集中识字呢？

课标中关于第二学段阅读教学目标是：“能联系上下文，理解词句的意思，体会课文中关键词句表达情意的作用。能借助字典、词典和生活积累，理解生词的意义。”“能初步把握文章的主要内容，体会文章表达的思想感情。

能对课文中不理解的地方提出疑问。”

因此，三年级阅读教学仍然要重视词语教学，鼓励学生联系上下文，理解词句的意思。在本课教学中，可以把表现事物特点的词语作为重点教学，如“宁静”“窃窃私语”“嗡嗡”等象声词，“蕴藏”“储藏量”等都要重点理解，这些词都表现了海底世界“景色奇异、物产丰富”的特点。此外，要把握文章的主要内容，文章除开头结尾外，其余的四个自然段分别写了海底世界的特点：海底很平静，有声音，动物的活动方式、地貌和植物种类多样，矿藏丰富。其中第二、三、四自然段构段方式很有特点，有总分的构段，也有问答的构段。文中段落的总起句和文章点明事物特点的总结句都可以作为句子教学目标。因此，在教学目标里，要把通过理解主要自然段来了解课文的主要内容，把学习总分和问答的构段方式作为学段阅读目标。其他课文中点明主要内容和文章主题思想的重点句子，运用一定修辞的句子，点明人物特点的句子也可以作为教学的重点目标。

3. 依据文本的知识点

语文知识包括字词句段篇和语法、修辞、逻辑、文学等方面。读一篇课文，要求根据教材要求，去识字、解词、明句、读段、学篇；在解读这些语文知识过程中，又可认识一些语法、修辞、逻辑和文学知识。各年级的阅读教学都会涉及以上知识的解读，只是解读的目标和方法不同而已。但是应该注意选择符合年段要求的重点知识来作为知识教学目标。另外，课后练习中作为显性要求而列出的词句，都应纳入解读内容。例如《美丽的小兴安岭》（人教版统编本第五册）习题 2 要求：读下面句子，体会加点词好在哪里。

春天，树木抽出新的枝条，长出嫩绿的叶子；早晨，雾从山谷里升起来，整个森林浸在乳白色的浓雾里。

教师要指导学生通过替换词体会这两个加点字词的生动准确，体会春天的生机与活力。再如《秋天的雨》（人教版课标本第六册）在课后习题中列出了以下句子：“黄色的叶子像一把把小扇子，扇哪扇哪，扇走了夏天的炎热。它把红色给了枫树，红红的枫叶像一枚枚邮票，飘哇飘哇，邮来了秋天的凉爽。”其中的比喻句的写法就是本课的学习重点。再如《白鹅》，习题中列出了以下句子：“鹅的步调从容，大模大样的，颇像京剧里的净角出场。”“狗又敏捷地跑上来，把它的饭吃完，扬长而去。”教师要指导学生理解作者运用拟人的手法，描写了鹅的高傲和狗的敏捷，并且语言幽默风趣。在《语言的魅力》（北师大版第八册）里有不同的句式：“我什么也看不见！”（感叹句）“当人们想到这个盲老人，一生里连万紫千红的春天都不曾看到，怎能不对他产生同情之心呢？”（反问句）表达效果突出。还有句群：“春天是美好的，那蓝天白云，那绿树红花，那莺歌燕语，那流水人家，怎么不叫人陶醉呢？”都要作为解读的重点内容对待。

4. 依据文章的结构

每一篇课文都有着自己内在的顺序以及谋篇布局的思路。在阅读教学时，教师应指导学生要总览全文，理清作者的思路，把握文章安排段落的顺序。在小学阶段，我们一般接触到的顺序有三种：时间顺序、空间顺序和事情发展顺序。在把握文章表达顺序的基础上，再分析文章各段之间的区别和联系，把联系紧密、意思接近的段划在一起，以构成一个段落层次，进而弄清各段落层次间的内在联系。比如学习《观潮》（人教版课标本第七册），课文是按照怎样的顺序写钱塘江大潮的“天下奇观”是本课的学习重点；学习《石榴》（苏教版第五册）一课，要指导学生明白这篇文章存在着两条线索：一条是春、夏、秋的时间顺序，另一条是石榴自生的生长顺序。理清了这样的顺序，学生对整篇文章就有了更清楚的了解，也就能更好地把握课文内容。

当然，在真正的教学中，我们还得根据学生的知识基础来把握。教材的编者虽然考虑了大部分学生的知识基础，但是有些课文里出现的某些知识，对于不同区域的学生来说又是陌生的，所以也应该根据学生的知识基础确定解读什么内容。例如《呼风唤雨的世纪》（人教版课标本第七册）一文，文章告诉读者 20 世纪科学技术给人类带来的巨大变化，其中的一些发现和发明对城市学生并不难，但是对于农村学生则要纳入解读目标，才能激发热爱科学的情感以及学习科学、探索科学奥秘的兴趣。还有些文章需要补充时代背景，如《慈母情深》（人教版课标本第十册），课文记叙的是20世纪60年代的故事，对于现在的孩子来说，难以理解当时的社会背景，为了能让现在的孩子体会到课文中人物的困苦生活，可以补充梁晓声的原著《母亲》中的文字，帮助学生了解当时的时代背景和生活环境，从而理解课文，加深对母亲的崇敬。

综上所述，只要我们明确“读什么”的重要性，确定了目标原则，并从不同的角度认识“教什么”，是能够准确把握小学各年段阅读教学的要求的。

二、 文本解读的步骤

文本解读在坚持依据学段特点、阅读教学的特点、文本的知识点的基础上做到正确、准确并有创意的解读。教学步骤的相关性和层次性对于一节课的成功设计和实施也是至关重要的。

1. 整体感知文章，概括内容

（1）从感知形象入手。文本一般都有表达作者情感的载体：人、事、物。因此感知文章就要从分析形象入手，根据全文内容或某一关键语段，概括文中形象的特征。形象的特征概括出来了，文章主旨的概括就迎刃而解了。

（2）从感知关键语段入手。有的文本其主要信息集中在某一个关键语段，把这个语段的内容概括清楚了，整篇文章的内容就尽在其中。

（3）从感知重点语句入手。许多文本所蕴含的道理往往集中在某一关键语句，只要能把该语句的含义分析清楚，文章的主旨就自然而然地显现出来了。

（4）整合文章的主要信息。可以快速浏览全文，将每一段的内容进行整合，提炼主要信息，然后用自己的语言表述。

2. 理清文章脉络，把握顺序

作者为了表达自己的思想情感，会精心组织，选取材料；在表达上更是精益求精，特别要注意词语在表达上的顺序、层次和分寸感。文章的顺序，一般包括：选取的材料顺序、段落顺序、句子顺序、词语顺序等。线索是作者选择材料的准绳，是作者选择材料的脉络或描写、记叙的脉络。例如：

常见的线索有以中心事件为线索，如《中彩那天》以事件“中彩”为线索；以具体事件为线索，如《珍珠鸟》，将鸟儿由“怕人”到“信赖人”作为文章的叙事线索；以情感为线索，如《慈母情深》以母子之间的情感为线索；以时间变化为线索，如《观潮》以“潮来前”“潮来时”“潮来后”的时间为线索；以空间变化为线索，如《颐和园》以游览的景点变化（长廊——万寿山——昆明湖）为线索。

3. 品味语言，体会深层含义

在叙事性文本的阅读中，语言是考查的重点和难点。

（1）字词含义。解释词语要根据该词语所在的语境来推断。要考虑文章或段落的主题，结合主题来回答词语的含义；根据词语前后语句的内容、含义来推断。如果知道该词语的原始意义解释，一定不要忽略词语在语境中的含义。

（2）词语妙用。鉴赏词语从解释词语语境语义入手；结合句子解释词语意思、表达作用等。另外，一般特殊的词语有褒词贬用、贬词褒用、大词小用、小词大用、词性活用等。

（3）哲理性语句的深层含义。语句的深层含义往往是发展性问题，要抓住中心词，要体会词语的深层含义和双关意义。

要做到正确、准确的解读，包括读准字音，弄清词义；准确的解读要做到字不离词，词不离句，段不离篇；有创意的阅读则是在感受形象中，体验情感，是对文本的一种整体的解读。

4. 理解不同表达方式的作用

一篇文章或一个文段，一般会以一种表达方式为主，为了表达主题需要，往往是几种表达方式综合运用，修辞的融合应用等。

（1）描写的作用。叙事性文本中的描写主要包括景物、人物描写等。小说景物描写是渲染气氛或交代时令、季节，衬托人物；散文景物描写是直接表达作者的思想情感或主题的；人物描写主要是指外貌、神态、动作、心理描写，有关细节描写的地方值得注意。人物描写主要是突出人物的思想性格。

(2) 议论的作用。叙事性文本中的议论，往往是揭示文章的主题或和抒情结合在一起，表达作者的思想情感，或者是作者对生活的思考和启迪，议论用在记叙文的开头一般起开宗明义、提挈全篇的作用；议论用在文章的结尾一般是深化文章的主题思想，点明和加深所叙之事的意义，起到画龙点睛的作用，或者为了呼应开头，使文章结构严谨；在文章中间恰当地穿插议论，会使文章锦上添花，在段与段中间穿插议论，还起着承上启下的过渡作用。

(3) 抒情的作用。叙事性文本一般通过事或物来抒情，表现作者的某种境界和心中的情感，深化主题，其抒情也往往和词语表达相结合。抒情用在写人、叙事、写景散文的开头，能使文章充满抒情色彩；在记叙、描写中穿插抒情，有助于理解、理清作品的思路，增强文章意脉。如《从百草园到三味书屋》中"Ade，我的蟋蟀们！Ade，我的覆盆子们和木莲们!"体现了作者与百草园告别，与童年告别的依依不舍之情。

第四节　文本解读与教材解读

一、文本解读和教材解读

叶圣陶先生说过"教材无非是个例子"，其意思是：教材≠教学内容，更不等于师生教学实践，教材只是教学的原材料。语文教师需要对教材进行再度创造。

文本有它的原生价值，以王维的诗《鸟鸣涧》为例：

鸟鸣涧

人闲桂花落，夜静春山空。
月出惊山鸟，时鸣春涧中。

这首诗写的是春山之静。王维的山水诗擅长创造静谧的意境，这首诗中写花落、月出、鸟鸣，这些“动”景衬托出春涧的幽静，作者用的是以动衬静的手法，收到“鸟鸣山更幽”的艺术效果。这首诗歌可以解读的地方很多，比如可以揣摩诗歌中的意象（桂花、春山、鸟），或者体会诗中蕴藏的情感特点，还可以解读以王维为代表的盛唐时代山水诗的特色等等。此外，我们还可以从这首诗歌中感受到古代诗歌的音律特点等等。但是，这首诗在小学四年级的教材中，我们该如何解读呢？解读到什么程度才是较为适合孩子的理解水平呢？

教材解读不同于纯文本的解读，教材的解读包括对文本的文化解读和对语言文字的解读；文本解读力求全面、深刻，教材解读则力求合宜、贴切。教师可以通过网络检索，查阅相关文献，了解文本的文化背景和文本意蕴。《鸟鸣涧》这首诗被大多数教材安排在第二学段的四年级，作为四年级的教学，教师在教学中应该更多侧重于文本内容的理解，理解意象的象征意义以及文本所体现出来的作者的情感。

当然，这一首诗在不同的学习阶段，根据学生的年龄特征，教学目标的定位也不一样。小学阶段：知道描写了春天夜晚的哪些景物；了解诗歌大致意思；读读背背。初中阶段：研读诗歌中的意象（桂花、春山、鸟），还有诗歌的情感等，还可以从中解读诗人王维诗歌的特点，王维所代表的盛唐时代的山水诗的特点等等。高中阶段：除了了解王维诗歌的特点之外，还可以从这首诗歌中感受盛唐诗歌的时代特点等等。

二、依据学生和文本特点

文本一旦选入教材，作为教材文本，在教学中教师必须依据学生的年龄特点和文本的特点，进行适切的阅读指导。

以《自然之道》（人教版课标本第八册）文本解读为例，不同老师对《自然之道》的文本解读不同，我们发现主要有以下几种说法：

1. 要保护野生动物，因为它和我们生活在一个地球上；
2. 要珍惜和保护小海龟，谴责海鸟的残暴行为；
3. 要维护生态平衡；
4. 要按照规律办事，否则好心会办坏事。

这些解读哪一种切近文本本意呢？我们说，解读文本需要细读文本，从文本的细节出发找到证据，更要把握文本的整体结构，由文本整体做出答复。以上四种关于主旨的说法都有一定的道理，但是也有自己个人的经验和看法，包括固有的思维方式，带有更多个性化的色彩，和文本本身要表达的并不一定一致。从单元导读中我们知道本文要讲的是“什么是自然之道?”当然就是要让读者认识什么是自然规律，要按照自然规律办事。

第三组

大自然是人类的老师，给了我们许多有益的启示：它告诉人们，过度地砍伐树木，会破坏人类生存的环境，最终要受到大自然的惩罚；鱼儿在水中自由沉浮，人们由此受到启发，发明了潜水艇(tǐng)。让我们来阅读本组课文，抓住文章的主要内容，了解大自然给人类的启示，并围绕“大自然的启示”，开展一次综合性学习，做到对大自然有新的发现，在语文学习上有新的收获。

34

从文本解读的角度而言，《自然之道》要批判的是人类从自己的偏见出发，依据这些人类标准把动物分出善恶贵贱，从而对自然进行干预，而没有从自然整体来看待动物之间的平衡，以及生命在这种平衡中的生生不息，这是不科学的。这样的文本解读是把这篇文章当作一篇蕴含深邃哲理的浅易的叙事散文。

但是，《自然之道》这一篇文章被放在一个名为“大自然的启示”的科普单元里，面对的是四年级的孩子，该怎么教呢？先来看看单元导读和单元中的课文安排的内容吧。从单元导语中，我们知道本单元是一个以大自然的启示为主题的单元，并不是纯粹学习科普说明文。这个单元的四篇文章分别是：

《黄河是怎样变化的》：这是一篇说明文，通过黄河几千年来的变化说明人与自然的关系，主要是讲人类对自然的干预和破坏，也对黄河变化的原因进行了思考。

《蝙蝠和雷达》是一篇科普知识短文，从人类向蝙蝠学习发明了雷达，告诉人们研究生物可以对人类的创造发明有所启示。

《大自然的启示》是由两篇科普小短文组成的。两篇文章告诉我们要研究大自然的特点和规律，研究生物的特性，可以从中受到启发，从而更好地指导人类的发明创造活动，利用大自然的规律，科学合理地开发、利用大自然，为人类服务。

通过单元导语和本单元的四篇文章的分析，我们对基于文本解读基础上的教材解读必须要对教学目标和教学内容有一个清晰的认识和准确的目标定位。为此，《自然之道》的教学目标可以进行如下设置：

《自然之道》教学目标

（1）掌握14个生字的音形义。

（2）正确流利有感情地朗读课文，用自己的语言复述故事。

（3）学习从故事或者从现象中提取“启示”；理解故事中“自然之道”的含义。

（4）学会小组交流分享观点，激发对自然及自然之道、科学的好奇之心。

三、 教学价值的定位

文本中既存在教学的内容，也存在着非教学的内容，因此，确定教什么不教什么是保证教学有效性的关键所在，这就必然牵涉具体的教学价值的定位问题。教材中有许多教学价值，在具体的教学点上，我们选哪一种教学价值？哪些应该花大力气教？哪些是不可以教的？这些都成为各级语文教师专业素养的试金石。

在四年级的教材中有一篇课文是《纪昌学射》，故事开头交代了飞卫早年向甘蝇求艺的故事，体现了纪昌学习射箭的勤奋。但是这个故事还有后文，讲述了飞卫的射箭技艺“巧过其师”；故事的结尾更是充满戏剧性，成为射箭能手的纪昌“既尽卫之术，计天下之敌己者，一人而已；乃谋杀飞卫”。纪昌要杀死自己师傅以期自己的射箭技艺能独霸天下，两人因此有了一次惊天动地的绝艺比拼。结果更出人意料，两人相互泣拜，愿结为父子，盟誓不把射箭技艺告诉他人。原文如下：

甘蝇，古之善射者，彀弓而兽伏鸟下。弟子名飞卫，学射于甘蝇，而巧过其师。纪昌者，学射于飞卫。

飞卫曰：“尔先学不瞬，而后可言射矣。”

纪昌归，偃卧其妻之机下，以目承牵挺。二年后，虽锥末倒眦，而不瞬也。以告飞卫。

飞卫曰：“未也，必学视而后可。视小如大，视微如著，而后告我。”

昌以牦悬虱于牖，南面而望之。旬日之间，浸大也。三年之后，如车轮焉。以睹余物，皆丘山也。乃以燕角之弧、朔蓬之簳射之，贯虱之心，而悬不绝。以告飞卫。

飞卫高蹈拊膺曰：“汝得之矣！”

纪昌既尽卫之术，计天下之敌己者，一人而已；乃谋杀飞卫。

相遇于野，二人交射；中路矢锋相触，而坠于地，而尘不扬。既发，飞卫以棘刺之端扞之，而无差焉。

于是二子泣而投弓，相拜于涂，请为父子。克臂以誓，不得告术于人。

这个故事，情节生动，蕴含的道理是多元的。但是这个完整的文本是否适合引入到课堂来学习呢？

话题讨论：原文更适合给四年级学生阅读还是改编后的教材文本更适合？原文的故事结尾适合讲给四年级的学生来听吗？如果将全文引入课堂学习，你将如何设计？

在学生的讨论中，我们会发现，不同的学生接受程度不一样。此文可以作为教材文本的延伸拓展部分予以补充，鼓励学生课外阅读，但是文本的难度不太适合大部分学生阅读，并且故事中传递的价值观也不适宜教师单向进行讲述与灌输，比较适宜在原来课文学习的基础上组织讨论。另外，也可以从“情节”和“结构”入手，作为写作范例进行讲解。

文本的教学价值在不同年级也不一样。如《威尼斯小艇》（人教版课标本第十一册）一课可以选取的教学点很多，如：总分总的篇章结构、打比方介绍小艇样子的方法、动静结合对比描写的方法等。但是对五年级的学生来说，这些都不是本学科的核心教学内容，也不是本课的重点和难点，而“抓住景物特点描写生动”是隐藏于文字背后、贯穿全文的语言特点，体现在整篇文章是借助威尼斯的小艇来表现威尼斯城市的特点，通过写威尼斯小艇作用特别、样子特别、驾驶技术特别、与人们关系特别，写出小艇与这个城市的特点。细节上，写小艇的样子，抓住了长度、造型和行动三个特点加以突出；写驾驶技术，特别选择船只多、船拥挤的地方的特殊情况来表现；写小艇与城市的密切关联，抓住了商人“匆匆做生意”，青年妇女“高声谈笑”，孩子“郊外游玩”，老人“去做祷告”等特点来展开，这样抓住人、物、事、景的特点，把文章写得生动而形象。

钱理群先生认为“语文课的阅读教学，教学文本的解读，参与其中的不仅有作为文本创造者的作者，还有把文本处理为教材（教学文本）的编者，他们都隐藏在教学文本的背后；在教学的现场，则有共同解读教学文本的教师与学生。正是这四种生命力量的相互作用，才构成了教学文本解读这一生动、复杂、丰富的生命运动”。① 因此，阅读教学是学生、教师、教科书编者和文本之间对话的过程，文本解读和教材解读二者同而不同，一篇文章的文本意义在于“讲什么”，而教材的意义在于“教什么”。要依据课标，理解教材编者的意图，找准文本在教材中的坐标，既要知晓文本的价值，也要根据学生的特点，用合适的方式传达给学生。

文本解读的能力，是语文教师的基本能力，它是教师的知识积累、分析能力、体验感悟和语言表达等素质的综合体现。优秀的教师，要有微观分析、解读文本的能力，底蕴足，才能方法多、效果好。

第五节 文本解读的“闽派” 经典理论

语文教学既是教学又是艺术，优秀的教师们以自己的教育勇气和无限的创造力进行着课堂实践，同时也有着更高的专业追求，不断地提高研究、实验的能力与水平。教育的发展也呼唤更多优秀的教育专家和学者一起加入到这样的研究和实践中，形成合作伙伴。北大中文系钱理群指出研究者的责任是“我们不仅应该注重学术水平的提高，不断攻占学术前沿阵地，同时也应该重视学术成果的普及——而中小学语文教学正是文学普及教育的最重要的阵地。这两个阵地的工作者——学者与中小学语文教师彼此应该互相合作，而前者应负更大的责任”。福建在教学改革的实践中，一直走在全国前列，在专家学者的引领下，这几年我们也看到许多中小学一线语文教师能结合自身

① 钱理群：《经典阅读与语文教学》，漓江出版社，2012 年版，第 174 页。

的实践经验，将专家的解读或理论方法在课堂教学中运用并融会贯通，努力探索自己的教学风格，共同促进教育教学的发展，进而逐步形成不同的教学流派。

风格与流派是语文教学艺术的自我追求。民族化、本土化、科学化、个性化呼唤学派。创立语文学派就意味着把语文教育当作一门独立的科学。

福建地处东南沿海经济发达区，有着雄厚的政治、经济基础，其悠久的历史、深厚的底蕴、优良的传统也使得福建文化具有了开放性、兼容性、先导性、创新性以及独特的地缘与人缘优势。2004 年，王立根老师提出“闽派语文”。“闽派语文”的提出，在全国属于首创。经过十多年的发展，“闽派语文”已经成为全国知名语文品牌。中国教育学会中学语文教学专业委员会会长顾之川教授在全国中小学作文同台教学观摩研讨会暨第五届闽派语文论坛的致词中评价道：“‘闽派语文’已逐渐成为我国语文教育界的著名品牌，倡导‘求实、去蔽、创新、兼容’，强调返璞归真，弘扬人文精神，注重文本解读等，已逐渐成为我国语文界的主流价值理念。孙绍振教授、潘新和教授、赖瑞云教授等高校学者，陈日亮、王立根、陈成龙、蔡伟谭等语文名师，在全国语文界具有重要影响。”一些语文杂志在评论各省语文流派时也把闽派语文摆在显耀的位置。本节仅列举其中部分关于文本解读的理论和实践进行介绍。

一、 孙绍振的“比较还原法”

福建师范大学孙绍振教授从著述《文学创作论》开始，在其诸多著作中对大量文本进行了具体分析。他认为，理论研究要服务于教学实践，接受实践检验，文本解读一向是他理论工作的基础。1997 年，孙绍振教授便参与到中国语文教育教学改革的大讨论之中，作为语文教改的旗手，在批判与建构、人与文、道与术之间身体力行，投身于教育改革的第一线。孙绍振教授结合自己的理论知识总结出一套具体的文本解读理论，并出版了相关的文本解读专著：《月迷津渡——古典诗词个案微观分析》《名作细读——微观分析个案研究》《孙绍振如是解读作品》等。在这些理论著作中，孙绍振毫不留情地批判当时的教学法是“把语文课本弄成字、词、句、段、篇的繁琐拆解过程，结果是人文精神的丰富和复杂、微妙和多彩被扼杀了，七宝楼台，拆开来不成片断。把砖头当作建筑物，荒诞无比”,[①] 认为这一形式使得老师和学生的思想僵化，导致语文教学只会按照分段、概括大意的形式来学习，让学生完全脱离了文本的内在底蕴。在批判的基础上，孙绍振教授建构了“比较还原法”的文本分析理论。

“比较还原法”是一种文本解读和培养言语创造力的方法，不是凭借现成的资料，而是依靠抽象能力，把构成艺术形象的原生状态想象出来，找出其间的差异，作为分析的起点，这种方法叫做“还原法”，“还原”往往需和“比较”相辅相成，在“比较”中“还原”，在“还原”中“比较”，故称“比较还原法”。

“还原法”放在具体作品分析中又可衍生出更加细致的还原：艺术感觉的“还原”、情感逻辑的“还原”、审美价值的“还原”，另外，“还原法”和“比较法”相结合又可派生出历史的“还原”和比较、风格的“还原”和比较、流派的“还原”和比较。我们可以在具体的作品分析中来归纳。如在对诗歌《咏柳》的分析中，就是将“柳”这一意象进行还原，诗中的柳树是“碧玉”所装饰的，是丝织的飘带，而现实中的柳树只是一种植物，这让读者感觉到柳树的生动，也是借助想象，将柳树的特征转化为情感的特征，这正是通过假定性，来创造美的艺术形象。

“比较分析法”是指在分析文本时，避免孤立地分析问题，尽可能把作品放在可比较的语境中，有比较才有鉴别，才能提出问题。比较分析法又可以分为同中求异与异中求同比较、横向与纵向比较。如学习小学语文课文老舍的《济南的秋天》，可以将它与郁达夫《故都的秋》来进行同类的比较，从中

① 孙绍振：《直谏中学语文教学》，南方日报出版社，2003 年版，第 113—114 页。

发现其中的同与不同，以及“矛盾”所在。两者都有表现秋天的“清”和“静”，老舍笔下的秋天是一种活泼、清新、明净、愉快、开朗的感觉，这样一种美对于学生来说是可以体会到的，而郁达夫的秋天却是“悲凉”的，虽然囿于学生的生活经验和阅读经验来说是很难感受的，但是可以引发学生对于作者和时代环境的继续追索，也还可以继续探求对“悲凉”之美的体会：秋天的悲凉为什么是美的？如何理解秋天的“悲凉”也可以成为美的情感？

孙绍振教授在他主编的北师大版语文教材《教师教学用书》中提供了每篇作品的文本解读（即“主编导读”），教材通过课后习题的设计，来为教师提供具体可行的教学方法。如在《武松打虎》的同单元中入选了另一篇关于杀虎的，即有名的“周处除三害”的故事进行比较，并设计了一道比较习题，要求学生比较周处杀虎和武松杀虎，看哪个人的杀虎更可信、更动人、更鲜明地表现了他的性格特点。这既为老师提供了“比较法”的教学方法，又有助于学生思维能力的锻炼。这套教材虽然是中学教材，人教版五年级教材中也有一篇《景阳冈》，其教学设计思路也是可以借鉴和学习的。

“比较还原法”是集各家之所长，去粗取精融会贯通而形成的一家之言。这里有西方学说的影子，例如黑格尔的辩证法、同异法，康德的审美判断和审美分析法，俄国形式主义追求文学性的陌生法，欧美新批评的细读法，胡塞尔的现象学美学的还原法、悬置法等等，但从根本上看，孙绍振教授的方法是一种整合各家理论和个人的阅读经验基础上的原创。他提出“现成的可比性”和“创作过程还原法”这一对教育学观念，并将其融于一炉，发展出自己的由表及里、由浅入深的解读模式和分析路径，使这些理论更加贴近文本解读的技术操作层面，比起西方的各种阅读理论，有更强的应用性。

孙绍振教授还认为，阅读是阅读主体和文本主体之间由浅到深的同化和调节。阅读教学是不能止于理解读懂文本，要从文本的迷阵中突围出来，教师解读文本要在学生的体验、感觉、感悟上多下功夫，这样阅读所读到的东西就带有了自我的因素，就带有一定的想象和幻想色彩，就有了个性化的认知；更进一步的要求是必须从小培养阅读中的批判性思维的习惯和能力。他认为如果说阅读有“吸收”功能的话，准确地说应当是批判地吸收，包括对经典作品，也需要经过自己的审视和鉴别。

“阅读首先要‘站’起来，教师得有本领，把学生的想象领到科学理性以外的美的天地去。注重作品的感觉、情感与审美价值，创立作品细读的‘比较还原法’，以艺术形象原生状态作为起点，把文本放在可比较的语境中进行分析。”孙绍振教授要让语文教师也贴近自己，学会用自己的智慧和审美体验，开启文本的大门，领学生到每一个天地。

二、 陈日亮的“我即语文”

福建省语文特级教师陈日亮在《我即语文》中指出：“语文是一门‘心灵的学科’，课文应该成为学生内心体验的源泉，课堂上要有情感生活，有心智活动。语文教学如果不能让学生凭借语言通灵感悟怡情益趣，那就是失败的教学”。他把近年来在教学中对文本细读的解读心得汇编成了一本书，名为《如是我读：语义教学文本解读个案》，在这本书里他还提出了自己独特的解读文本方法——以心契文，以文解文，以言传言。

他根据自己多年的教学观察，认识到“不少教师反映，读了专家的文本解读，分析鉴赏能力提高了，可是一旦到了备课的环节，需要考虑在教学的层面操作时，却又感到为难，原因也许就在这里：他不懂得做第二遍的‘解读’，即进入课堂的‘教学文本解读’，这种解读，必须以正确的‘一般文本解读’为基础，然而更需要因时因地因对象的主观因素的加入，使得经过教师‘筛滤’的文本解读有着从‘教’与‘学’切入的深度与广度，更具体生动地体现文本、学生、教师三方互动而创生的解读语境。这样，每一篇课文和每一节课真正应该‘教什么’，就能有效地落实到实处”。

陈日亮认为“不同的课吻合不同的教学处理，决定了阅读课型的取舍和剪接，这样就不会课课雷同了”。[①] 他根据自己的教学经验总结出三种阅读课型，即预读课型、议读课型和范读课型。在每一种阅读课型里他又归纳出一些常规的方法，如“预读课”可分为三个主项和九个细项：（一）诵读（注音、辨字、疏句）；（二）会意（释词、析句、统篇）；（三）问疑（发现、表述、试解）。“预读课”可以由学生自由选择，也可以由老师制订完成。“议读课”也有其规范：（一）准备（个人阅读思考、小组讨论交流）；（二）听记（听取意见、记录要点）；（三）发言（内容、语言、态度）。这种方式可以尽量把主动权交给学生，尊重他们的独立思考，肯定他们的积极性和基本正确的意见。“范读课”则要求教师的基本功扎实，能够示范讲读，在局部揣摩之后复原文章完整的形象。陈日亮先生的阅读课型和阅读方法是在他自己的教学经验基础上，经过自己的钻研而得出的，这是值得我们学习的。

三、赖瑞云的“多元有界”和“文本中心”

20 世纪末基础教育课改以来，“多元解读”是一个风行一时的热词。2003 年，福建师范大学赖瑞云教授在《混沌阅读》一书中就对所谓的“多元阅读”的幼稚的混乱和荒谬，进行了彻底的批判。针对所谓“一千个读者就有一千个哈姆雷特”，他提出：一千个哈姆雷特，还是哈姆雷特，而不会是李尔王或者贾宝玉。这就是“多元有界”。随后，赖瑞云教授《文本解读与教学设计》一书中，更进一步提出解读文本追求的乃是一千个哈姆雷特中的“最哈姆雷特”，最要紧的乃是警惕“非哈姆雷特”。多元解读不提“界”，就很难防止陷入无意义、无真理的绝对相对主义的陷阱。但如果此“界”并非文本本身而另作他设，这样的“多元有界”同样可能使教学目标的设置掉进主观主义的泥潭，甚至出现“无哈姆雷特”的怪现象。看来，仅提多元有界还不行，还应理直气壮讲“文本中心”。文本中心更能使学生充分施展其主体个性和创造

① 陈日亮：《我即语文》，福建教育出版社，2010 年版，第 18 页。

性，乃至催生出超越他人见解、敢于挑战权威的创新解读。这样的“多元”才“多”得有价值，这样的“有界”才“界”在要害上。

在多元有界的基础上提出的“文本中心”，从实践层面来探讨如下观点：一是从世界、作者、作品、读者四者关系说明中心在作品。“作品，作为显示‘世界’的镜子，作为作家的创造物和读者阅读的对象，是使上述一切环节成为可能的中介。中介，即围绕的中心，就阅读的对象而言，既作为对象，哪怕它是一介微尘，你都必须以它为中心，而不是相反，以读者为中心，导致信口开河，妄加评说，这就是实践给我们的常识。”更重要的是，在文学的世界里，在人类文明史的大视野里，作品和读者的地位不可同日而语。一部成功作品特别是文学经典，绝不仅仅是一个作家的事，它是人类精神生活的需求，人类社会发展包括政治的、经济的，尤其是文明、文学、艺术形式、语言文字发展到一定阶段的产物，是多方面因素的结晶，是一种“集体”成果，是某种规律的外显。相反，读者的实际存在却是“个体”的，面对这样的文明成就，是读者需要它，而不是作品需要读者。

二是从作品是不以人的意志为转移的独立自足的存在，而且是“非常独特”的独立存在，说明经典在文明史上的地位，说明文本中心和多元有界的必要和重要。其一是它的思想、内涵，即作品所表现的对人生、世界的感悟、情怀、探索、思考是一个非同一般的独立的精神存在。其二是这思想、精神的表现又是独特的。文学首先是娱乐的，呈现为“故事”或种种感性画面，直接诉诸愉悦的感官享受，读者在轻松愉悦中接受熏陶、感染、教育，在“故事”中被打动乃至被震撼。其三，作品的艺术形式所采取的具体的语言表现手段更是独立而独特的。歌德说：“内容人人可见，意蕴须经一番努力才能找到，形式对大多数人却是一个秘密。”歌德之言就是对上述三点“非常独特”性的极妙概括。

“一元深化”是文本中心与多元有界在个体解读者身上的具体体现。2009年，孙绍振在文本中心、文本主体的思考基础上，提出“在多元解读中最重要是应‘一元层层深入’”的观点。这说的不是排除其他“元”而是大家集中于某一“元”的“一元深入”，多元解读中的每一“元”都应刻苦钻研文本，层层深入，而不应浅尝辄止，更不应信口开河。如此多个“层层深入”的“一元”，他们的对话才是有意义的对话，经典的解读才是可能的。① 这就启示我们，即使教学文本解读，有教师和学生的主体参与，需要审美的再创造，但这样的参与和再创造，也是有边界、有限度的，它必须以接近、深化文本的原生态为基础与目的。

文本中心就是要求我们带领孩子们在直面文本的探秘中，减少任意和随性，培育学生的文学素养、读写能力，让他们知道语文学科也和别的学科一样，是识破自然奥秘、认识未知世界的一把钥匙。

四、 施茂枝的“有机语文”

“为谁而教”是教学中常问常新的话题，教学需要有明晰而简单的原点定位才不至于偏颇，才有了前提保障与坚实基础。福建集美大学施茂枝教授提出了“有机语文”的观点，认为：语文也是有机体，生本、谐律、整合、共生是其主要特征。生本，即以学为本，这是有机语文的核心指导思想，表现在实施过程中就是“为谁教”的考虑置于“教什么”和“怎么教”之上，用“为谁教”统领“教什么”和“怎么教”。有机语文以生为本，教学方式和策略的采用，必须优先考虑学生的天性，以其身心特点为依据。谐律，即合乎规律，这是有机语文的最高学理依据。首先是合乎学生身心发展规律，其次是合乎语文素养生长规律，再次是合乎语文各个领域教学的特殊规律等。整合，是有机语文的基本实施思路，学科逻辑与心理逻辑协调沟通，语文各领域、各种教学内容要素和谐运行，教与学关系辩证统一，千缠百结的各种矛盾妥协平衡，等等。共生，这是有机语文对目标达成的理想追求，不同维度目标互动共赢，语文素养各种要素相融相成，并伴随特定节律与学生生命一

① 孙绍振：《多元解读与一元层层深入》，《中学语文教学》2009 年第 8 期。

同成长。因此，多元和谐整合是有机语文的核心思维。识字写字、阅读、写作、口语交际要彼此照应，听说读写要和谐运行，工具性与人文性要兼顾交融，等等。“有机语文”强调整体性、共生性、生成性、创造性、内在相关性和相依互动性，任何将某个方面的教学孤立封闭、非此即彼的主张和做法，都与语文能力、语文素养形成机理相悖。

“有机语文”体现在对于小学语文教学要“因体而取、因文而异”。在选择语文教学内容和确定教学目标中有三大依据：一是语文课程性质，二是学生身心特点，三是教学内容特点。教学是学科逻辑与心理逻辑的沟通，教学内容特点是学科逻辑的重要组成部分。在正确把握语文课程性质和学段学生身心特点的前提下，教学内容特点对于确定教学目标和内容，具有举足轻重的意义。在阅读教学中，教学内容特点则很大程度上是课文特点。类的特点是主要文体特点，有别于其他类别文体的个性，也是该文体内所有文本的共性；篇的特点，是在相同文体内不同文本的个性，它们共同构成对教学的规约性、决定性。

施茂枝教授在《语文教学：学科逻辑与心理逻辑》中就提出了“关注儿童，把脉心理，合乎逻辑”的教学理念，指出：“教学是学科逻辑与学生心理逻辑的沟通，有效沟通的实现才是教学有效的主要标志，也是教学艺术的核心价值取向。因而，与学生适配是教学所应孜孜追求的最高境界。”认为教师从事教学活动，除了需要精通教材外，还应该将注意力集中在学生的态度和学生的反应上。教师的任务，在于了解学生和教材的相互影响，不应只注意教材本身，而更应注意教材和学生当前的需要和能力之间的相互作用，并将其教学思想融入不同类型、不同学段、不同体裁的教学设计中。这些观点已经为我们呈现“有机教育”思想下的实在、实用、具有实效的教学新思路。2014 年，他在《课例中的儿童本位理念》书中再次旗帜鲜明地提出“为儿童而教”，并根据儿童发展的不同阶段，不同需求，不同水平科学合理设置低、中、高三个学段的教学侧重点。其中，第一学段的儿童文学体裁课文教学理念是“让游戏精神滋养童心”，着眼于“乐于表达”和“易于表达”，在内容上力求简单、统一，鼓励儿童多写“童话体”，在语言表达的辅助上，多给“拐棍”，多创设情境，借助模仿，让儿童喜欢就是成功的一半。中高年级各类体裁课文的教学理念是“瞄准学段，因文制宜”，略读课文的教学理念是养成学生的阅读能力；其他各学段习作、口语交际的教学则秉持“学段不同，教学各异”，此观点主张表达教学要符合年龄特征、心理特质、发展特点。

“儿童本位”是“有机语文”最重要的理念，主张教学应从儿童本位出发，以儿童发展为目标，让教学与童年发展并轨。教学，要站在儿童视角上，要服务儿童的发展；设计，要立足儿童本位，要因儿童而生发，变化，调试，迎合。只有在儿童本位理念下的教学设计，才是儿童需要的，才是真正有意义的文本解读和教学设计。

五、 刘仁增的“语用教学”

有效的文本解读的核心是明确文本解读要“读什么”，确定的依据不是个人的“我认为”，也不是教参的“教材分析”，而是语文教育的性质、语文教学的任务。2007 年，时任福建省连江实验小学副校长的刘仁增老师在《课程·教材·教法》上发表《构建“语用型”小学语文教材的思考与设想》一文。这篇文章首次提出“语用”的概念，并指出要以培养学生语文素养为旨归，以语言学习和发展为主线，建立以“训练系统”“能级递进”和“自学指导”为基本特征的语用教学新模式，构建“语用型”教材的初步设想。“语用教学”的说法正式破土而出。

所谓“语用教学”，是指教师通过对文本语言的精准把握和学习活动的精心策划，在语文学习中，围绕“语用”，一是读懂语言之“意”，实现“语言”向“形象、意义和思想”的转化；二是发现语言之“形”，品味语言表达的精妙，实现对本文语言形式的挖掘和把握；三是内化表达之“法”，通过创设新的语言情境，让学生迁移、运用语言形式；四是享受语言之“美”，让学生在欣赏、吟诵中，感受语言情趣，享受语言之美，体味学习之乐。通过这四个方面环环相扣，层层推进。

语言学习是学习的核心环节，是决定语文教学质量的关键性因素。以“语用”为核心，建构明朗化、简约化、结构化、品质化、增值化的语文课堂，让学生在发现、感悟、模仿、类推、创造等积极语用状态下感受语言魅力，习得读写经验，生长言语智慧，提高语用技能，促进语文素养的形成和发展。其中的核心词“语用”，主要包含三层意思：第一，凭借以教材课文为主的文本及母语环境，获得言语技能；第二，运用言语技能，在一定的语境中正确、合理、妥帖地进行表达，并将已学过的字、词、句、篇等内容，根据语境的需要进行规范、恰当、个性的运用；第三，运用阅读技能自主阅读新的文本，从中获得信息，学得知识，增长见识，丰富精神，滋养心灵，提升能力，解决学习、生活和工作中的问题。可见，语用教学重点指向“学”和“用”两个层面，所追求的不是掌握多少系统的语用知识，也不仅是形成一种一般意义上的语用技能，而是一种经过学习者自身言语建构后的语用智慧。所以，语用教学中的“语用”，既可以是指向语言习得的理解式运用，可以是指向语言形式的迁移式运用，可以是指向言语转换的创生式运用，也可以是指向读写策略的学用型运用，还可以是指向读写知识的积累型运用。目标指向不同，其教学范式和教学课型当然也不一样，并催生出诸如读写策略指导课、阅读感悟交流课、读写结合练习课、读写知识传授课等多种多样的语用课堂。这样的课堂意在打造出未来公民以“表达力”和“表现力”为内核的活力汉语，不仅拓宽了学习者语用的广度，而且拓展了其语用的深度；不仅关注到学习者的输入型语用能力，而且重在强化其输出型语用能力；不仅重视诉之于眼、耳、口等感官的外部语用能力，而且高度强调心灵思维、想象、体验等内部语用能力，融得言、得意、得法、得能于一体。“语用教学”是借鉴传统语文教学的成功经验，以先进的课程理念和教学思想为指导，遵循学生语言学习的心理特点和汉语言特点的语文教学新境界。

在语用课堂建构中，文本解读是基础。语用理念下的文本解读，读的不仅是课文内容，不仅是故事情节，不仅是人物形象，也不仅是文章情感，更不仅是文本主题，而是丰富多彩的语文现象和语言元素。言为心生，为了表情达意的需要，写作者常常会对词语、语句、句段进行不同的排列组合，构成不同的语言表达形式和特点，但是尽管词法、句法、章法等语言法则千变万化，语言的完整性、条理性、具体性、准确性、和谐性，语言的形象感、意蕴感、情趣感、分寸感，都有“迹”可循，有“法”可依，所以，对语文课文独具特色又丰富多彩的语言形象，诸如关键的字词标点、精巧的句式表达、典型的段式结构、特别的谋篇布局、异常的描述手法、多样的读写方法等，都必须保持一种林黛玉进贾府时的敏感和警觉，敏锐地加以捕捉，并以此为课堂教学的重要内容，让学生在感受汉语表达技巧的艺术感染力的同时，获取语言规律，积累与运用经验，存盘语言养料。

关于语用教学，刘仁增老师先后出版了系列专著《让语文回家——刘仁增语用教学新思路》《我的语用教学观》《课文细读：指向文本秘妙》等。

第二章

教学设计环节与实践

文本解读是基础，教师如何将个人的解读转化为教学设计，在具体的课堂教学中应如何操作，如何实施？这是更值得关注的问题，本章将从提升学生阅读素养的角度，对教学设计的基本环节予以分别梳理。

第一节 确定教学目标

一、教学目标的定义

目标是想要达到的境界或目的。平时人们常说的教学目标，在没有特殊说明的情况下，实际上指的就是课堂教学目标。课堂教学目标就是课堂教学过程中的教与学的互动目标。课堂教学目标常常被人们简化为“教学目标”。

新课程倡导的课堂教学目标有三个维度：知识与技能目标；过程与方法目标；情感、态度与价值观目标。三者相互渗透，融为一体。

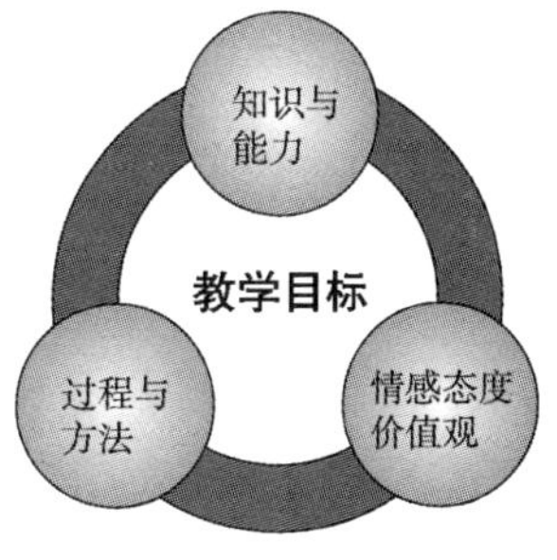

三者互相渗透，融为一体

目前的教学目标在设定和表述上存在着“三化”倾向。一是内容复杂化。“知识与能力”“方法与过程”“情感态度价值观”原本是一个目标的三个维度，它们相互融合，构成一个整体，可我们硬是把它们割裂成三个目标，造成人为的复杂化。二是陈述模糊化。诸如“通过教学培养学生的阅读能力”“感受春天的美”“提高想象能力”之类，用词相对比较含糊，这样的目标很难为教师的教和学生的学提供指导，也无法为教学目标达成度的测量和评价提供参照和指标。三是陈述模式化。从低年级到高年级，从第一篇课文到最后一篇，教学目标所描述的内容大同小异，少有年级的特点和课文的特点。为此，确定简明扼要的教学目标很有必要。

二、 确定教学目标

（一）教学目标的分类

在教学中，教学目标按不同标准可有不同的分类。按等级可分为：课程总目标、学段目标、单元目标、单课目标、课时目标。按时间可分为：中长期目标、近期目标、即时目标等。本书所论述的教学目标，实际上是阅读教学的单课目标。一篇课文的教学目标一般又分为总教学目标和分课时目标。

分课时目标中第一课时目标一般是掌握生字新词，整体感知课文内容，理清文章的条理，学习课文的部分内容。第二课时目标一般是学习课文重点句段，深入探究文本；总结全文，深化主题；拓展延伸等。

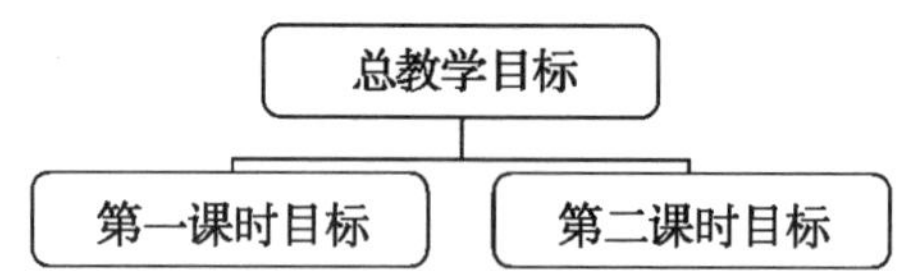

以《草原》（人教版课标本第十册）一课为例：

《草原》第一课时教学目标：

1. 初读课文，掌握本课生字新词，会认“涩”等 4 个生字，会写“毯”等 14 个生字。积累“一碧千里”等词语。

2. 整体感知课文内容，感受内蒙古大草原的风光，通过联系上下文、想象画面等方法揣摩优美的语句。

3. 有感情地朗读课文，背诵第一、二自然段。

《草原》第二课时教学目标：

1. 继续学习课文，了解草原人民的风土人情，体会蒙汉两族人民之间的深厚情谊。

2. 领会其表达效果，并体会作者情景交融的表达方法。

3. 有感情地朗读课文。

可以看出，第一课时目标是学习生字词，积累词语，理解课文内容，感受内蒙古草原的风光；第二课时是了解草原的风土人情，体会蒙汉两族人民的深情厚谊，学习文章的抒情方法等。两个课时各有侧重，最后组成这一课的总目标：

《草原》教学目标：

1. 会认“涩”等 4 个生字，会写“毯”等 14 个生字。积累“一碧千里”等词语。

2. 理解课文内容，感受内蒙古大草原的风光及风土人情，体会蒙汉两族人民之间的深厚情谊。

3. 揣摩优美的语句，体会课文表达上的特点，学习作者情景交融的表达方法。

4. 正确、流利、有感情地朗读课文，背诵第一、二自然段。

从《草原》一课的教学总目标设计中我们也可以总结出教学目标包含以下四个方面：学习掌握生字新词、积累运用词语；理解课文内容；体会文本主题；掌握文章的表达方法并运用。其中，“正确、流利、有感情地朗读课文”可以有机地融合在课文基本内容和情感的理解中。

（二）制订教学目标的策略

制订科学合理的教学目标，首先要依据课程标准的“总目标”和“阶段目标”，课程标准是国家对学科课程的指导性文件；其次应该依据教材，编者对于课程标准的理解和落实是通过教科书体现出来，如单元导读、课后习题、泡泡图、语文园地的“我的发现”或者回顾拓展的“交流平台”等；当然，最终还得依据学生的知识结构和实际情况，从知识和能力、过程和方法、情感态度和价值观三个维度出发制订目标。

下面以人教版统编本三年级上册第三单元第 8 课《去年的树》为例，说一说确定教学目标的步骤：

1. 课标中第二学段阅读目标：

（1）初步学会默读。能对课文中不理解的地方提出疑问。

（2）能联系上下文，理解词句的意思，体会课文中关键词句在表情达意方面的作用。能借助字典、词典和生活积累，理解生词的意义。

（3）能初步把握文章的主要内容，体会文章表达的思想感情。

（4）能初步感受作品中生动的形象和优美的语言，与他人交流自己的阅读感受。

（5）积累课文中的优美词语、精彩句段。

2. 研读教材内容：

单元主题："乘着想象的翅膀，游历童话的王国"。单元训练目标：感受童话丰富的想象，试着编童话、写童话。

本单元设置了一个单元训练：我来编童话。提供词语，如"国王""黄昏""厨房"等三组词语，由学生想象画面，发挥想象，创编故事。

本单元设置了"快乐读书吧：在奇妙的王国里"，介绍了安徒生童话、叶圣陶童话等，鼓励孩子们走进童话的王国，告诉孩子们"童话王国充满了爱与美，等着你去漫游、去发现"。用"小贴纸"的方式提示在阅读中"只有发挥想象，才能真正领略童话的魅力""我们可以想象自己变成童话中的主人公，和故事中的人物一起欢笑一起悲伤"。鼓励学生们去阅读才能有更多的发现。

3. 文本解读：

《去年的树》是日本童话作家新美男吉的作品。文章叙述了一只小鸟和一棵大树之间的故事。鸟儿和树是好朋友，鸟儿天天给树唱歌，树天天听鸟儿的歌唱。冬天到来时，鸟儿和树相约："明年春天再回来给你唱歌。"但第二年春天到来时，树已经不知去向。鸟儿苦苦寻找她的好朋友树，最后发现大树变成了火柴，火柴即将燃尽，只有点燃的灯火还在亮着。鸟儿对着灯火唱起了去年的歌。这篇五百多字的童话承载了极其丰富而深厚的内涵，比如友谊，比如爱情，比如信赖，比如至死不渝的忠贞……选编这篇课文的意图，一是让学生在读文章想象画面的过程中，体会作者丰富的想象力，同时，让学生感悟描写的细腻以及语言表达的生动形象，并积累语言；二是让学生在鸟儿和树根、门先生、

第三单元

乘着想象的翅膀，
游历奇妙的童话王国，
看花儿跳舞，
听星星歌唱。

感受童话丰富的想象。
试着自己编童话，写童话。

27

小女孩回答说："火柴已经用光了。可是，火柴点燃（rán）的火，还在这盏灯里亮着。"

鸟儿睁大眼睛，盯着灯火看了一会儿。

接着，她就唱起去年唱过的歌，给灯火听。

唱完了歌，鸟儿又盯着灯火看了一会儿，就飞走了。

融（róng） 伐（fá） 斧（fǔ） 锯（jù） 切（qiē） 煤（méi） 燃（rán）

冷	离	等	剩	斧	砍	谷
柴	煤	油	诉	睁	接	

分角色朗读课文，注意读出鸟儿心情的变化。

联系课文展开想象，试着走进鸟儿的内心世界，说说鸟儿在想些什么。

◇ 鸟儿睁大眼睛，盯着灯火看了一会儿，心想……

◇ 唱完了歌，鸟儿又盯着灯火看了一会儿，心想……

把这个故事讲给家人听，和他们交流你的感受。

30

灯火的对话中体会鸟儿的情感，激发对文本主题的理解和把握。

综上所述，可确定《去年的树》教学目标：

（1）正确读写"融""伐"等字词，积累词语。

（2）揣摩对话，读出鸟儿的心情变化，体验小鸟的情感。

（3）感受童话的丰富想象和语言美、意境美。

（4）体会小鸟与大树之间的真挚情谊，感悟真正的友谊是建立在诚信的基础上的。

从《去年的树》这一课的目标设计我们发现，该目标是根据单元导读以及课后的习题来制订的。目标（1）依据的就是课后的生字表；目标（2）依据的是课后习题2和3；目标（3）是依据单元导读和本单元训练的要求——感受"童话的丰富想象"，结合课文的特点来制订的。在理解文本内容的基础上，再依据学段目标和学生的特点制订了目标（4）。

三、 教学目标设计原则

（一）树立三维理念，让目标设计更全面

教学目标的制订首先要面向全体学生制订基本教学目标，又要针对学有余力的学生适当地提高要求，使全体学生都能充分地发展；其次，教学目标要有利于学生的全面发展，将“知识与能力”“过程与方法”“情感态度价值观”等领域的目标有机地融合在一起；第三是教学目标要体现开放性与多样性，以便识别和挖掘学生的各种潜能，培养多元的智力结构。

以《桂林山水》（人教版课标本第九册）教学目标为例来看：

知识和能力目标：学习作者抓住景物特点描写景物的方法，有感情地朗读课文，熟读成诵。

过程与方法目标：通过朗读、绘画、欣赏画面和音乐，激发学习兴趣。

情意目标：了解桂林山水的特点，受到热爱祖国锦绣河山的思想教育，培养爱美的情趣。

教学目标分别体现了“知识与能力”“过程与方法”“情感态度价值观”等三个维度。

（二）明确陈述主体，让目标设计更科学

学生是学习的主体，教学目标的设计要依据学生发展需要制订。维果茨基提出的“最近发展区”指学生实际状况与理想状况之间的差距，这种差距是学生需要发展的内容，是我们制订教学目标的基础。

以《惊弓之鸟》（人教版课标本第六册）教学目标为例，比较以下两个教学目标：

A 目标：

1. 会认“魏”等 5 个生字，会写“愈”等 12 个生字。懂得“惊弓之鸟”的意思。

2. 分角色朗读课文，抓住关键词句，理解课文内容。

3. 从课文的学习中受到启发，懂得只有善于观察，善于分析，才能对事物有正确的认识；学习对事物进行分析推理的方法。

B 目标：

1. 使学生会认“魏”等 5 个生字，会写“愈”等 12 个生字，并懂得“惊弓之鸟”的意思。

2. 引导学生通过分角色朗读、抓关键词句等理解课文内容。

3. 让学生从中受到启发，使他们懂得只有善于观察、善于分析，才能对事物有正确的认识；学习对事物进行分析推理的方法。

比较 A 和 B，二者都能从三个维度来制订教学目标，但是 A 教学目标的主体是学生，更能体现“以生为本”；B 目标则更多地站在教师的角度来制订学习目标，这不符合课标中提到的“学生是学习的主体，教师是学习活动的组织者和引导者”，因此，A 目标更科学。

（三）规范行为动词，让目标设计更恰当

从《惊弓之鸟》教学目标设计中，我们发现在制订情感态度与价值观维度的教学目标时，应避免从教师“教”的角度来叙述，诸如用“培养”“教育”之类的词语，应该从情感态度、培养结果的层面来描述目标。

在教学目标的表述中，用这样一些动词，如：喜爱、热爱、赞赏、憎恨、获得、体验……

这些词语也可以做如下分类：

字词方面：识记重点词语、品味关键词语、积累文言词语。

句子方面：体会重点语句的含义、揣摩关键词句含义、品味语言特色、赏析人物（环境）描写方法。

篇章方面：把握文章的内容和主题、理清思路和线索、感知文章内容、复述课文内容、理解作品的思想内容、领悟文章的思想情感、理解文章的观点、学习人物崇高的品质、感悟作者的思想感情等。

在篇章内容和情感中也分为几个层次：

内容方面：认识人物特点；感受文章风俗美、人情美、人性美；体味民族文化的魅力；领略作者笔下的祖国风光；获得思想启迪等。

思想方面：养成敢于同困难作斗争、勇于拼搏的精神；提高认识自然、爱护自然的思想；学习艰苦勤奋的学习态度；感受中华文化的光辉灿烂；提高审美情趣和品味；体会诗歌的意境美和音乐美；感悟深沉的爱和独特的教育方式；养成积极向上的人生态度等。

（四）具体明确，有一定的层次，让目标设计更有效

美国著名教育家布卢姆把认知目标分为知识、领会、应用、分析、综合、评价六个层次。这种层次结构适应了学生学习水平、思维能力由低级到高级，学习结果由简单到复杂的规律。根据学生发展的渐进性和学生发展的个体差异性，一堂课的教学目标表述要清晰和具体，并有一定的层次，要和课文的内容相结合，如《美丽的小兴安岭》（人教版统编本第五册）教学目标，有老师将其定为：

（1）学习本课生字词。

（2）有感情地朗读课文，在朗读中体会作者的情感。

（3）了解文章特点，学习写法。

上述目标没有结合课文特点，显得较为模糊和笼统。需要结合文本自身的内容和学生特点加以修改，使其更有层次，变得清晰而具体。

《美丽的小兴安岭》的教学目标（修改后）：

（1）学会本课的生字新词。准确理解课文内容，体会作者用词的准确、生动。

（2）有感情地朗读课文，在朗读中体会作者的情感，用朗读表达对大兴安岭的喜爱之情。

（3）了解小兴安岭一年四季美丽的景色，学习按四季变化观察景物、抓住特点的写法。

以上的教学目标设计中，我们看到设计者将目标聚焦在文本本身，教学目标的设计从整体走向局部，并且有一定的层次。

四、 案例与分析

【案例 1】请仔细阅读以下教学目标设计，发现其中存在的问题并进行修改。

《搭石》（人教版课标本第八册）教学目标：

1. 有感情地朗读课文，感受乡亲们为他人着想、无私奉献的精神，并从中受到感染、熏陶。

2. 让学生学会观察，培养留心观察、用心感受的习惯。

【分析】这个教学目标的设计存在的问题是不能体现教学目标的三个维度，只有“情感态度价值观”和“方法与技能”，缺乏基本的知识点学习，也不够具体有层次。行为动词使用不当，用“让学生”这类词句，没有体现以生为本。对这个教学目标进行修改后的参考范例：

《搭石》教学目标（修改后）：

1. 会认“汛”等 7 个生字，会写“猛”等 11 个生字。积累“协调有序”等词语。

2. 理解文章内容，感受搭石“成了家乡一道风景线”。

3. 有感情地朗读课文，体会乡亲们为他人着想、无私奉献的精神。

4. 学习作者细心观察生活的品质和生动细致的描写方法。

在修改后的教学目标中我们发现：第 1 点增加了字词的学习和积累，结合下面的第 2、3、4 点，更加体现三维理念，陈述主体明确，能站在学生学习的角度来设计教学目标，也更能体现文本的核心内容与学习目标。

总结：语文教学目标的教学设计就是要能体现教学的三个维度目标，以生为本，抓住文本的核心内容，让教学更有效。

【案例 2】请仔细阅读以下教学目标设计，发现其中存在的问题并进行修改。

《陶罐和铁罐》（人教版课标本第五册）教学目标：

1. 有感情地分角色读、演课文。

2. 体会本文的寓意。

【分析】这个教学目标的设计存在的问题是目标的设计无法体现知识与能力、过程与方法、情感态度价值观等三个维度的结合，目标设计不够具体清晰，无法体现文本的文体特点和内容特点。

对这个教学目标进行修改如下：

《陶罐和铁罐》的教学目标（修改后）：

1. 认识10个生字，要求会写14个字。读懂词语表达出来的形象特征和作者的情感。

2. 多种朗读形式，理解文章寓意，学会谦虚。

3. 体会对比的写法，赏析语言的准确性，体会两个角色态度和性格的不同。

第二节　把握教学重、难点

一、 教学重、 难点的定义

课堂是教学的主阵地，提高课堂教学质量，优化教学过程，需要突出重点，突破难点。教学重点是学生必须掌握的基础知识与基本技能，是基本概念、基本规律及由内容所反映的思想方法，也可以称之为学科教学的核心知识。教学难点是指学生不易理解的知识，或不易掌握的技能技巧。

难点不一定是重点，也有些内容既是难点又是重点。难点有时又要根据学生的实际水平来定，同样一个问题在不同班级里不同学生中，就不一定都是难点。

二、确定教学重点的依据

1. 结合教学目标确定教学重点

确定教学重点应该首先以教学目标为根本依据。课程标准将“知识与能力”“过程与方法”“情感、态度与价值观”三个方面确定为教学目标。只有明确了这节课的完整知识体系框架和教学目标，并把课程标准、教材整合起来，才能科学地确定教学重点。

2. 结合教学内容确定教学重点

如果说教学目标是确定重点的根本，那么深入钻研教材，弄清教材内容的内在联系，则是确立教学重点的基础。不仅要对所教授的内容作深入地剖析，理出知识的层次与联系，还要相应地找出已学知识和后续知识与这些内容的联系，只有这样才能确定好教学重点。

3. 结合学生实际生活确定教学重点

语文教学的最终目的，就在于提高学生的语文素养，增强口语表达能力和书面表达能力，而素养的提高、能力的增强，关键在于“用”。要结合学生实际生活，学练结合，抓牢训练点，突破重点、难点。

综上，从学科教学内容的科学系统来看，组成基本知识体系的主要环节为教学重点；从教育学的活动要求来看，培养学生能力，掌握学习方法是教学重点；从情感教育和品德养成来看，激发学生积极的情感，形成正确的价值观，是教学重点也是难点。

三、训练与分析

【案例1】写出《掌声》（人教版统编本第五册）的教学重难点：

［教学目标］

（1）正确读写并理解“小儿麻痹症”“忧郁”“文静”“犹豫”4

个词语。

（2）在感悟文本的基础上正确、流利、有感情地朗读课文，理解课文内容。

（3）抓住重点词句，通过联系上下文体会两次掌声里的深刻含义。

（4）互相交流，理解人物的心理活动，体会人与人之间互相关心、互相鼓励的真情，学习关爱别人，回报别人的付出。

［教学重难点］

教学重点：整体把握课文内容，感受英子在掌声前后的变化。

教学难点：通过语言和动作的描写来体会英子的心理变化。

【案例2】《凡卡》（人教版课标本第十二册）的教学重难点：

［教学目标］

（1）学会14个生字，能正确书写“礼拜”“生锈”等词语。

（2）有感情地朗读课文。整体把握主要内容，了解凡卡悲惨的学徒生活，体会他极度痛苦的心情。

（3）揣摩课文表达方法，体会将叙述、回忆穿插来写和苦乐对比的表达效果。

［教学重难点］

教学重点：理解凡卡的苦难生活；通过凡卡的神态、动作，联想、了解凡卡的内心世界。

教学难点：作者的叙述、信的内容和凡卡的回忆交叉在一起；第一、第三人称的使用。

老师在教学中，要结合实际，根据教学目标，恰当地将知识与能力、过程与方法、情感态度价值观统一起来确立为教学重点。

四、教学重、难点的突破策略

（一）突破教学重点的策略

1. 攒聚法。每节新课都是由许多知识点构成的，各知识点之间有密不可分的联系。当我们讲述各知识点时，都要有一个明确的指向，即指向教学重点，好像攒自行车辐条一样，每一根钢线都与中轴绷得紧紧的，使之形成完整的知识体系。

如《荷叶圆圆》（人教版统编本第二册），这是一篇轻快活泼的散文诗，诗中描写了圆圆的、绿绿的荷叶。荷叶是小水珠的摇篮，是小蜻蜓的停机坪，是小青蛙的歌台，是小鱼儿的凉伞。课文洋溢着童真、童趣。教学设计中教师围绕文本的内容，让学生学习“摇篮”“停机坪”“歌台”“凉伞”等词语，积累词语，同时也学习了比喻句。

因此，《荷叶圆圆》的教学重点是：在阅读中积累词语。

2. 补充法。围绕重点做必要的补充，以求课堂讲授内容具体、深入、明确，使重点更加突出、丰满。关注学生生活实际，从而使学生对这一堂课产生很大的兴趣，积极主动地学习，将理论用于自身实践，获得最深刻的情感体验，进而使教学重点更加丰富。

如：在教学《我的伯父鲁迅先生》（人教版课标本第十一册）时，学生对于文本有年代的隔离感，在课堂上教师可以补充鲁迅先生的背景资料，将文本置于当时的文化语境中，如补充鲁迅先生自己写的“碰壁”的两篇文章；鲁迅去世后萧红的文章《纪念鲁迅先生》；比如当时万国殡仪馆出殡的经典的黑白照片；其他人写鲁迅的作品，以及《亚洲周刊》把鲁迅作品评为20世纪最有影响力的作品第一名，《影响中国历史的100个人》一书中对鲁迅的评价……这样的补充就能将文本置于大语境下，有助于学生理解文本，走进鲁迅的精神世界。

3. 板书法。一般说来，板书的内容和文本的重点都有必要的关联。板书要根据教学重点来设计。如《桂林山水》的板书设计就是围绕教学重点来设计的。从板书中我们知道了桂林山水“甲天下”，桂林的山的特点是“奇”“秀”“险”，漓江的水的特点是“清”“静”“绿”。

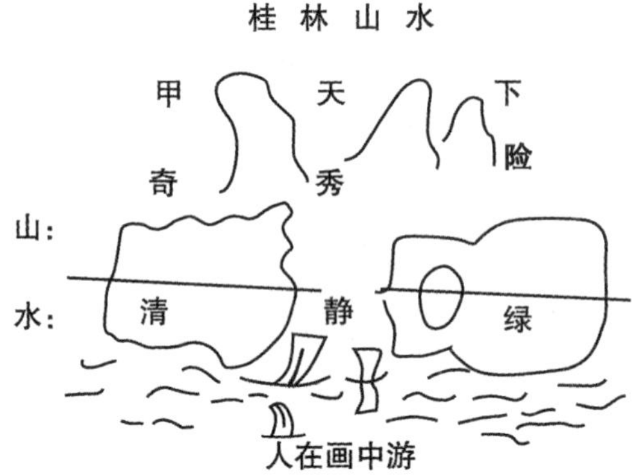

（二）突破教学难点的策略

教学重点的突出离不开教学难点的突破。突破教学难点，方法很多，或化抽象为具体，或化复杂为简单，或变生疏为熟悉，其目的都是为了化难为易。

1. 阶梯分解法。就是说设计问题要有梯度，由浅入深，由易而难，步步推进地解决问题。还可以把一个问题从不同层次和不同角度分解成几个小问题来讲，然后再加以概括归纳，这样就容易把问题讲清楚。

2. 直奔重点法。在初读课文、了解大意以后，就要引导学生直奔重点，明确主旨。由整体感知出发，再联系上下文阅读。培养学生养成阅读时善于抓住重点词句的良好习惯，掌握阅读方法。

3. 课堂习题法。教师通过精准设计与本课时教学内容相匹配的课堂检测题，也可以达到突破教学难点的目的。检测题形式多样，主要有选择题、图形题、填表对比题、判断题、主观性试题等。

4. 多媒体教学法。多媒体优势之一就是形象、直观。恰当地利用多媒体辅助教学有利于学生理解教学难点。

教学的重点与难点，既有区别又有联系，有时二者是统一的。

重点的突出有利于难点的突破，而难点的突破也有利于重点的深化理解。以上所说的方法可以交叉使用或综合使用。如果能灵活地、有针对性地加以运用，就更能收到事半功倍的效果。

教学有法，但无定法。实际教学中突出重点突破难点的方法还有很多，有待于我们在教学中不断地探索总结。

第三节　教学导入设计

语文教学过程是由一定的教学环节构成的，这些环节包括导入、讲授、提问、释疑、小结等。要顺利有序地完成各个环节的教学任务，取得良好的效果，达到预期的目的，教学导入至关重要。

一、 教学导入的定义

导入是教师在一个新的教学内容或教学活动开始时，引导学生进入学习的方式。导入是能够激发学生学习期待，吸引学生注意力，明确学习目的和建立知识间联系的教学活动。

我国著名教育家、语文教学名师于漪说：“课的开始，其导入语好比提琴家上弦，歌唱家定调。第一个音定准了，就为演奏或者歌唱奠定了良好的基础。”成功的导入语，如同乐章的序曲，使学生一开始就受到强烈的感染，也像拉开了沉沉大幕，让学生一眼便看到了精美的布景。

语文教师应该充分利用自己较为广博的知识，组织优美生动的语言，激发学生学习的兴趣，展开学生的思维和想象，创造和谐、活跃的课堂氛围，调动学生学习的积极性和热情参与的主动性，教学才能获得应有的效率，达到预期的目的。

二、导入的作用

1. 激发兴趣，产生学习动机

学习兴趣是推动学生参与学习活动的心理动因。好的导入能激发学生的兴趣，使学生情绪高涨，脑细胞活动迅速，神经处于兴奋状态。学生的学习热情高涨，就能主动参与到新课的学习中去，激发起自觉探求知识的兴趣，并获得良好的学习效果。

2. 揭示课题，体现教学意图

导入的最基本的目的就是通过导入揭示本课堂的课题是什么，体现教师的教学意图，使学生从上课开始大致了解今天课堂到底学些什么。

3. 温故知新，衔接新知与旧知

教师在开展课堂教学时，可以借助各种教学媒体，使用各种的艺术导入技能，利用新知识与旧知识之间的逻辑关系，巧妙地铺设桥梁，衔接新知识与旧知识，使学生既复习了旧知识，又为新知识的学习开了个好头。

4. 迅速集中思维，体验学习的快乐

在导入阶段，学生的注意力高度集中，感知力、理解力和创新力都处于最佳发挥状态。艺术的导入，对学生心理产生的影响是良好的，学生能感受语文学习的魅力，体会学习语文的快乐。教师若能有充满个性和趣味的激励性课堂导入，创造的是和谐融洽的真情空间，激活的是学生无限的创新思维。

三、课堂导入“八法”

（一）故事导入法

学生一般会喜欢听故事，在上新课之前，教师可以自己或播放多媒体课件为学生讲一个简短、生动、与教学内容有关的故事，以吸引学生的注意或引起学生对学习内容的兴趣。以《鲸》为例，《鲸》是一篇说明文，相对比较枯燥，不容易引起学生的学习兴趣。教学时，老师可以讲故事开始，激发学生学习兴趣，也激活学生的思维积极性，活跃课堂气氛。

【示例】《鲸》（人教版课标本第九册）

有一天，海底世界的动物们要举行舞蹈大赛。小鲸知道后非常高兴，它也想参加。于是，它就来到了赛场，只见赛场门口写着“鱼类舞蹈大赛”，门口还有两条小鲤鱼在值日。当小鲸正要进去的时候，却被小鲤鱼拦住了：“对不起，你不能参加这个比赛。”小鲸奇怪地问：“为什么？”小鲤鱼说：“因为你不是鱼类。”小鲸觉得十分委屈，一边哭一边往回游。同学们，你们能给小鲸一个解释吗？

这样的导入就能激发学生打开书本去发现鲸的特点，寻找答案。学生的注意力尽快集中到课堂上来，进入开动脑筋的状态。

（二）温故知新法

教师采用讲述或讨论上一节课的旧知识导入新课，既巩固了学生已学的知识，又为学习新知识作了铺垫，而且有利于将新旧知识逻辑地联系起来，便于教师循序渐进地开展教学活动。但要求导入语准确严密，富有逻辑性。

【示例】《卖火柴的小女孩》（人教版课标本第十二册）第二课时导入：

教师：孩子们，上节课我们一起学习了《卖火柴的小女孩》一课中“小女孩卖火柴”这部分，那么这个小女孩给你留下了怎样的印象呢？

（学生畅所欲言）

教师：“是啊！这个可怜的小女孩在大年夜只能蜷缩街头，又冷又饿，那么她最终的命运又会怎样呢？让我们再一次走进文本去看一看吧。

温故知新法一般应用于第二课时、同一单元组课文、不同年级的教材中互相联系的文章。学生可以借助生活中的常识和自己积累的知识来温故知新，学习新课。这种导入方法，能够取得承上启下、温故知新的教学效果。

（三）问题导入法

以问题或者悬念作为挑逗学生好奇心的触发点，会使学生产生一种强烈的求知欲，这种欲望能激发兴趣，启动思维。

【示例】《胡萝卜先生的长胡子》（人教版统编本第五册）：

同学们，你们知道胡萝卜先生会长胡子吗？胡萝卜先生的胡子沾上了营养丰富的果酱以后会发生什么事情呢？今天我们要学习课文《胡萝卜先生的长胡子》，看看这会是一个什么样有趣的故事呢。

【示例】《在牛肚子里旅行》（人教版统编本第五册）：

同学们，你们有听说过在肚子里旅行吗？今天我们要学习的课文是一只蟋蟀在牛肚子里旅行的故事，它为什么会在牛肚子里旅行呢？又会发生什么样的故事呢？最后是谁救了它呢？让我们赶紧打开课本看一看吧。

教师根据文本的内容来假设问题情境，问题与生活有一定联系或者形成反差，能激发学生学习兴趣，引导学生思考，促使学生尽快地进入主动积极的学习状态。

（四）名言警句法

名言警句，能引起学生的情感共鸣。根据教学内容，教师提前准备一些能表现主题的名言警句，丰富学生的认知，并且有亲切感和熟悉感。

【示例】《我的“长生果”》（人教版课标本第九册）：

我们都知道人的进步和社会的发展都是离不开书的。莎士比亚说过：“书籍是全世界的营养品。”高尔基说过：“书是人类进步的阶梯！”皮罗果夫也说过：“一本好书，就是一个好的社会，它能够陶冶人的感情和气质，使人高尚。”书又好比是源泉，好比是船只，好比是顾问……今天，我们所要学的课文把书比作人类文明的长生果。

运用和读书有关的名言警句，用饱含情感的语言传送给学生，引起学生的情感共鸣。这些语言富有诗意，不仅能潜移默化地养成学生的审美情趣，而且能帮助学生判别真善美与假恶丑，树立正确的人生观、价值观，这种影响是长久的，甚至会影响学生的一生。

（五）情境创设法

创设相应的情境，引入恰当的材料，激起热情，引发思考和联想，形成情境交融的课堂教学氛围。

【示例】《乡下人家》（人教版课标本第八册）：

孩子们，你们有的住过农家小院，有的看见过农家小院。那房前的瓜棚，门前的鲜花，屋后的翠竹，还有那觅食的鸡群，戏水的小鸭，加上乡下人在瓜棚下吃饭、闲谈的悠闲，真是一幅极美的画卷。乡村风光是那样自然亲切、优美恬静。让我们走进课文《乡下人家》，去欣赏那美丽的画卷吧。

根据课文的内容，运用贴切生动的话语创设相应的情境，设计富有感召力的语言导入新课，激发学生对乡下人家的好奇之心和喜爱之情，从而形成情境交融的语文课堂教学氛围，实现语文教学认识功能和审美功能的统一。

（六）歌谣、谜语导入法

【示例】《荷花》（人教版课标本第六册）：

同学们，现在老师说个谜语，看谁能猜出来：

一个小姑娘，坐在水中央，身穿粉红袄，撑船不用桨。（荷花）

小学阶段的学生，喜欢猜谜和诵读歌谣，选择与课文内容相关的歌谣和谜语来导入，既新颖又容易被接受。

（七）游戏导入法

【示例】《蝙蝠与雷达》（人教版课标本第八册）：

先玩一个“贴鼻子”的游戏。

学生蒙上眼睛，贴“鼻子”到黑板上画的脸上。学生有的将鼻子贴在额头上，有的贴在脸的外面。

接着教师采访学生的感受。找出贴错的原因：看不见。

蝙蝠在漆黑的夜里为什么能自由自在地飞行呢？飞机在漆黑的夜里为什么能安全飞行呢？

今天我们一起来学习《蝙蝠与雷达》，课文将会告诉我们答案。

（八）视听导入法

利用图片、实物、多媒体等方法来导入。图片可以是教学挂图、自制图片或简笔画；实物是具体的实际物品，也可以借助投影或其他多媒体技术等手段导入。

【示例】《黄山奇石》（人教版统编本第三册）：

事先准备好几幅黄山的景物挂图，将挂图一一挂出，并辅以介绍，学生很快就会被图片中优美的景物所吸引。

教师引导：看着这些千姿百态的石头，你能给这些奇特的石头取个名字吗？激发学生对黄山的石头产生浓厚的兴趣。

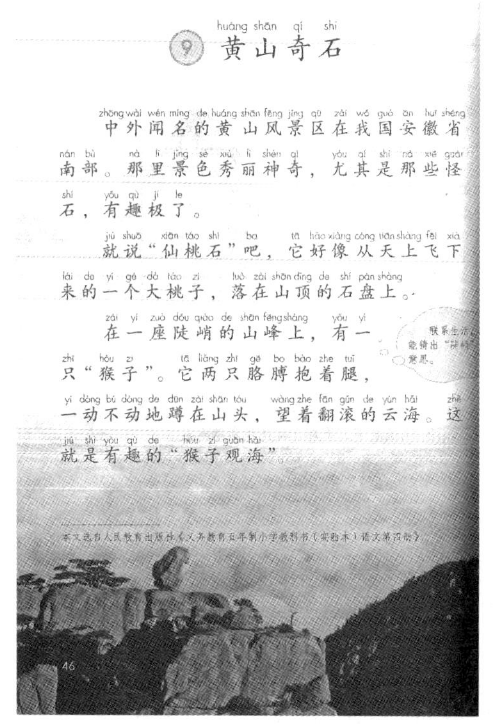

9 黄山奇石

中外闻名的黄山风景区在我国安徽省南部。那里景色秀丽神奇，尤其是那些怪石，有趣极了。

就说“仙桃石”吧，它好像从天上飞下来的一个大桃子，落在山顶的石盘上。

在一座陡峭的山峰上，有一只“猴子”。它两只胳膊抱着腿，一动不动地蹲在山头，望着翻滚的云海。这就是有趣的“猴子观海”。

联系生活，能猜出“陡峭”的意思。

本文选自人民教育出版社《义务教育五年制小学教科书（实验本）语文第四册》。

46

【示例】《出塞》（人教版课标本第十二册）

运用多媒体投影，出示塞北风光，空旷辽阔。配上羌笛、胡琴等音乐。学生在听和看中，感受孤独和冷清的意境，对理解诗歌的情感做了铺垫。

【示例】《风筝》（人教版课标本第五册）

教师出示实物风筝，问：你们喜欢风筝吗？做过风筝吗？放过风筝吗？找过风筝吗？来，我们读读课文《风筝》，看看作者笔下的风筝给孩子带来的快乐是什么？

以上的几个案例分别巧妙地运用图片、实物和多媒体等方式，通过欣赏图片、音乐，观看物品、电视、录像、电影等方式来导入。绘声绘色的现代化教学手段的使用能较快吸引学生的注意力，教师可以借助这些视听资料引导学生观察和思考。其中，图片导入一般适用于写景类的文章，优美的风景图片能加深学生的印象，使学生受到美的熏陶。视听导入法也容易激活学生的艺术细胞，提高学习兴趣，加深对课文的理解。

“万事贵乎始”，教师要认真思考，精心设计教学导入，使学生的思维在碰撞中产生智慧的火花，进入良好的学习状态，进而为教学活动的顺利展开创造有利的条件。

四、 案例与分析

【案例】给《荷花》（人教版课标本第六册）设计三种课堂导入。

1. 创设情境法

春夏秋冬，每个季节都有不同的代表性的花。夏天来了，同学们，你们见过荷花吗？现在，我们来到了公园里的荷花池边（播放音乐和视频），看，一池的荷花在风中摇曳，有的已经开了两三瓣，有的还是花骨朵儿，多美呀！我们仿佛闻到了荷花的清香。现在让我们一起走进叶圣陶先生的《荷花》。

3 荷　花

清早，我到公园去玩，一进门就闻到一阵清香。我赶紧往荷花池边跑去。

荷花已经开了不少了。荷叶挨(āi)挨挤挤的，像一个个碧绿的大圆盘。白荷花在这些大圆盘之间冒出来。有的才展开两三片花瓣儿。有的花瓣儿全展开了，露出嫩黄色的小莲蓬。有的还是花骨朵儿，看起来饱胀(zhàng)得马上要破裂似的。

“冒”用得真好。

这么多的白荷花，一朵有一朵的姿势。看看这一朵，很美；看看那一朵，也很美。如果把眼前的一池荷花看作一大幅活的画，那画家的本领可真了不起。

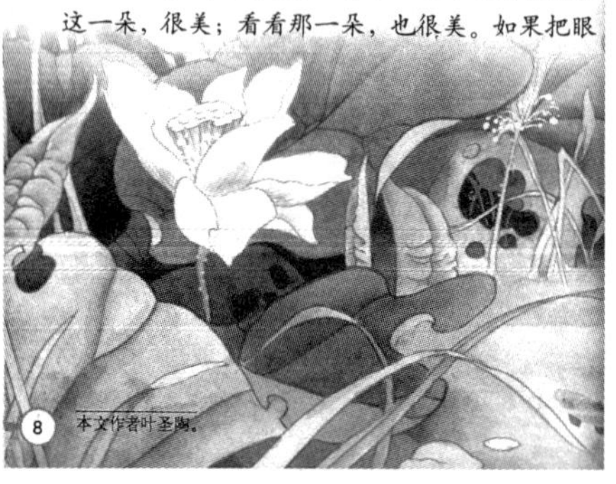

我忽然觉得自己仿佛就是一朵荷花，穿着雪白的衣裳，站在阳光里。一阵微风吹过来，我就翩(piān)翩起舞，雪白的衣裳随风飘动。不光是我一朵，一池的荷花都在舞蹈。风过了，我停止了舞蹈，静静地站在那儿。蜻蜓飞过来，告诉我清早飞行的快乐。小鱼在脚下游过，告诉我昨夜做的好梦……

过了一会儿，我才记起我不是荷花，我是在看荷花呢。

“我”怎么会忘记自己是在看荷花呢？

2. 视听导入法

播放视频，画面是盛开的荷花，配上音乐，镜头缓缓滑过。教师语言导入：你们闻到荷花的清香了吗？让我们一起走进叶圣陶爷爷写的《荷花》吧。

3. 名言（诗歌）导入法

同学们你们还记得杨万里的诗歌《小池》吗？“小荷才露尖尖角，早有蜻蜓立上头”给我们描绘出一幅朴素、自然，而又充满生活情趣的生动画面。还有“接天莲叶无穷碧，映日荷花别样红”，翠绿的莲叶，盛开的荷花，多美呀！很多的诗人、作家都喜爱荷花，写过荷花，今天我们要学习的是叶圣陶先生的《荷花》，看看他笔下的荷花又是什么样子的呢？

4. 实物（图片）导入法

教师带上几枝荷花、荷叶或者莲蓬，或者带上不同的荷花图片。

同学们，你们认识这是什么？（荷花）你们喜欢荷花吗？荷花外形优美，当它开放时还能散发阵阵的清香，荷叶、莲蓬也有它们自己的用途。今天，我们就来一起走进叶圣陶先生的《荷花》，跟随着作者的脚步去看看美丽的荷花吧。

五、导入语和导入设计

导入语和导入设计不同。导入语一般来说是一段话，而导入设计必须要有环节，指出导入的方法。示例如下：

【示例1】《草原》的导入设计：情境渲染，方法引路。

《草原》导入语：同学们，你听，从远方传来了歌声……此时此刻，在你脑海中浮现出怎样的画面？对，我们感受到了草原的辽阔和空旷。今天就让我们一起走进老舍先生所描写的草原。

（1）课件创设，教师导语：同学们，你听，从远方传来了歌声……此时此刻，在你脑海中浮现出怎样的画面？

（2）播放课件，营造辽阔、空旷的视听效果。

播放童声《敕勒川》音乐，学生感受音乐中体现出来的草原的辽阔与空旷。

（3）揭示课题。

今天就让我们一起走进老舍先生所描写的草原，齐读课题——草原。请大家带着对草原的向往，自由地轻声读读课文，边读边画出自己喜欢的句子。

【示例2】《桥》（人教版课标本第十册）的导入设计：抓住课题，设疑导读。

1. 教师板书课题，学生读题。

2. 引导学生设疑：

同学们，提起桥，你的脑海中一定会浮现各种各样的桥，比如：石拱桥、立交桥……今天我们要学习的课文《桥》和这些桥是不是一样呢？进入高年级，我们应该养成边读书边思考的好习惯，而思考应该从你见到文章题目的那刻就开始了。齐读课题——桥。就一个“桥”字，会引发你的哪些思考？

3. 学生以批注法初读课文：

请大家带着自己的思考，默读课文，并在你思考的地方做批注。

【示例3】《北京的春节》（人教版课标本第十二册）的导入设计：谈话激趣，导入新课。

1. 教师板书：春节

2. 谈话激趣：

春节是我们大家熟悉喜爱的一个传统节日，谁能用一两个词说说春节在你心中是什么样的？（欢乐、热闹、喜庆）

3. 导入新课：

春节的喜庆、热闹给我们留下了愉快的回忆，今天我们要领略大作家老舍笔下京味十足的春节。（补全板书：北京的春节）齐读课题——北京的春节。

4. 学生以批注法初读课文：

请大家自由地轻声读读课文，边读边画出自己喜欢的句子，看看老北京的春节有哪些地方特别吸引你。

【示例4】《爬山虎的脚》（人教版课标本第七册）的导入设计：提问析题，集中思维。

1. 教师板书“脚”，提问：同学们，你能说出哪些动物有脚吗？你们听说过植物也长脚吗？

2. 板书课题："爬山虎的脚"，它的脚是用来干什么的呢？

3. 出示课件，引发观察：

爬山虎的脚长在哪儿呢？爬山虎的脚又有哪些特点呢？今天我们要学习课文《爬山虎的脚》。

4. 学生自读课文。

【示例5】《惊弓之鸟》（人教版课标本第六册）的导入设计：激趣导入，引发兴趣。

1. 教师用彩色粉笔在黑板上画一张弓、一根弦，接着再画一支箭。学生说出这些图画的名称。

2. 导入语：大家知道有了弓和箭才能射鸟。古时候有个人只拉弓不射箭也能把大雁射下来，这是怎么一回事呢？

3. 自由读课文，边读边划出自己感兴趣的句子。

【示例6】《卖火柴的小女孩》（人教版课标本第十二册）导入设计：问题导入，引发思考。

1. 图片出示，圣诞节欢乐喜庆的场景。

西方的圣诞节就像我们中国的春节，是很重要的节日。你从图片上感受到了什么？（喜庆、热闹）

2. 出示插图，引发思考。

课文插图《卖火柴的小女孩》，图片上小女孩的穿着打扮给你留下了怎样的印象呢？

（学生畅所欲言）

3. 教师小结，导入新课。

是啊！圣诞节很热闹，但是图中这个可怜的小女孩在圣诞夜只能蜷缩街头，又冷又饿，那么她最终的命运又会怎样呢？让我们走进文本，去看一下吧。

六、 导入中注意的问题

1. 注意学段和年龄特点

【案例】《丑小鸭》（人教版课标本第四册）导入：

丑小鸭变成天鹅是幸福的，但是丑小鸭变成天鹅的过程又遭遇了哪些事呢？这些遭遇给你留下了怎样的感受呢？请用笔在旁边做个批注。自由读 3～6 小节，走进丑小鸭的世界。

评析：《丑小鸭》是人教版第四册的最后一篇课文。这篇课文是根据著名童话作家安徒生的《丑小鸭》改编的，故事中的丑小鸭是一个面对艰难曲折仍然一心一意追求美好理想的形象。但是本设计的语言和要求都不够贴近儿童，如“做批注”等要求就不符合低年级儿童的心理特征。

2. 注意导入与内容的联系

【案例】《七颗钻石》（人教版课标本第六册）导入：

同学们，在夏天的夜晚，当你仰望天空，你会看到什么？想到什么？

（预设：星星、月亮、外星人、宇宙飞船）

看来同学们的想象力都很丰富，今天就让我们一起乘着想象的翅膀飞向遥远的天际，跟随作家列夫·托尔斯泰一起走进《七颗钻石》。

评析：《七颗钻石》是 19 世纪俄国文学巨匠列夫·托尔斯泰写的一篇童话故事。课文以浅显易懂的语言和清晰有序的脉络，为我们讲述了一个小姑娘在地球上发生了大旱灾，许多人和动物都焦渴而死之时，为她生病的母亲找水，而当得到水的时候却几次让水，使得水罐一次又一次发生神奇变化的故事。本课的导入和课文内容没有必然的联系。所以本导入设计不适合。

3. 注意导入语言的简洁有效

【案例】《山雨》（人教版课标本第十一册）导入

让学生针对课题提问，学生会问：山雨的声音是什么样的？好听吗？还会问：下雨时，山里的声音是什么样的？在教学中我就紧紧围绕这些问题来设计教学。

评析：本设计中的语言不是导入语，而是说课式语言。不符合设计要求。可以做如下修改：同学们，你们听过山雨的声音吗？好听吗？下雨时，山里还会有什么声音呢？让我们一起来学习课文《山雨》吧。

第四节　作业设计

作业是指学生运用知识解决问题，巩固已学知识，培养掌握知识与解决问题的能力；作业是连接教与学的重要环节，也是检测学生是否学会课上的知识点的一种方法。作业如果安排得好，对学生自学能力和实践能力的培养有很大的促进作用，同时也利于教师改进教学方法。

作业分为课堂作业和课外作业两大类。课堂作业是教师在上课时布置学生当堂进行操练的各种练习，课外作业是学生在课外时间独立进行的学习活动。布置作业和批改作业是教师检查教学效果、反馈教学效果、提高教学效果、改进教学方法的途径之一，也是激发学生学习兴趣和培养学生良好习惯的重要平台。

一、作业的内容

1. 常规作业

常规的作业内容是预习、复习、抄写生字词、背诵默写课文、完成课后习题。

这些作业是建立在文本材料基础之上，主要表现为单一形式的机械性的书面作业，阅读和书写是主要形式，它具有封闭性、独立性、形式化等特征。传统作业观将作业视为课堂学科知识教学的延伸，作业的功能仅局限于“知识的巩固”和“技能的完善”。

2. 新型作业

当代知识观对传统作业的知识巩固与技能强化的单一功能和价值进行了质疑，更强调师生之间的互动生成，认为作业是学生自主学习过程。新型作业观强调知识的探究与体验式学习，凸显知识的内在价值，关注人的全面发展和生命价值，以学生身心的自由、和谐与全面发展为作业的终极目标。推崇作业生成性、多元化，彰显创意化，打破工厂化的课堂管理和大一统的作业评价方式，尊重个性差异，最大限度满足学生个性化学习需要。

2000 年教育部颁发的《关于在小学减轻学生过重课业负担的紧急通知》中明确提出：“要提倡布置活动性、实践性的小学生的家庭作业。小学一、二年级不留书面家庭作业，其他年级书面家庭作业控制在一小时以内。严禁用增加作业量的方式惩罚学生。”2001 年启动的新一轮基础教育课程改革是改革开放以来规模巨大、凸显时代变革的一次课程改革，标志着我国教育改革进入一个新的阶段。《基础教育改革纲要（试行）》明确指出：“改变课程实施过于强调接受学习、死记硬背、机械训练的现状，倡导学生主动参与、乐于探究、勤于动手，培养学生搜集和处理信息的能力、获取新知识的能力、分析和解决问题的能力以及交流与合作的能力。”

2017 年 8 月，教育部印发《关于做好 2017 年中小学生暑期有关工作的通知》，提出：要减轻学生过重的暑假学业负担。要引导学生参与社会实践活动，走进大自然，开展观察性、探究性学习。作业是学生学习的主要活动方式，转变学生学习方式，必须改革传统作业，回归作业本真意义和价值。新课程理念下作业必须突破常规作业模式，凸显参与、合作、探究、体验价值导向，构建多样化的学习方式。

新型作业大部分体现为拓展型作业、实践活动型作业、探究型作业、分层性作业、主题式作业、跨学科交叉作业等新型作业形式。

二、 新型作业的形式

（一）拓展型作业

1. 学习完《凡卡》，展开想象，续写故事：爷爷收到了凡卡的信以后……

2. 学习《黄鹤楼送孟浩然之广陵》，想象汪伦送别李白的场景，写一篇记叙文。

3. 学习完说明文《新型玻璃》，以玻璃的口吻写一篇童话故事。

（二）实践活动型作业

1. 学习完《自选商场》，和爸爸妈妈上超市购物，留意商品的分类。

2. 学习《植物妈妈有办法》后到野外观察，了解植物是如何传播种子的资料。

3. 学习《陶罐和铁罐》和《皇帝的新装》后编演课本剧。

4. 学习《风筝》后和小伙伴一起做风筝、放风筝。

5. 学习《黄山奇石》后，收集有关黄山奇石的图片资料等。

（三）分层性作业

《穷人》一课的阅读作业：

★★作业：阅读雨果叙事诗《可怜的人们》。

★★★作业：续写《穷人》，尝试运用环境描写、心理描写、细节描写。

★★★★作业：阅读“美冠纯美阅读”书系《穷人》（列夫·托尔斯泰著）。

★★★★★作业：尝试将普希金的《渔夫和金鱼的故事》改写成小说。或自选一首叙事诗。

以上作业按照星星数量的增加，难度也不断提高。学生可以根据自己的兴趣以及自身的学习能力来选择。

（四）主题式作业

学习完三年级下语文第八组“神话传说故事”：

1. 选最拿手的一个神话、传说故事讲给长辈听；

2. 看一本神话、传说故事，有能力的试着自己编一个故事；

3. 听父母或其他的长辈讲神话、传说，评价优劣。

（五）跨学科作业

综合性学习活动中，请大家发挥自己的特长，做一个介绍“母亲河”的作业，内容形式不限。

1. 喜欢画画的同学，可以画一幅关于母亲河的图画；

2. 擅长音乐的同学，可以搜集关于母亲河的歌曲、民谣，并学唱；

3. 爱好文学的同学，可以搜集有关母亲河的古今诗词、故事、传说、人物故事、俗语、谚语、成语，并写一篇赞美母亲河的文章；

4. 喜爱历史地理的同学，可以搜集关于母亲河起源、发展历程、文化遗址等知识；

5. 有环保意识的同学，可以针对水污染这一严重的生态危机，设计一则公益广告，或提出合理化治理方案；

6. 会网页制作的同学，可以做一个介绍母亲河的网页，进行比赛；

7. 有朗诵才能的同学，可以选一篇有关母亲河的文章进行配乐朗诵。

三、 作业布置要求

1. 课堂作业

（1）作业的即时性，教学完就做作业。

（2）作业的针对性，针对教学的重点难点设计。

（3）作业的包容性，少而精，快速完成，即时反馈，广泛迁移，巩固知识，形成能力，学以致用。

（4）书本中的课后练习、生字词、小练笔等应该在课内完成。

2. 课外作业布置要求

（1）作业设计要强调五个方面的结合：知识性与趣味性、统一性与层次性、封闭性与开放性、实践性与创新性、自主性与他主性相结合。

（2）作业设计要注意分层，考虑作业难易度、学习能力的差异性。

（3）注意作业的量与质。从量的方面看，作业适量，符合国家或地方规定（一、二年级不留作业，三、四年级不超过半个小时，五、六年级不超过一个小时）。从质的方面看，形式多样，适应课后广阔的时间和空间，作业的内容要有针对性、选择性和探究性。

四、作业布置的原则

1. 目的性。作业的布置应体现课堂教学要达到的教学目标，学生通过作业能进一步巩固知识，使思维能力得到进一步发展。

2. 针对性。作业是教学内容的有效延伸，因此，教师布置作业力求做到重质不重量。教育专家认为：一个单词抄写 2 行或者 5 行，其差别并不大，机械地抄写作业并非量多质就高，与其这样，不如给学生减减负，让学生从沉重的学习负担中解脱出来，提高作业实效，让学生精做精练。当学生用心去做作业的时候，我们的作业就能真正做到量少而高效了。

3. 趣味性。兴趣是最好的老师，摈除单一乏味的读读背背抄抄写写的作业，把学生从“作业就是负担”的心理中解脱出来，让学生体验学习的乐趣，享受成功的喜悦。

4. 层次性。教师应遵循“因材施教”的原则，作业布置应依据学生学习能力和程度的不同，布置不同层次的作业，彰显学生的个性。让优秀学生不受饥寒之苦，又要让学困生解决温饱问题，并能让中等学生“跳一跳就能摘到果子吃”，调动全班同学的积极性。

5. 多样性。小学生好奇心强，求知欲强，教师要充分激发学生的问题意识和进取精神，关注个体差异和不同的学习需求。形式多样的作业既能调动学生的积极态度，又能发展学生的多元智能，在传统作业基础上，适当进行口头练习（复述、讲故事），表演（小品、话剧），实际操作（课外实验、观察、实验、测量）等。

6. 开放性。在有条件的情况下，从听、说、读、写、画多角度发展学生的实践能力和创新能力，帮助视觉型、听觉型和动觉型的学生找到自己的兴趣所在，找到适合自己的学习方法。同时也允许学生的作业相互合作，学生与学生之间，或学生与老师之间互相合作，让他们体验学习的成就感。

第五节　板书设计

苏联著名教育家加里宁有一句话：“教育事业不仅是科学事业，而且是艺术事业。”随着科学技术的发展，许多现代化的教学手段已经走入课堂，但是板书在教学中仍起着不可替代的作用。板书设计是教学设计的重要组成部分。板书，就是运用简洁、明确、醒目的文字、数学符号以及表格等，在黑板、电脑及其他教学媒体上提纲挈领地再现内容的一种直观教学手段。独具匠心的板书，它能条理清楚、层次分明地提示一堂课的教学内容。

一、板书的作用

1. 向学生传递信息的作用。帮助学生了解教师的教学意图，有层次地掌握知识的体系。

2. 教学内容的重点、难点的高度概括和提示。帮助学生做好笔记，领会知识，有助于学生良好的书写习惯和规范化的书写技巧的形成。

3. 强化记忆，启迪思维。帮助学生进一步思考。

二、板书设计方法

1. 从文题入手，抓住关键词语。

课文标题一般是课文的“文眼”，是文章主题和内容的概括。抓住标题中的关键词就能既把握文章的主线也能循着主线找到与主线相关的脉络。

【案例】《桥》（人教版课标本第十册）的板书设计：

16　桥

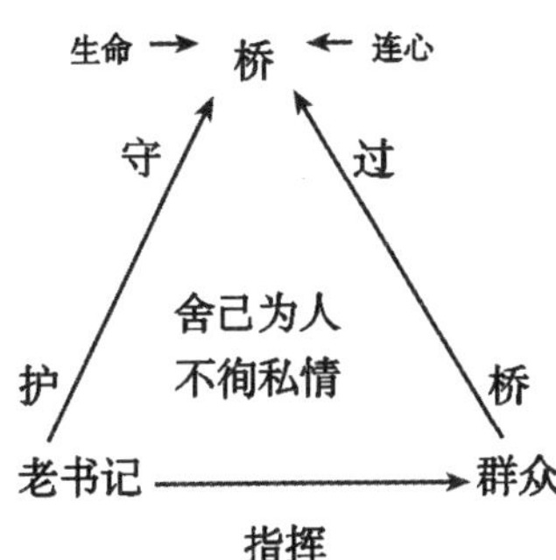

本板书设计以“桥”为中心，把“桥”“老书记”与“群众”巧妙地、紧紧地联系在了一起，不仅很好地展示了课文内容，突出了老书记的光辉品质，而且深刻揭示了课文题目“桥”所蕴含的深义。

（设计：李丛强/河北蠡县桑园镇杨北学校）

这份板书设计就是抓住课题进行设计，不仅展示了文章的内容也揭示了桥的含义。

2. 理清文章结构，抓关键词语。

文章的层次是作者写作思路的表现。理清文章层次，明确写作思路和表达方式是教学的重要环节。因此板书设计要抓住各个部分的重点词语来设计。

【案例】《落花生》（人教版课标本第十二册）的板书设计：

《落花生》

种花生——收花生——吃花生——议花生

这样处理简单明了，脉络清晰，有助于学生理清文章层次。既体现了作者的写作思路，又反映了作者的写作意图。

3. 突出重点段落，抓关键词语。

重点段落里的重点词起着突出文章、中心的作用。重点词语抓准确了，板书设计就活了。

【案例】《地震中的父与子》（人教版课标本第九册）的板书设计：

17. 地震中的父与子

父　子

了不起?!

4. 从训练重点着手，抓关键词语。

每一节阅读课都有一个训练重点。抓住相关的关键词语有助于强化重点训练项目，帮助学生获得感性认识。

【案例】《飞向蓝天的恐龙》（人教版课标本第七册）的板书设计：

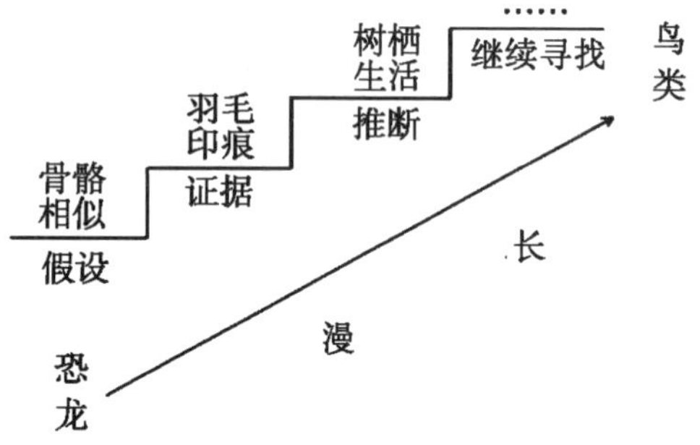

这份设计让我们不仅知道恐龙的进化过程，也了解了说明文的说理方式和作者的写作思路。

三、 板书设计类型

在阅读教学中，板书的设计形式丰富多样，有线条式、纲要式、词语式、表格式、图像式板书，下面我们结合课文来看。

1. 线条式板书

不仅能表现文章的内容，还总结了文章中不同人物的特点。

【案例】《东郭先生和狼》（语文 S 版第六册）

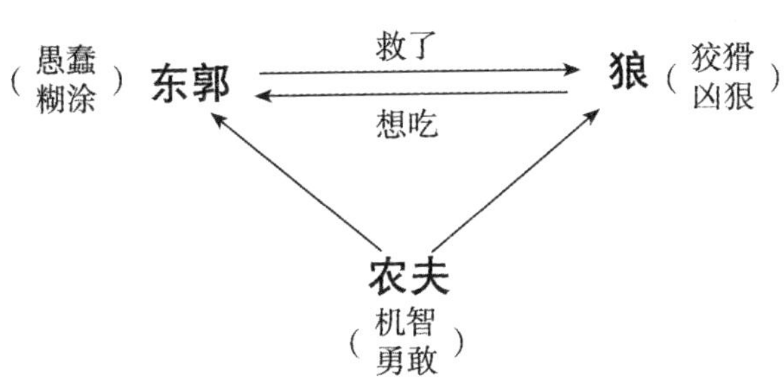

通过这份板书，我们知道故事发生在东郭先生、狼和农夫之间，东郭先生救了狼，而贪婪的狼却忘恩负义想吃掉东郭先生，后来是聪明的农夫救了愚蠢的东郭先生。这份板书除了让我们知道故事的内容，也了解了每个人物（动物）的特点，并且理清了三者之间的关系。

2. 纲要式板书

将简短的词语以线条、箭头、括号或者几何图形的形式组织起来，以表现课文要点，概括课文内容的一种板书形式。

【案例】《蝙蝠与雷达》（人教版课标本第八册）

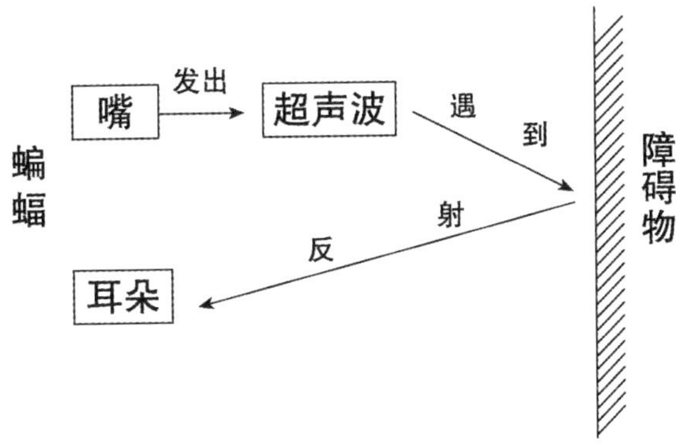

纲要式板书设计直观，通俗易懂，逻辑性强，不仅揭示了蝙蝠在夜间飞行的奥妙，还阐述了雷达的原理。既体现了两者的共性，又把两者的内在联系剖析得淋漓尽致（从蝙蝠身上得到启示——发明雷达）。学生一目了然，复杂、抽象的科学理论知识变得简单。

3. 表格式板书

用表格表现课文内容和结构，简洁直观，便于学生理解与记忆。

【案例】《新型玻璃》（人教版课标本第九册）

《新型玻璃》

名称	特点	作用
夹丝防盗玻璃	玻璃中金属丝能自动报警	防盗
夹丝玻璃	坚硬，藕断丝连	高层建筑安全
变色玻璃	反射阳光，改变颜色	调节室内光线的自动窗帘
吸热玻璃	使得房间冬暖夏凉	阻挡阳光和暑气
吃音玻璃	消除噪音	减少噪音

边学习边完成这份表格，一目了然地了解各种玻璃的特点和作用。

4. 词语式板书

用简单的文字表现文章的主要内容，一目了然，突出重点。

【案例】《奇异的植物世界》（语文 S 版三年级）

《奇异的植物世界》

哈哈树：发出笑声

带电植物：像触电似的

蜡烛树：可以点火

醉草：含有酒精

捕蝇草：吃虫子

水笛荷：发出笛声

5. 图式板书

图式板书具有直观性，可以体现知识的重点、难点。例如，教学《花钟》，让学生了解“花儿开放的时间不一样”是教学重点之一。主要用图画来表现课文内容，将文章的内容用图像化形式表现。将抽象的知识转化为直观的图像，激发学生的学习兴趣。

【案例】《花钟》（人教版课标本第五册）

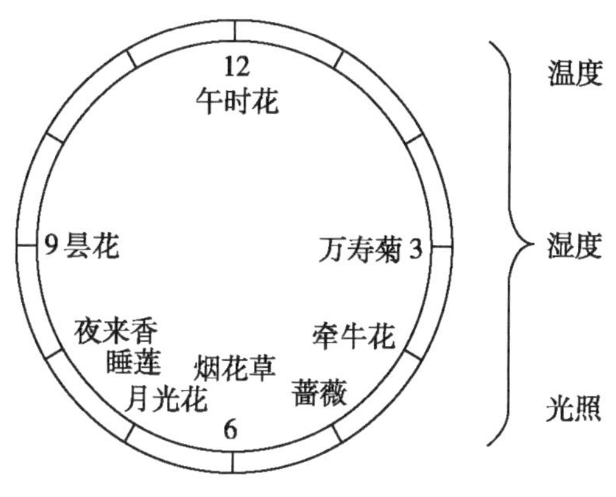

6. 思维导图板书

近年来，开始出现一种思维导图的板书，思维导图是以线条、图形等“画”的形式来记录，主要是运用了大量关键词，同时也利用图像和颜色，将知识的重点在图像上进行标注，这样可以把所学到的知识在脑海中做可视化思考、存储。这样的板书能够将课文的内容和文章思路都进行整理并形象化，有助于学生更好地回忆和复习课文，也培养了学生的创造性和想象力。

选用哪种板书形式要依据课文内容，以充分揭示教学内容，达成教学目标，增强教学效果为前提，设计板书还要注意符合小学生的心理特点。

《爬山虎的脚》板书设计

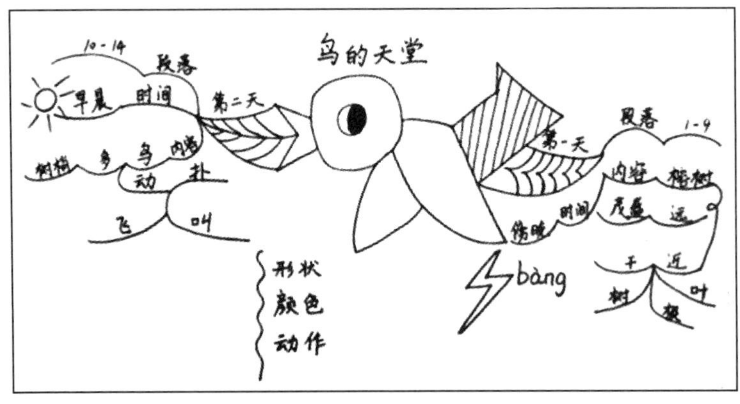

《鸟的天堂》板书设计

四、 板书设计原则

一份好的板书设计力求做到以下五点：简洁明了，体现教学思路，突出教学重难点，同时还要直观形象，具有创造性。前三点是从内容上进行要求，后两点是对板书设计形式的要求。

1. 板书设计要直观形象。比较《狼牙山五壮士》（人教版课标本第九册）两份不同的板书设计：

15　狼牙山五壮士

第一部分（1）接受任务

日寇　尸体　第二部分（2）诱敌上山，痛击敌人

悬崖　豪迈　第三部分（3）把敌人引上绝路

第四部分（4—6）英勇歼敌

第五部分（7—10）壮烈跳崖

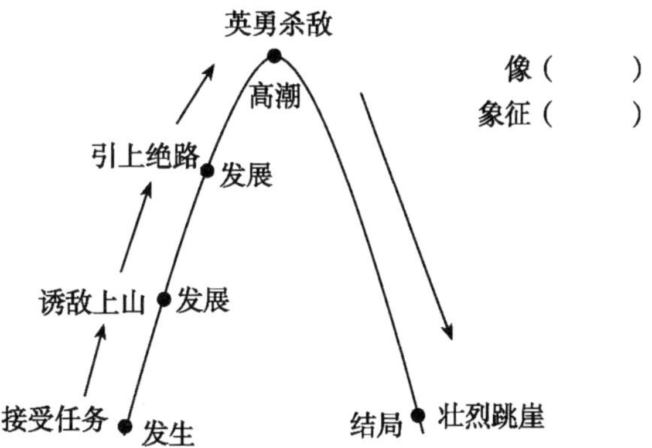

上面的设计是一种词语式的设计，概括了文章的段落大意，梳理了文章的线索。下面的图形式的板书设计，则通过一座山的形状，形象生动地展现了狼牙山五壮士“接受任务——诱敌上山——引上绝路——英勇杀敌——壮烈跳崖”的故事，并将故事发生、发展、高潮、结局的情节予以标识，具有创意。

再如以下这两份板书设计，也是借助图像来设计板书，都比较形象生动，具有创意，比较容易吸引学生的注意力，帮助学生较好地记忆和理解文章的内容。

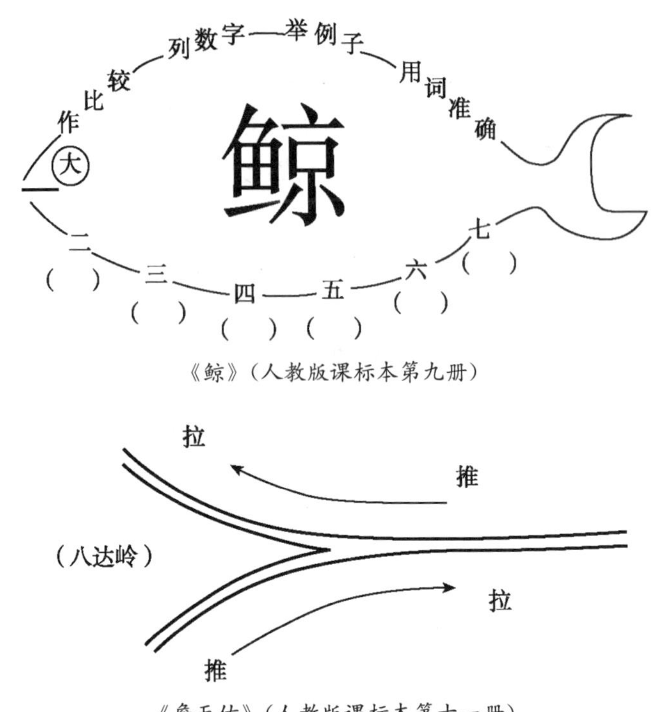

《鲸》（人教版课标本第九册）

《詹天佑》（人教版课标本第十一册）

2. 板位安排合理，充分利用黑板的有效面积。首先，应将板面分出若干区域，譬如标题区、内容区、生字词区等，四周空间适当。二是布局合理：标题区比较重要，通常居中，字写得比较庄重、醒目；内容区可根据图的多少和难易而定，生字区通常靠右，内容要分片书写，主次分明，使学生明确重点，便于理解和记录；需要分层次时，应正确使用层次序号。三是字距适当，注意整体效果。板位安排就像规划报纸的板面一样，应精心设计，严谨布局，绝不可满板乱画，使板书杂乱无章。编排合理的板书能给人以整体美感。

板书课堂教学的艺术离不开具体生动、富有表达力的语言，离不开扎实的专业知识以及不断锤炼出来的教学组织能力，也离不开直观、形象的优秀板书设计。

第三章

阅读教学设计方法与实践

第一节　阅读教学的方法

小学语文阅读教学的方法是多样的，“教学有方，但教无定方”。应针对学生的实际情况，选用最适合学生的教学方法。选择合适的教学方法对学生的阅读能力有很好的促进作用。

一、　小学语文常用教学方法

课堂教学方法的分类有很多种，按教学方法的外部形态和该形态下学生认识活动的特点，可以将教学方法分为四类：以语言传递信息为主的教学方法，主要有讲授法等；以直接感知为主的教学方法，主要有阅读法；以引导探究为主的教学方法，主要有对话法；以实际训练为主的教学方法，主要有读写结合法。

1. 讲授法

讲授法是课堂教学最主要的和最基本的方法，是教师运用口头语言，配以文字、符号、图形、图像、视频、动画、动作等，传递知识、技巧、情感、态度等的方法。既可以是单纯的讲授，也可以与讨论、实践活动等配合进行。它是使用最早的、应用最广的教学方法，可以和其他教学方法同时运用。讲授法有多种具体方式：讲述、讲解、讲读、讲演。

①讲述。重在用语言描绘某些事物现象，叙述事件发生、发展的过程，使学生形成鲜明的表象和概念，并从情绪上得到感染。在教学中，文章的背景介绍、作者介绍以及叙述过程或人物传记材料时，常采用这种方法。在低年级，由于儿童思维的形象性，注意力不易持久集中，在各门学科的教学中，也多采用讲述的方法。

②讲解。主要是对一些较复杂的问题、概念等进行较系统而严密的解释和论证。讲解法的运用要在理解教材的基础上设计教学语言，言之有物，论之以理，并注意符合学生的认识规律，从具体到抽象，从感性到理性。讲解应注意突出重点，将最基本的关键问题讲清楚即可，不追求面面俱到，要留有余地，给学生思考、消化、融会贯通的时间。

③讲读。边讲解边辅之以朗读，用朗读的方式讲解文章，可弥补教学语言的不足，增强讲授内容的生动性和可信性。如故事性强的文章和散文用这种讲读方式就比较合适。教师在平时应注意搜集有关材料，把朗读内容安排在恰当时机，并注意与讲解的结合。

④讲演。教师就教材中的某一专题进行首尾连贯、有理有据的论说，材料翔实、逻辑严密地阐述原理，论证问题，中间不插入或很少插入其他的活动。这种方法主要用于高年级。

讲授法灵活性大，能在短时间内获得大量的学科知识，在教学进程中便于调控，随时可与组织教学等环节结合。当然，讲授法也有一定局限性，如不容易唤起学生的注意和兴趣，不易启发想象和思维，易形成灌输式教学等。

2. 阅读法

阅读法是语文教学基本方法，阅读法包括朗读、默读、诵读。

正确、流利、有感情地朗读是朗读的基本要求。正确地朗读就是读音要正确、停顿要恰当，能正确地使用升降调。流利地朗读就是要语气连贯、语速适当，不出错，无赘语。有感情地朗读就是要通过语调、语气、节奏和表情来正确地表达作者的思想情感。“有感情地朗读”，要以对内容的理解与把握为基础，要防止矫情做作。

默读是指“不出声”“不指读”，在默读时要集中注意力，边读边想，注意理解。默读的水平可以分为两个阶段，首先是轻声默读，口可以动，但不发出声音；其次是无声默读，口不能动，只用眼睛来进行默读，这一阶段开始时可能存在“心里读”（即想象字词读音）的现象。这时可以逐步加快阅读速度，扩大眼睛注意字词的范围，将字词、短语作为整体来认读。默读的评价，应从学生默读的方法、速度、效果和习惯等方面进行综合考察。

诵读指的是一种把无声的书面语言转化为有声的口头语言的传统语文教学方法。诵读包括朗读和背诵。诵读重在提高学生的诵读兴趣，增加积累，发展语感，加深体验和领悟。在不同学段，可在诵读材料的内容、范围、数量、篇幅、类型等方面逐渐增加难度。诵读法的作用在于通过朗读，让学生如闻其声、如临其境，唤起情感的共鸣，受到熏陶感染。流畅、有感情地朗读不仅有助于学生直接感知文章语言的情感、节奏，体会文章语言的形式美，而且有助于学生在写作时留意语言表达的自然流畅，提高阅读和写作能力，是提高语文教学质量的重要手段之一。

3. 对话法

对话法是团队学习的最主要方法。语文教学应在师生平等对话的过程中进行。学生是语文学习的主体，教师是学习活动的组织者和引导者，师生合作，生生合作，相互尊重、信任，平等对话。对话法包括谈话、讨论、辩论等。

①谈话法。也叫问答法，它是教师按一定的教学要求向学生提出问题，要求学生回答，并通过问答的形式来引导学生获取新知识或巩固旧知识的方法。谈话法可分复习谈话和启发谈话两种。在学习中，教师以对话主持人的身份，进行交谈和倾听。

②讨论法。是在教师的指导下，学生以全班或小组为单位，围绕文本的中心问题，进行探讨、辩论，从而获取知识的一种方法。讨论法要注意以下几点：问题要具有吸引力；讨论前教师应提出讨论题和讨论的具体要求，指导学生搜集并阅读有关资料或进行调查研究，认真写好发言提纲；讨论要围绕中心，联系实际，让每个学生都有发言机会；讨论结束时，教师应进行小结，概括讨论的情况，使学生获得正确的观点和系统的知识。讨论法可以培养合作精神，激发学生的学习兴趣，提高学生学习的独立性。一般在高年级教学中采用。

谈话法能注意到每个学生的特点，有利于发展学生的语言表达能力，并通过谈话直接了解学生的学习程度，及时检验自己的教学效果，激发学生的主动性。而讨论法有利于学生集思广益，互相启发，加深对知识的理解。对话法与讨论法都需要民主、平等、自由、宽松、和谐的氛围与环境，但它们的规则不同，目标不同，必须加以区别，否则团队通常既不能展开对话，也无法有效地进行讨论。二者应交互配合使用，以产生综合效果，才更具有效力。

近年来的“共同体学习”更多使用对话和讨论，日本著名的教育家佐藤学先生在《学习的快乐——走向对话》一书中指出：“学习”作为一种对话性实践，不仅引导我们从独白的世界走向对话世界，而且借助这种对话性的、合作性的实践，为人们提供了构筑起“学习共同体”的可能性，而基于“学习共同体”构想的学校改革作为一种“静悄悄的革命”，将会形成 21 世纪教育改革的一大潮流。

③辩论式。辩论式教学是以学生为主体，以反向思维和发散性思维为特征，由小组或全班成员围绕特定的论题辩驳问难，各抒己见，互相学习，在辩论中主动获取知识、提高素养的一种教学方式。“辩论式教学”把辩论赛引入课堂教学，营造竞争和合作气氛，激发学生内部学习需要和动机，能增进学生交往合作智能。这是一般的传统课堂教学无法达到的。教师在其中的作用在于把握话题进程和方向，鼓励询问和质疑，大家来共同探讨，表达想法，检验假设，并互相了解，提出假设，通过对比、反思和探询发现跳跃式的思维。

4. 读写结合法

由读到写是学生阅读能力的进一步提高和升华。这里说的写，并不是说写写生字、写写课文，而是从大语文教学观来考虑。从低年级阅读教学中的写句子，到中年级的写片段，再到高年级的把人物、动物、活动、事件等写具体，这并不是一日之功，需要语文教师耐心地、持之以恒地教给学生阅读方法，培养他们勤于动手、勤于练笔的习惯，逐渐培养他们写作的兴趣。教师认真钻研教材，以教材为突破口，找准聚集点，捕捉契机，依据学生特点，灵活变换角度，创设丰富的教学情景，并把学生引入情景，从而使学生对学习产生兴趣，萌发求知欲，吸引学生主动地去探索延伸。

教学《美丽的小兴安岭》一课之前，布置学生观察家乡的景物。学习中，指导学生理解文本按四季顺序描写了小兴安岭的美丽景色，体现了作者对小兴安岭的喜爱赞美之情。课文学习后指导学生用文中学到的方法，按一定顺序写一处家乡的景物，要求不仅写出景物特点，而且要按照观察时间或者观察的顺序来写，表达自己的感情。

阅读教学不能仅限于现成的教材，只读教材，阅读量太少，阅读面狭窄，视野放不开。教师要“用教材教”，利用现成的教材教会学生阅读方法，将学习到的阅读方法延伸到课外。教学中，以学生为主体、教师为主导，提醒、示范、引导、帮助参与者学习对话，“读、思、议、想”结合，教师“点拨引导”使学生不仅能解决课文中的问题，而且有明确的阅读思路，掌握阅读方法，从课外读物中汲取丰富的阅读营养。

《义务教育语文课程标准》指出：阅读是学生的个性化行为，不应以教师的分析来代替学生的阅读实践，阅读教学应引导学生钻研文本，在主动积极的思维和情感活动中，加深理解和体验，有所感悟和思考，受到情感熏陶，获得思想启迪，享受审美乐趣。要珍视学生独特的感受、体验和理解。依据这些教育理念，教师采用怎样的阅读教学方法与学生获得怎样的学习效果是密切联系的，因为每一种阅读教学方法都应由教师根据教材和学生的具体情况而定。任何一种教学方法都不是万能的，每一种教学方法都有其适用范围和局限性，善于使用各种方法需要和文本结合，和学生的实际结合。

二、 选择合适的阅读教学方法

阅读教学的方法与教学目标、教学内容、学生特征、教师素质、教学环境之间存在着内在的有机联系。阅读教学方法既有从整体上设计的方法，也有针对具体内容设计的方法，以下我们将结合小学语文教材中的文章来讲讲如何选择合适的阅读教学方法。

1. 根据教学目标选择教学方法

围绕教学目标、教学重点对教学方法进行选取、组合、优化。

教学目标/教学重点	教学方法
重在字词句理解记忆	讲授法、诵读法等
重在篇章布局结构、写作技巧的分析	讲授法、实践法等
重在课文内容把握，体会作者情感	朗读法、问答法、讨论法、表演法等

如果教学目标是字词句的理解记忆，教师多采用讲授法和诵读法；如果教学目标是篇章布局和写作技巧的分析，教学方法多是讲授法和实践法；如果教学目标是课文内容的掌握，体会作者情感，则教学方法是朗读法和问答法、讨论法等。

以《景阳冈》（人教版课标本第十册）为例，本文的教学重点是“感受武松的人物形象”，教学方法就采用自读法、讨论法、表演法等，让学生抓住课文中的动词，揣摩武松沉着、机智、勇敢、无畏的品格，加深对课文内容的理解。

2. 根据教学内容选择教学方法

教学内容不同，侧重点不同，教学要求不同，具体教学方法不同。同一主题同一单元的课文，教学方法亦可灵活多样。以人教版五年级上册第六单元组课文为例：

课文	教学内容	教学方法
《地震中的父与子》	引导学生通过人物外貌语言动作的描写，感受到父爱的伟大，体会父子情深。	朗读法，品读法
《慈母情深》	在第一课学习基础上学习独立阅读，品析人物，体会母亲平凡中的伟大。	品读法，情境创设法，讨论法
《精彩极了，糟糕透了》	抓住人物对话、心理活动，理解父母两种不同的评价中饱含的爱，感受爱的不同表达方式。	朗读法，讨论法，联系生活体会等
《学会看病》	从母亲尽责的独特视角，反映母爱的广袤深远。	品读法，辩论法等

3. 根据师生特点选择教学方法

不同的教师，其知识水平、专业素养以及性格气质各不相同，使用同一种教学方法的效果也不同。要依据教师本身的素养和个性特征来选择合适的教学方法：一个和蔼可亲、平常与学生打成一片的教师使用游戏法、角色扮演法进行教学，可以使课堂气氛很活跃，让学生在愉快的心情和宽松的环境中学习，但如果是一个平常总是板着脸、表情严肃的教师用这种方法进行教学，那么学生可能根本无法放开手脚投入到活动中去，当然就无法达到预期的效果了。所以教师应该在了解教学情境的基础上结合自身的特点选择教学方法，形成自己的教学特色。

4. 根据教学情境变换教学方法

教学活动是一个动态过程，教学情境在不断变化，教学时间不同，教室本身的资源不一，教学方法也应随机应变。

总之，教无定法，贵在得法。阅读教学是一个复杂的矛盾运动的过程，在教学实践中没有一成不变的固定模式。教师应在理解教材、掌握学情的基础上发挥自身的特长和能动作用，灵活地、有创造性地运用教学方法，并注意各种方法的灵活搭配，发挥其综合效果。

5. 选择教学方法的原则

（1）以学生现有的知识经验为基础；

（2）把智力因素和非智力因素相结合；

（3）着重培养学生的自学能力；

（4）综合使用多种教学方法。

三、案例分析

分析以下教学设计，看看都用了哪些教学方法：

《荷叶圆圆》（片段）

1. 导入语：听，在这荷叶圆圆的小池塘里，有一个很美很美的故事呢！（师配乐朗诵，电子课件显示相关动画片。）同学们，你们喜欢这个故事吗？好，今天，咱们就来学习这篇课文，请齐读课题。

2. 学生借助拼音用自己喜欢的方式阅读课文，注意读准字音。（可以小声读、大声读、同桌一起读……）

3. 用看图的方法学习第一自然段。

（1）练读“荷叶圆圆的，绿绿的”一句。

师：读了课文后，你们知道荷叶是什么样的？（出示课件荷叶）

（2）句式训练

师：对呀，荷叶圆圆的，绿绿的，你们能像这样说一说梅花、太阳和橘子吗？

梅花，________________________________

太阳，________________________________

橘子，________________________________

4. 研读第二自然段（教给学生学习方法）

导语：你们真是出口成章的小博士，那你们知道，荷叶的好朋友都有谁呢？（教师根据学生的回答在黑板上贴小水珠、小蜻蜓、小青蛙、小鱼儿的图片）

师：那你们知道小水珠是怎样和荷叶在一起玩耍的？（课件出示，第二自然段字幕）

（1）学习理解字词：“摇篮”“躺”“眨”。

师：你们小时候睡过摇篮吗？（课件出示：水珠躺在荷叶中的图片，婴儿躺在摇篮里的图片。

师：瞧，婴儿躺在摇篮里，小水珠也躺在荷叶上，还眨着亮晶晶的眼睛呢！咱们也将自己亮晶晶的眼睛眨一眨吧！想一想，睡摇篮的感觉舒服吗？

（2）指导朗读。

师：谁愿意把自己当成小水珠，来读读这句话？就好像是自己躺在摇篮里一样。

【评析】

本教学片段用到的教学方法有：

（1）诵读法。有教师示范读（配乐读），教师让学生借助拼音用自己喜欢的方式读，允许学生用小声读、大声读、同桌一起读等形式。

（2）问答法。教师指导学生进行句式训练，模仿“荷叶圆圆的，绿绿的”这个句式说一说其他的植物，进行能力的迁移训练。

（3）讨论法。师生共同讨论“荷叶的好朋友都有谁”。

（4）实践法。让学生也将自己亮晶晶的眼睛眨一眨吧！想一想，睡摇篮的感觉舒服吗？从而理解字词“眨”和“摇篮”的涵义。

第二节　词语的教学方法

词语教学在整个小学语文教学中占有重要的地位，是“字、词、句、段、篇”教学的桥梁和纽带，能更好地促进小学生认知能力和思维能力的发展。课文中的生字新词、关键词语、重点词语对表现文本主题有较大作用。在阅读教学中，对于词语的教学强调“理解”“积累”“运用”。“理解”的要求主要是理解词句的意思，体会课文中关键词句在表情达意上的作用、辨别词语的感情色彩、体会词句的表达效果。在《义务教育语文课程标准》（2011 版）阅读教学各个学段的目标中对字词句的教学都有明确的说明。

第一学段阅读教学目标：

结合上下文和生活实际了解课文中词句的意思，在阅读中积累词语。

第二学段阅读教学目标：

能联系上下文，理解词句的意思，体会课文中关键词句表达情意的作用。

能借助字典、词典和生活积累，理解生词的意义。

第三学段阅读教学目标：

能联系上下文和自己的积累，推想课文中有关词句的意思，辨别词语的感情色彩，体会其表达效果。

一、 词语教学方法

1. 字理识字理解词义

字理识字就是根据汉字构字的表意性特点，从汉字构字原理上，对字的音、形、义之间的联系进行字理分析。这样不仅能使学生比较牢固地掌握字的音、形、义，而且能理解汉字的造形原理，掌握得更加牢固。

【案例】《搭石》（人教版课标本第七册）

“年轻人总要伏下身子背老人过河”

（甲骨文字体“伏”以及“伏”字的演变意义，如下图）

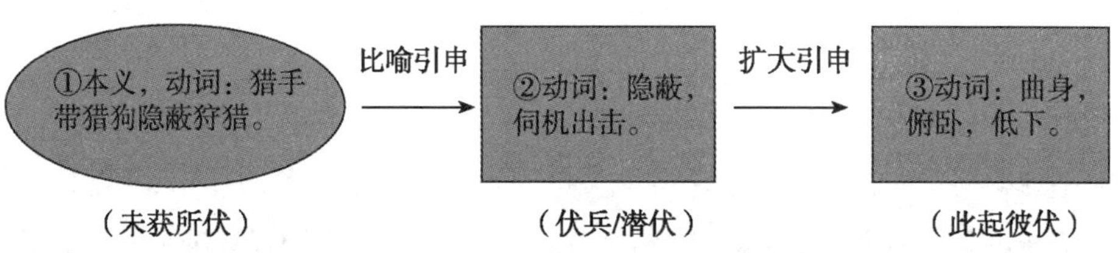

师：在甲骨文里“伏”是会意字，意思是人像狗一样匍匐着，它弯得是那样的恭敬、那样的心甘情愿。透过这个“伏”字你们看出了什么？

生：尊老爱幼。

【评析】“伏”在金文中左边的“人”表示人（猎手），右边的

“犬”表示猎犬，合起来表示猎手与猎犬。造字本义是猎手带着猎狗，趴卧隐蔽，伺机出击猎物。后来慢慢演变为“潜伏”“此起彼伏”等涵义。通过这样的字理识字法，学生能更好地理解“伏”字，理解文中青年人对老人的恭敬，理解文中表达的乡情之美。

2. 直观演示法理解词义

直观演示法能更增加对动作的生动性的理解。课堂上教师可以鼓励学生用自己的身体、手势、表情等将这些词语演示出来。

【案例】《乡下人家》（人教版课标本第八册）

“绿荫下，会见到一群鸭子，游戏水中，不时把头扎进水下觅食。”

师：谁能读读鸭子们戏水的场景？并找出其中的动作词。

生：瞧，绿树荫下，一群鸭子游过来了。它们摆动着身子，突然它好像发现了食物，埋头一下子扎进水里觅食。那只鸭子吃饱了，高兴地拍打起翅膀来。

（学生读，重读“游”“摆动”“埋头”“扎”“拍打”等字词。）

师：数一数这段话用了几个动词？游、摆动、发现、扎、觅食、拍打……真了不起！你能把这些动词表演出来吗？（生表演）

【评析】学生通过对几个动作词的表演，在轻松活泼的场景中表现鸭子戏水的一连串动作，也能从中感受到鸭子嬉戏觅食的悠闲，感受乡村生活的乐趣。

3. 比较辨析体会准确性

比较辨析法能帮助学生区别不同词语，感受词语使用的准确和生动。

【案例】《美丽的小兴安岭》（人教版统编本第五册）

“树木抽出新的枝条，长出嫩绿的叶子。”

（1）换词法。给句中“抽”换词。

我们试着将“抽”换成其他词语，并让学生解释这些替换的词语的意思。如“长”（枝条正常地长出）、“钻”（有生命力的枝条）、

“冒”（喜气洋洋的枝条）、“探”（小心翼翼的枝条）。

(2) 讨论使用“抽”的理由：有这么多表示植物生长的词，作者为什么使用了“抽”这个词呢？

学生经过比较后发现这些词语的使用都不如“抽”来得恰当。

(3) 结论：“抽”表示很有力气，很有生命的活力；春天气温升高，似乎有外力在抽拉着枝条，而新树芽儿也想要快点看看外面的世界呢！

【评析】经过比较辨析，学生就能感受到春天的小兴安岭树木生机勃勃。

【案例】《盘古开天地》(人教版课标本第五册)

“他见周围一片漆黑，就抡起大斧头，朝眼前的黑暗猛劈过去。”

(1) 抓住动词：“抡起”“猛劈”。

换词法：大家试试看“抡”可以用什么词替换？

将“抡”换成“提”？“拿”？为什么要用“抡”？比较“抡”与“拿”，因为是大斧头，所以要用抡。

(2) 教师引导：“斧头”之前有个修饰词是“大”，说明这把斧头能不能轻易地“提起来”或者“拿起来”，“抡“表示使用的力气很大，同时也呼应了后面的“猛劈”。

(3) 联系上下文，感受“抡”的力气之大。“天地一片混沌。”“盘古头顶着天，用脚蹬着地。”

【评析】通过辨析对比，学生感受到盘古开天辟地的勇猛，以及神话想象之神奇。

4. 联系上下文理解词义

一般来说，课文中的词语有两重含义，一是字面意思，二是情境意义。不同的语言环境，词句的含义会有所不同。《义务教育语文课程标准》在一、二、三学段中都提到了要“联系上下文理解词句”。

【案例】《为中华之崛起而读书》(人教版课标本第七册)

25 为中华之崛(jué)起而读书

12岁那年，周恩来离开家乡，来到了东北。当时的东北，是帝(dì)国主义列强在华争夺的焦点。他在沈(shěn)阳下了车，前来接他的伯父指着一片繁华、热闹的地方，对他说："没事可不要到那个地方去玩啊！"

"为什么？"周恩来不解地问。

"那是外国租界地，惹出麻烦来可就糟了，没处说理去！"

"那又是为什么呢？"周恩来打破沙锅问到底。

"为什么？中华不振啊！"伯父叹了口气，没有再说什么。

不久，周恩来进了东关模范(fàn)学校读书。他始终忘不了大伯接他时说的话，经常想："租界地是什么样的？为什么中国人不能去那儿，而外国人却可以住在那里？这不是中国的土地吗……"一连串的问题使周恩来疑惑(huò)不解，好奇心驱使着他，一定要亲自去看个究竟。

本文作者陈淦，选作课文时有改动。

121

一个风和日丽的星期天，周恩来背着大伯，约了一个要好的同学闯进了租界。嘿！这一带果真和别处大不相同：一条条街道灯红酒绿，热闹非凡，街道两旁行走的大多是黄头发、白皮肤、大鼻子的外国人和耀武扬威的巡(xún)警。

正当周恩来和同学左顾右盼时，忽然发现巡警局门前围着一群人，正大声吵嚷(rǎng)着什么。他们急忙奔了过去，只见人群中有个衣衫褴(lán)褛(lǚ)的妇女正在哭诉着什么，一个大个子洋人则得意扬扬地站在一旁。一问才知道，这个妇女的亲人被洋人的汽车轧(yà)死了，她原指望中国的巡警局能给她撑(chēng)腰，惩(chéng)处这个洋人。谁知中国巡警不但不惩处肇(zhào)事的洋人，反而把她训斥了一通。围观的中国人都紧握着拳头。但是，在外国租界里，谁又敢怎么样呢？只能劝劝那个不幸的妇女。这时周恩来才真正体会到伯父说的"中华不振"的含义。

从租界回来以后，同学们常常看到周恩来一个人在沉思，谁也不清楚他究竟在想什么。直到在一次修身课上，听了周恩来的发言才解开了这个谜。

那天上修身课，魏校长向同学们提出一个问题："请问诸(zhū)生为什么而读书？"

同学们踊(yǒng)跃回答。有的说："为明理而读

122

"租界"是什么意思？

教学《为中华之崛起而读书》一文，教师要引导学生理解"租界"这个词，高年级的识字教学大部分采用"随文识字"教学法，"租界"一词出现在文中第三自然段，但是我们从第七自然段和第八自然段都能找到描写"租界"的文字，"租界"是一个灯红酒绿、热闹非凡的地方，里面生活的是黄头发、白皮肤的外国人。这就是鸦片战争后，西方资本主义国家根据不平等条约在中国通商口岸划定由他们永久或长期占用的地域。随着中国在租界内各项主权的丧失，租界实际上成了帝国主义的变相殖民地。

【评析】通过联系上下文，学生不借助字典或词典也能大致理解"租界"的意思，在教学中教师再借助图片、资料等，帮助学生理解后文中国妇女的亲人被洋人的汽车轧死了，洋人依然耀武扬威，围观的中国人敢怒不敢言的原因。

5. 联系生活体会词义

小学生理解词句是一个从未知到已知的过程，课文中有些词句可以联系学生的生活实际与知识积累来帮助学生理解。联系生活能把离学生实际生活较远的东西拉近到眼前，调动情感，深入理解和感悟重点词句。

【案例】《自己的花是让别人看的》（人教版课标本第十册）

“走过任何一条街，抬头向上看，家家户户的窗子前都是花团锦簇、姹紫嫣红。”

（1）理解“花团锦簇”“姹紫嫣红”，想象画面。

课件展示一朵朵、一簇簇、许许多多鲜花竞相开放的画面，提问学生这是一番怎样的景象。（“花团锦簇”“姹紫嫣红”）

（2）练习巩固，完成填空。

①公园里，鲜花竞相开放，这里一簇，那里一堆，远远望去，一片连着一片，真是________。（花团锦簇）

②秋天，菊花开了，火红的，粉红的，墨绿的，金黄的，雪白的，真是________。（姹紫嫣红）

【评析】教师借助图片和视频等影像资料唤起学生记忆，复现生活中的场景，理解“花团锦簇”“姹紫嫣红”，然后再通过练习巩固，积累语言。

二、案例分析实践

【案例1】《蟋蟀的住宅》（人教版课标本第七册）

揭示课题，学写生字。

1. 象形字入题：（出示图：甲骨文“宅”）看，这幅画像什么？（像房子）真厉害，一眼认出。其实它是几千年前我们的老祖宗创造的一个象形字。房子里有人，人住的房子就叫“宅”。谁会给这个生字组个词？（板书：住宅）学写生字“宅”。

2. 生活中，人居住的地方叫“住宅”，咱们一般把动物住的地方叫什么？（学生发言，教师总结。）鸟住的地方叫“巢”，昆虫住的地方一般叫“穴”，动物住的一般叫“窝”“圈”。

3.（出示图：蟋蟀的洞穴）这是什么地方？（洞穴）明明是“洞穴”，可作者为什么说成是人住的住宅呢？（板书课题）

4. 我们把蟋蟀当成虫子了，可在作者的眼里，它哪里是虫子，分明是（人）啊！所以作者才把它住的洞穴称作住宅。

（教学设计：林莘）

【评析】本小节教学设计运用到的词语教学方法有字理识字法、比较辨析法。如用甲骨文的“宅”来让学生理解蟋蟀的住宅像人居住的地方；比较蟋蟀的住宅和“巢”“穴”“窝”“圈”的不同，体现作者对蟋蟀住宅的喜欢。

【案例 2】《我的伯父鲁迅先生》（人教版课标本第十一册）

“我们走过去，看见他两只手捧着脚，脚上没穿鞋，地上淌了一摊血。他听见脚步声，抬起头来，饱经风霜的脸上现出难以忍受的痛苦。”

理解“饱经风霜”这个词的涵义？

师：“饱经风霜”是什么意思？我们先理解“风霜”的意思。

生：风霜比喻生活中的痛苦或挫折。

生：“饱”的意思是充分地。

生：“饱经风霜”用来比喻长期的艰难困苦。

师：这个词在文中又是什么意思？

生：说明车夫在拉车的过程中吃了很多苦头。

师：通过读课文，我们初步理解了“饱经风霜”的意思，请闭上眼睛，回忆一下生活中有没有看到过饱经风霜的人，如果有请举手示意。

生：我看到老家的农民的脸是这样的：颧骨高高地突出，眼眶深深地陷进去，满脸的皱纹。

师：没错，这是一张饱经风霜的脸。

生：我看到冬天在街头的乞丐是这样的一张脸：他的脸红通通的，头发像一堆乱稻草，他的嘴唇上有一道一道干裂的口子。

……

【评析】本小节词语教学方法：联系生活法，比如让学生回忆一下生活中有没有看到过饱经风霜的人。

第三节　提问的方法

中国古代教育大师孔子就曾经说过："不愤不启，不悱不发，举一隅，不以三隅反，则不复也。"宋代著名学者陆九渊说："为学患无疑，疑则有进，小疑小进，大疑大进。"陶行知说："发明千千万，起点在一问；智者问得巧，愚者问得笨。"布鲁纳（美国）说："向学生提出挑战性的问题，可以引导学生发展智慧。"

课堂提问是指在课堂教学中，教师根据一定的教学目标，针对教学内容、教学的重难点以及学生的实际情况，设置一系列的问题情境，要求学生思考回答，促进学生积极思考，提高教学质量的一种教学手段。

好的课堂提问，对于启发学生思维，活跃课堂气氛，提高课堂教学质量有着重要的意义。

一、 当前小学语文课堂提问中存在的问题

在某小学语文教材培训中，教材主要编者请网友对现场展示的 6 节阅读课的时间分配进行了统计。结果发现：

平均每堂课的读书时间为 9 分 50 秒，其中，最长的是 14 分 35 秒，最短的是 6 分钟；而每堂课由教师提出的问题平均 24.5 个，最多的提了 45 个。

从这份数据中我们看出教师问太多，主要集中在过于简单及无意义重复等问题；有效问题主要是激发学生思考和对学生学习有提醒作用的问题；低效问题主要集中在过于简单及无意义重复等问题；还有没有必要提出的无效提问。总之，教师所提的核心问题并不多，较多的无效问题，使得课堂缺少思考的空间。

课堂提问存在的问题具体表现在以下几个方面：

（1）问的太泛。不少教师在阅读教学中，除了相关的字词教学外，提问大多针对文章的内容，而且这些提问大多可以脱离课文的具体情境，似乎在什么课文中都可以提，如“此时此刻，你有什么感受?”“面对此情此景，你想说什么?”“这样写，好不好啊?”这种问法是一种表面性提问，空泛，没有引发思考的价值。课堂表面上热闹，实则空洞。

（2）问的太多。语文课上，教师一个问题接一个问题，学生则是一个回答接着一个回答。看似师生之间有很多互动，但这种现象却反映出提问的低效。要么是问题过于简单，学生不需要动脑筋思考就能脱口而出，说出答案；要么就是最初提出的问题太难或太偏，而学生的回答又不能满足教师的预期，于是教师不得不分解出若干铺垫性的问题，以便使学生逐步说出教师期待的答案。频繁性提问，提问数量太多，效果不好。像这种“你读懂了什么?”“读了课文后，你知道了什么?”“读了课文后，你想说点什么?”等问题会让学生忙于应付，反而挤压了真正的思考时间。因此，我们要关注提问的频率是否适中，问题有没有思考价值。

（3）问的太难。问的太难指的是提出的问题难度太大，一时难以回答。如：读了这篇文章最大的感受是什么？和别的文章相比它在语言、构思、表达技巧上有什么不同？这样的问题就比较难。

【案例】《掌声》（人教版课标本第五册）

比较《掌声》中的两种提问：

提问1：三次掌声说明了什么？

提问2：第一次掌声大家表达的是什么意思？第二次掌声呢？假如你是班级其他同学，你会对英子说些什么？

你会发现提问2的教学思路打开了很多，不仅说到了三次掌声分别代表不同含义，学生也借着问题再次回顾了课文的内容。尤其是“假如你是班级其他同学，你会对英子说些什么”这个问题，要求学生在理解文本的基础上，联系上下文，从课文的“空白处”展开联想，对文章的主旨有了深入的理解。而面对提问1，由于没有明确思考的起点，学生只能泛泛地说说自己的模糊体验，很难调动深入的思考，也无法获得对人物的情感共鸣。

二、 问题设计的要求

1. 问题设计的目标要明确

教师设计的问题，要解决什么问题，达到什么目的，应当做到心中有数。一般来说，问题设计的目标，应该与单元教学目标、课时目标相结合，甚至相一致。

【案例】《只有一个地球》（人教版课标本第十一册）

提问设计：①这篇文章围绕地球写了哪几个方面？通过这个问题学生可以明白这篇文章的主要内容，同时也可以划分段落大意，了解到这篇文章围绕地球写了四个方面：地球的美丽渺小，资源有限，无法移居以及宇航员的感慨与人们的呼吁。②这篇课文中为什么宇航员说，我们这个地球太可爱了，同时又太容易破碎了？围绕这个问题，同学们可以深入研读课文的语段或句子。美丽、提供资源，说明地球可爱；因为渺小，所以让人担忧；资源有限，人们无节制地破坏，资源就会枯竭，资源枯竭后人们无法移居到别的星球，所以感觉地球太容易破碎了。通过这两个问题的学习，这一课就学明白了。

2. 问题设计的层次要清晰

问题设计还必须有一个清晰的层次感，要符合学生的认知心理和认知规律。

【案例】《从现在开始》（人教版课标本第三册）

提问：读完这篇文章，你知道写了一个什么故事？这篇文章中，分别有哪些动物要参选万兽之王呢？最后为什么确定猴子为万兽之王呢？

【评析】这些问题是按照学生的认知顺序来提问的，层层递进，通过对比分析揭示答案。

3. 问题的设计内容要难度适当

避免出现“优等生吃不饱，后进生吃不了”的现象，要依据学生的具体情况设计问题，遵循因材施教的教育观点。

上述案例《从现在开始》的问题设计适合二年级学生，从易到难，既关注到优生，也关注到了后进生。

三、 课堂提问的方法

1. 理清文章线索法

【案例】《鸟的天堂》（人教版课标本第七册）

提问设计：作者几次去“鸟的天堂”？每次看到的有什么不同？我们从文章中知道作者两次去“鸟的天堂”。第一次是在黄昏鸟都栖息了。因此作者着重描写了“天堂”本身——大榕树的奇特景象；第二次是在第二天早晨，太阳刚刚升起的时候，正是鸟儿最活跃的时刻，所以着重写了“天堂”里的居民——鸟儿热闹活动的情景。围绕这两个问题，可以理清文章的主要内容和基本线索。

本课的提问设计还有：作者是按什么顺序描写榕树的？主要写

了榕树的什么特点?

经过小组讨论、互相交流后学生会发现，这一段分别描写了榕树“大”“美”的特点。并能从中找出文章描写榕树“大”的语句：“在一个地方，河面变窄了。”“那是许多株茂盛的榕树，看不出主干在什么地方。”“当我说许多株榕树的时候……”“我见过不少榕树，这样大的还是第一次看见。”“真是一株大树，枝干的数目不可计数。”描写“美”的语句：“一簇簇树叶……真绿得可爱。”“有许多根垂到地上……卧在水面上。”“那么多的绿叶……新的生命在颤动。”等等。

2. 故设悬念式提问

【案例】《草船借箭》(人教版课标本第九册)

提问设计：明明是“偷”，怎么能说是“借”?

教师指导学生在联系原著相关内容基础上展开讨论，获得了对这一段故事完整的理解。

3. 创设情境式提问

创设情境式提问是指教师通过语言的声调、感情色彩或设置形象的场景活动，激发学生的情绪、情感以及丰富的想象，把学生带入文本情境中的一种提问方式。创设情境的方式有很多。

①根据生活来创设问题情境。创设与学生的生活环境、知识背景相关的学习情境。如《火烧云》：你们见过火烧云吗？和大家介绍下你看过的火烧云的样子吧！

②借助活动创设问题情境。教师在课堂教学中组织学生开展活动，如片段表演、辩论会等。如《田忌赛马》：在纸上推演田忌赛马的过程并假设这个方法如何用在生活和比赛中。

③用故事创设问题情境。如《鲸》：小鲸鱼去参加海洋鱼类舞蹈比赛，门口小鲤鱼不让它进场，说小鲸鱼不是鱼类，你知道这是为什么吗?

④利用现代教学手段创设问题情境。如《鸟的天堂》：借助现代教学手段

展示画面。

4. 启发式提问

启发式提问是引导学生从更多元的角度去分析、考察，寻求不同的结果，鼓励学生跳出原有固定的思维模式，进而找出正确的答案。启发式提问是在整体把握全篇的基础上，注重前后知识点的联系，巧设问题，吸引学生。要有意识地把设问的过程当作开启学生思路的过程，激活他们思维的灵活性。要在学生思路梗塞时巧言启发，在对立或矛盾中诱其比较，站在新的角度、新的层面锻炼学生的思考力，使他们的思维向纵深拓展，感受到思考的乐趣。比如《狐假虎威》这一课，就可以让学生思考："假如老虎再次遇上狐狸会发生什么事情?"启发式提问最大的优点是让学生在阅读中不要形成思维定势。

在提问中，教师要学会分解问题，将一个较难的大问题，科学地分解为几个容易的小问题，让学生在快乐的学习中解决难题。设问要结合学生年龄、研习课题、能力实际，使他们回答问题时不会因为问题过难而挫伤学生思考和回答问题的积极性，也不会因为问题过于简单而使学生骄傲自满、滋生思维惰性。有序地结合问题，有助于学生培养思维的逻辑性，避免语文教学杂乱零散的弊病。

在当下的语文课上，我们多看到的是师生对话与交流。但是，我们也看到了另外一种变式，从那种忽略听者、纯粹的、一问一答满堂灌，一夜之间演变成了不作为，而我们却将此误读为教学民主，误读为现代的教学理念，误读为以学生为本。因此，现代课堂并不应当是以讲课者的失语为代价。对话与独语兼而有之，相得益彰，那才是语文课的理想国。①

四、 讨论与交流

阅读美国的一堂阅读课《灰姑娘》，整理出教师提问的问题，并总结教师

① 曹文轩：《语文课的几个辩证关系》，《光明日报》2013 年 3 月 27 日 14 版。

提问的方法。

【案例】美国版《灰姑娘》课堂教学

上课铃响了，孩子们跑进教室，这节课教师要讲的是灰姑娘的故事。教师先请一个孩子上台给同学讲一讲这个故事。孩子很快讲完了，教师对他表示了感谢，然后开始向全班提问。

教师：你们喜欢故事里面的哪一个人物？不喜欢哪一个？为什么？

学生：喜欢辛黛瑞拉（灰姑娘），还有王子，不喜欢她的后妈和后妈带来的姐姐。辛黛瑞拉善良、可爱、漂亮。后妈和姐姐对辛黛瑞拉不好。

教师：如果在午夜12点的时候，辛黛瑞拉没有来得及跳上她的南瓜马车，你们想一想，可能会出现什么情况？

学生：辛黛瑞拉会变成原来脏脏的样子，穿着破旧的衣服。哎呀，那就惨啦。

教师：所以，你们一定要做一个守时的人，不然就可能给自己带来麻烦。

另外，你们看，你们每个人平时都打扮得漂漂亮亮的，千万不要突然邋里邋遢地出现在别人面前，不然你们的朋友要吓着了。女孩子们，你们更要注意，将来你们长大和男孩子约会，要是你不注意，被你的男朋友看到你很难看的样子，他们可能就吓昏了。（教师做昏倒状）

教师：好，下一个问题，如果你是辛黛瑞拉的后妈，你会不会阻止辛黛瑞拉去参加王子的舞会？你们一定要诚实哟！

学生：（过了一会儿，有孩子举手回答）是的，如果我辛黛瑞拉的后妈，我也会阻止她去参加王子的舞会。

教师：为什么？

学生：因为，因为我爱自己的女儿，我希望自己的女儿当上王后。

教师：是的，所以，我们看到的后妈好像都是不好的人，她们只是对别人不够好，可是她们对自己的孩子却很好，你们明白了吗？她们不是坏人，只是她们还不能够像爱自己的孩子一样去爱其他的孩子。

教师：孩子们，下一个问题，辛黛瑞拉的后妈不让她去参加王子的舞会，甚至把门锁起来，她为什么能够去，而且成为舞会上最美丽的姑娘呢？

学生：因为有仙女帮助她，给她漂亮的衣服，还把南瓜变成马车，把狗和老鼠变成仆人。

教师：对，你们说得很好！想一想，如果辛黛瑞拉没有得到仙女的帮助，她是不可能去参加舞会的，是不是？

学生：是的！

教师：如果狗、老鼠都不愿意帮助她，她可能在最后的时刻成功地跑回家吗？

学生：不会，那样她就可以成功地吓到王子了。（全班再次大笑）

教师：虽然辛黛瑞拉有仙女帮助她，但是，光有仙女的帮助还不够。所以，孩子们，无论走到哪里，我们都是需要朋友的。我们的朋友不一定是仙女，但是，我们需要他们，我也希望你们有很多很多的朋友。

教师：下面，请你们想一想，如果辛黛瑞拉因为后妈不愿意她参加舞会就放弃了机会，她可能成为王子的新娘吗？

学生：不会！那样的话，她就不会到舞会上，不会被王子遇到、认识和爱上她了。

教师：对极了！如果辛黛瑞拉不想参加舞会，就算她的后妈没有阻止，甚至支持她去也是没有用的，是谁决定她要去参加王子的舞会？

学生：她自己。

教师：所以，孩子们，辛黛瑞拉没有妈妈爱她，她的后妈不爱她，但这些都不能让她不爱自己。就是因为她爱自己，她才可能去寻找自己希望得到的东西。如果你们当中有人觉得没有人爱，或者像辛黛瑞拉一样有一个不爱她的后妈，你们要怎么办？

教师：下个问题，这个故事有什么不合理的地方？

学生：（过了好一会）午夜12点以后所有的东西都要变回原样，可是，辛黛瑞拉的水晶鞋没有变回去。

教师：天哪，你们太棒了！你们看，就是伟大的作家也有出错的时候，所以，出错不是什么可怕的事情。我担保，如果你们当中谁将来要当作家，一定比这个作家更棒！你们相信吗？

附录

本章讲述了阅读教学设计的一些技巧和方法。但是小学语文教材中的课文，可讲可学的知识相当多，教学时不可能面面俱到，这就要求语文教师必须学会选择，学会舍弃，围绕单元主题和要求，寻找合适的教学内容和教学方法，简简单单教语文。关于这一点，我们参考刘仁增老师在课堂教学中的具体操作和实施方法来谈。

简简单单教语文

福建省连江县教师进修学校　刘仁增

一、文本解读——简约有度

1. 聚“点”。文章整体与局部是对立统一的一对矛盾。应善于抓住牵一发而动全身的“牛鼻子”展开教学。如《清平乐·村居》是一首清新优美的词，它展现了一幅由茅舍、小溪、青草、老翁、老妪、小儿构成的富有情趣的乡村生活图景，令人神往。教学时，应把“人”作为教学的着眼点，引导学生在粗略理解难解字词的基础上，重点抓住“相媚好”“无赖”等词语去阅读感悟，从中体会老夫妇的吴侬软语，醉里欢笑，谈笑相悦的柔和乡音和自给自足之乐，以及小儿的顽皮和可爱，从而突出了重点。

2. 拎“线”。就是纵向的把握，是深层的整体把握，犹如串珍珠，就要抓住串珍珠的线。一是结构线。即要善于理出文章的结构线索，去皮肉见骨干。二是主旨线。即不仅要准确地归纳出主旨，而且要悟出体现主旨的层次，去其骨见其魂。三是情感线。即要悟出主要人物或动物、次要人物或动物，以及作者的情感变化。比如《秋天的怀念》这篇课文有两条主线，一是明线，一是暗线，一明一暗交织在一起就像一枚硬币的正反两面。明线就是“好好儿活”，暗线就是在“好好儿活”背后交织着的、浸润着的儿子对母亲的深深怀念与无限的敬意。教学时，就可以抓住“好好儿活”这条明线展开，通过理解“好好儿活”、感悟“好好儿活”、内化“好好儿活”这环环相扣、步步深入的三个层面的教学，激发学生对这位伟大母亲的思念与敬意。

3. 联“体”。就是把两三个相互关联的学习内容整合在一起，以捆绑的形式进行整体性教学。这样，不仅实现了信息的整合，扩大了教学容量，而且有助于学生对文章情感的深度把握和体会。比如在第五届全国青年教师课堂教学大赛中，浙江的王自文老师根据《题临安邸》和《秋夜将晓出篱门迎凉有感》这两首诗在内容和情感上互为表里、互相映衬、互为补充的特点，匠心独具地以诗人“忧国忧民”的情怀为主题，将两诗串联起来，使得学生真正读出了诗句背后的那段情、那份爱、那颗心，悟出遗民之“泪”、权贵之“醉”，达到了感诗人所感、想诗人所想、悲诗人所悲之境界。富有创意，颇具特色。

二、流程安排——简洁流畅

结构复杂、程序繁杂、氛围嘈杂是近年来阅读教学比较常见的课堂景观。那么，该如何给阅读课“减肥”“瘦身”，实现教学流程的简洁流畅呢？我们必须学会删繁就简，整体架构。就是以课文中的情感变化，或情节发展，或人物行为，或文章结构为主线，抓住一两个重点内容进行板块式教学。这样做的最大优点在于避免了教师面面俱到的分析，避免了繁琐的串联式提问，有助于从整体上把握课文内容，突出教学重点。比如《地震中的父与子》的教学，可以“一条主线”“两个板块”整体规划的。一条主线就是父对子始终信守的诺言“不论发生什么，我总会跟你在一起”；两个板块就是“父亲的了不起”和“儿子的了不起”。再借助探讨深究、细读推论、听中感悟、感情朗读、想象写话等教学手段，让学生体会父子的伟大之爱。这样设计，就把对教材的线性梳理变成了立体式的整体架构。

三、教法选择——简要实用

任何一种教学方法都有它的适用范围。在某一种具体情境下是最优的方法，在另一情境下未必也最优；反之，在一种情况下是低效的方法，在另一种情况下却可能很有成效。再好的教学方法也不可能是“包治百病”的“灵丹妙药”，只有在适合的条件下，才能显示其效果和威力。在这一方面，一些名家的做法就很值得我们借鉴和学习。

于永正老师执教《第一次抱母亲》，既没有做课件，也没有表演，却获得了师生的好评。原因有以下三个方面：一是教师的朗读，二是学生的朗读，三是教师对关键词语的理解和处理。此外还有一些，如教师的讲解和板书的字等等。

这些经典的课例给我们的启示是，真正的好课不是靠花样翻新的游戏、表演塑造出来的，也不是依赖声、色、形俱全的现代媒体包装出来的，而是在读、说、写、背的语文实践活动中自然催生出来的。可以这么说，学习语文要有几招硬功，不是去左分析右分析，也不是训练这训练那，关键是要多读、多背、多写。抛开这一点，无异于舍本逐末。

四、言语实践——简练高效

语言实践的内容需有选择。孩子语文学习的内容是丰富多彩的，有的可以联系生活实际，利用已有经验理解，有的可以根据教师的引导去体会，有的还可以通过自己的想象辅助理解，而当这一切都难以启发孩子的心智时，就需要孩子亲身体验。譬如语文中的书写，尽管教师指导孩子如何摆正字的间架结构、如何握笔，但没有孩子的亲身实践，这一切也就只是纸上谈兵而已。所以，语言实践不是逢文必究，需要根据学生实际、教学目标在训练内容方面做一些选择。

第四章

文体意识下的阅读教学设计

第一节　阅读教学内容选择

“阅读是对某一特定体式、特定文本的理解、解释、体验、感受。阅读是一种文体思维。”（王荣生）2013 年 3 月，《人民教育》开设“关注语文教学的文体意识”的话题专栏，提出：自觉的文体意识不是单纯地具备某种文体知识，它是一种综合性语文素养。文体意识的培养不仅要清楚文体知识，更重要的是在语文实践中与体验、感悟、理解等语文素养相互链接、交叉、渗透，这样形成的文体意识才能更好地帮助学生阅读、写作和表达交际。

一、　文体和文体分类

文体或称文本体式、文本样式、文章体裁，指的是文章的体式和文学风格。文体分类是出于教学的需要。现行的小学语文教材的文体分类有哪些呢？依据《义务教育语文课程标准（2011 版）》中各个学段的“阅读教学目标”，有如下具体内容：

第一学段：“阅读浅近的童话、寓言、故事，向往美好的情境，关心自然和生命，对感兴趣的人物和事件有自己的感受和想法，并乐于与人交流。诵读儿歌、儿童诗和浅近的古诗，展开想象，获得初步的情感体验，感受语言的优美。”

第三学段：“阅读叙事性作品，了解事件梗概，能简单描述自己印象最深的场景、人物、细节，说出自己的喜爱、憎恶、崇敬、向往、同情等感受。阅读诗歌，大体把握诗意，想象诗歌描述的情境，体会作品的情感。受到优秀作品的感染和激励，向往和追求美好的理想。阅读说明性文章，能抓住要点，了解文章的基本说明方法。阅读简单的非连续性文本，能从图文等组合材料中找出有价值的信息。”

文学性文本主要有小说、诗歌、散文、戏剧等，在课标里提到的童话、寓言、故事、神话、民间故事与传说等多属于文学作品。文学性文本的教学中教师首先得教学生理解作品的文学语言与概念，掌握文学性文体特有的概念：人物、情节、主题、结构、场景、表达方法等，文学性文本的教学策略是：整理并组织文体要素，帮助学生更好地理解并运用文学语言与概念来解读文本；其次，要唤醒学生的读者意识，激起学生的文学经验与回忆，鼓励学生介入阅读的过程，协助学生发展归纳、提炼、预测、连结、推理、统整的阅读能力等，以此生发出更多的经验与技巧。叙事就是“讲故事”，是用语言表现一件或一系列真实或虚构的事件，通过叙事方式来传达人生的经验和意义。叙事性作品与文学作品之间既有联系，又有一定的差别。叙事性作品是以叙事功能为主的文学作品。叙事性作品大多是真人真事，而文学作品大多是虚构的。叙事性作品根据叙述事实的真实与否，可以分为两大类：一类是真实叙事，有写人类文章如《詹天佑》，有记事类文章如《尊严》，有写景类文章如《记金华的双龙洞》，有状物类文章如《猫》。另一类是虚构故事，有小说如《林黛玉进贾府》，童话故事如《去年的树》，寓言故事如《鹬蚌相争》，神话故事如《盘古开天地》，民间故事如《牛郎织女》等。

知识性文本包括科学小品、新闻报道、说明书、图表、海报、介绍等。知识性文本主要目的是传达讯息、陈述事实、讲解过程、分析原理，是学生学习、获取新知的重要来源。儿童对未知的事物总是充满好奇，他们乐于阅读知识性文本以探索未知事物。近几年来，国际阅读 PISA 测试，考查知识性文本时多关注学生对阅读过程的掌握、阅读技能的运用以及在不同情境中灵活运用阅读策略解决实际问题的能力。因此，知识性文本的教学策略是引导学生根据文本提供的线索和情境提取和处理信息，更重要的是要锻炼学生细致观察的能力，建立科学意识，联系生活，从而更加热爱自然，热爱生活。

目前，小学语文课本中的文章大部分是适合儿童的文学性文本，即使是知识性文本，在小学阶段的课本中大部分也是科学小品文居多，如《鲸》《蝙蝠与雷达》《蟋蟀的住宅》《太阳》《花钟》《月球之谜》等。诗歌和小说，更是如此。这些文本大都有儿童中心、儿童视角、儿童情节，为此，我们要在重视儿童文本的教学中平衡文体教学的要求和儿童天性的要求。

基于现行小学语文教材，为了本文阐述的方便，本书以课标所列的小学阶段文体分类为基础，进行“叙事性作品”“说明性文章”和“诗歌”三大类文本的教学价值寻找与分类教学设计，以培养学生的文体意识，训练文体读写思维。

二、不同文体的教学内容

《义务教育语文课程标准（2011版）》提出：“语文课程是一门学习语言文字运用的综合性、实践性的课程。”语文教学的任务是“学习语言文字的运用”，“获取信息”只是理解课文内容，“领会作品中所体现的科学精神和科学思想方法”也是三维目标中情感态度与价值观。教学中，要将文本的解读价值转化为教学价值，也就需要从语文课标的目标内容与文本的解读价值之间找到契合点。我们可以从以下两个角度考虑：一是关注文本的个性要求；二是观照阅读教学的共性要求。文本教学的个性要求多从文体角度出发，而阅读教学的共性要求主要有理解词句意思、概括主要内容、理解表达顺序、体会思想感情、领悟表达方法等几个方面。我们在设计教学内容时既要考虑文本的个性要求，也要关注学生在语言思维、审美和文化等核心素养方面的发展与提升，从而实现提升学生语文素养的教学追求。

1. 叙事性文本的教学内容

（1）主题。文本是作者想要传达意蕴的载体。解读文本我们首先要追寻作品的意义，即作者写作的目的。叙事性文本所表达的主题深刻，富有哲理，给人启迪。如《尊严》一课，我们从“年轻人”身上体会到自尊的品格，感受“自尊者自立”的道理；从《钓鱼的启示》一课中懂得遵守规则的必要性；从《中彩那天》中体会人物诚信的可贵品质。

（2）形象。作品通过生活事件和典型的场景来塑造人物形象的，人物形象的塑造体现在两个方面：一是成功的人物形象浓缩了作家的人生体验和理想，反映了时代的精神风貌；二是成功的人物形象，贮存了作家的自身体验和情感内容，以期唤醒读者的审美意识和人生经验。形象鲜明的正面人物总是闪烁人性的光辉，能感动人，感召人，传递着满满的正能量。如《詹天佑》一课，我们要通过课文的学习，引导学生抓住杰出的爱国工程师詹天佑修筑铁路中的具体事例，感受其严谨的科学态度、坚忍不拔的毅力和崇高的爱国主义精神，感悟詹天佑是一个堂堂正正的人。解读叙事性文本，要抓住人物，剖析形象，认识人物性格的多面性。

（3）情节。情节是塑造人物形象、表达主旨的依托，情节是人物的生活和斗争的演变过程。把故事讲得生动传神是文学性作品的重要特征，很多文学作品故事情节跌宕起伏，出人意料，扣人心弦。教师在解读文本时要能理清情节变化的起因、发展、高潮和结局，特别是要善于抓住情节中的矛盾冲突来解读文本。如五年级的课文《半截蜡烛》，这篇课文故事情节一波三折，女主人伯诺德夫人的家是反法西斯组织的一个联络点，为安全起见，伯诺德夫人把一份秘密文件藏在半截蜡烛里。伯诺德夫人以及大儿子杰克为保护绝密情报，与前来检查的德国鬼子巧妙周旋，一波未平，一波又起，眼看蜡烛被例行点燃，厄运即将到来，小女儿杰奎琳急中生智，向德军请求拿灯上楼睡觉，得到允许，一场危机化险为夷。这个故事情节曲折多变，伯诺德夫人一家机智、沉着、勇敢的品质得到了淋漓尽致的彰显。

（4）语言。叶圣陶先生说："一字未宜忽，语语悟其神。"文章的遣词造句，作者一般都是精心推敲过的。教师解读文本要倾听语言发出的轻微声响，叩击文本深远的意蕴。叙事性作品主要采用了叙述、描写的表达方式，因而语言具有生动性、形象性。文本中有很多具有传神色彩的词句，在解读文本时，教师要细细品味，读出微言大义，体会作者独具匠心的妙用。比如我们就可以从叶圣陶先生的《记金华的双龙洞》的句子"这样小的小船"的"小"中，感受孔隙的低矮窄小。

（5）场景。所谓场景就是叙事作品中具体描写人物活动或教学设计行为的场所。作品中的人物总是在一定独特的社会背景和自然环境中生存和活动的。场景描写有这样的几个作用：交代事情发生的地点或背景，增加故事的真实性；渲染气氛，烘托人物的心境；寄托人物的情思；反衬人物的性格或品质；推动故事情节的发展；深化作品的主题。解读文学性文本，要把人物和场景进行对接，要从社会历史的大背景中，追溯人物命运的社会根源，诠释作品的时代意义。如学习《为中华之崛起而读书》，只有把故事和时代背景结合起来，才能更深刻地认识少年周恩来立志“为中华之崛起而读书”的博大胸襟和远大志向。少年周恩来耳闻目睹中国人在外国租界，受洋人欺凌却无处说理的事，周围的人都敢怒不敢言，周恩来深刻体会到伯父说的“中华不振”的含义，从而才有了要为祖国独立富强而发愤学习的宏伟志向。

（6）细节。细节是叙事性作品中那些细微而又具体的典型情节，它增强了作品的真实性、生动性、形象性、深刻性，细节描写贵在简约又生动传神。解读叙事性文本，教师要关注细节，品读细节，体会表情达意的效果。如《穷人》一课是俄国著名作家列夫·托尔斯泰的一篇短篇小说，作者选择了渔家小屋“地”“炉子”“食具”“床”来细细描写，每一种事物虽简陋，但都含有深意：“地扫得干干净净”“炉子里的火还没有熄”“食具在搁板上闪闪发亮”“挂着白色帐子的床上……安静地睡着”。屋外环境是如此恶劣，而屋内，却是那样“干净、温暖、明亮、温馨”！这些细节是环境描写，写出了穷人的穷，更能体现其中主人公的善良和勤劳。

教师和学生解读文本带有很大的主观性和创造性，有独到的体验和个人发现，但是还要回归文本，忠实文本。对文本解读浅尝辄止，或以偏概全，或过度诠释，都是对文本的一种误读。虽说一千个读者会有一千个哈姆雷特，但读出的终究还是哈姆雷特。准确、真实地解读文本是教师应当遵循的底线。

2. 说明性文章的教学内容

说明性文章的中心鲜明突出，具有科学性、逻辑性强的文章构段以及很强的实用性，语言准确。小学语文教材中的说明文分为介绍性和文艺性两类。

介绍性的科学小品文，用平实的语言直接表述概念，阐述事物的本质和其发展的规律，准确地介绍事物和科学知识，说明事物发展变化的过程，如课文《赵州桥》《鲸》《太阳》《月球之谜》《新型玻璃》；文艺性的科学小品文，则通过文艺性的笔调，以描写、故事、对话等形式来介绍所要传达的知识，语言生动活泼有趣，如课文《太空生活趣事多》《呼风唤雨的世纪》《飞向蓝天的恐龙》。

说明性文章的选文在整套教材中所占比例并不大，以人教版教材为例，在课标本中，小学阶段说明文共有 19 篇，1～2 年级的说明文 3 篇，3～6 年级说明文 16 篇。说明文出现的单元多以科学知识为主题，如五年级上册第三单元以说明文教学为主，其中，第九课《鲸》，这是一篇常识性说明文，介绍了鲸的形体特点、进化过程、种类和生活习性等方面的知识；第十课《松鼠》，这篇课文是一篇知识性、科学性、趣味性都较强的文艺性说明文，侧重于介绍松鼠的外貌、性格和行动；第十一课《新型玻璃》主要介绍了五种新型玻璃的特点和作用；第十二课《假如没有灰尘》，通过说明灰尘的作用，揭示出一个深刻的哲理：事物往往都具有两面性，只有正确地认识它们，才能趋利避害，造福人类。通过划分单元选文的主题，不难看出此单元的选文主题呈现多样化趋势，在这些文章中，有讲清楚植物的形态特征的，有说明白动物的生活习性的，有介绍新产品的使用方法的，还有解释自然现象的形成原因的，都多以科学知识为主。

说明性文章的分布主要集中在第三学段（5～6 年级）。在第三学段中提出了“阅读说明性文章，能抓住要点，了解文章的基本说明方法”。第三学段的阅读要求相较于一、二学段来说，增加了阅读说明文文体，依据不同文体，确定了具体的阅读要求，因此，设计阅读教学的文体意识逐步增强。

（1）语言。精确生动的用词艺术是知识性文本的重要特点。语文课程的核心是学习语言文字运用，而知识性文本的语言表达的最大特色在于简约而精确，讲究表达的严谨有序，力求以最少的文字表达最丰富的内容。因此，在教学中，教师要引导学生静下心来细心揣摩作者遣词造句的准确生动，领会文中词语表达的效果，促进语言能力的发展。

（2）说明方法。知识性文本在表达上的最大特点就是说明方法的运用和精当严谨的表达风格。常见的说明方法有举事例、分类别、列数字、作比较、画图表、下定义、作诠释、打比方、摹状貌、引资料等10种。写说明文要根据说明对象的特点及写作目的，选用最佳方法。如《太阳》一课的说明方法主要有以下几种：列数字、举例子、作比较、打比方、下定义。

①太阳离我们有1.5亿公里远。（列数字）

②表面温度有6000摄氏度。（列数字）

③实际上它大得很，130万个地球才能抵得上一个太阳。（作比较）

④太阳离地球太远了，所以我们看上去只有一个盘子那么大。（作比较）

⑤中心温度估计是表面温度的2500倍。（作比较）

⑥到太阳上去，如果步行，日夜不停地走，差不多要走3500年；就是坐飞机，也要飞二十几年。（举例子、列数字）

⑦太阳的温度很高……就是钢铁碰到它，也会变成汽。（举例子）

⑧太阳会发光，会发热，是个大火球。（打比方）

在教学中，教师除了要引导学生感知了解课文所采用的说明方法之外，更要让学生感受说明文语言表达的精确与严谨。

（3）整体布局。知识性文本注重对客观事物的介绍，其思路应该契合生命个体对客观事物的认知规律，因此整体构思显得非常重要。在教学过程中教师应该围绕整体与部分之间的联系，引领学生从整体上感知说明文内在的逻辑结构，洞察作者是如何串联整合各个部分，从而形成一篇完整的文本的。任何一篇课文的学习都要经历从整体把握到细节探究，而后再回归整体的过程。例如《秦兵马俑》一文，开头以“举世无双、享誉世界”统领全文，文末则以“绝无仅有、惟妙惟肖”总结收尾，彼此照应，前后勾连。在具体分写的过程中，分别介绍了俑坑之大和形态各异的兵马俑形象，最后还以散文化的笔触对兵俑进行了细致描写。这种总分总的文本结构方式，以及围绕中心要点分写不同内容的方法，尤其值得学生揣摩体悟，并在习作中加以运用。

3. 古诗词的教学内容

古诗词作为中华民族文化宝库的瑰宝，是小学语文课程最为重要的内容之一。以人教版为例，原来的教材从一年级到六年级，共 522 篇课文，共收入古诗词 73 首。主编崔峦先生说："从春秋时代的《诗经》，到清代诗人的诗作；从古风、五言绝句、七言绝句、五言律诗、七言律诗到词，均有反映。古代诗词的入选量，是以往教科书的两倍。" 2017 年开始使用的统编版教材更是增加了传统文化的篇目。小学一年级开始就有古诗文，整个小学 6 个年级 12 册共选古诗文 132 篇，占所有选篇的 30%，比原有人教版增加 55 篇，增幅达 80%。平均每个年级 20 篇左右。初中古诗文选篇占所有选篇的 51.7%，比原来的人教版也有提高，平均每个年级 40 篇左右。体裁更加多样，从《诗经》到清代的诗文，从古风、民歌、律诗、绝句到词曲，从诸子散文到历史散文，从两汉论文到唐宋古文、明清小品，均有收录。因此，小学古诗词的教学，对于小学生认识中华文化的丰厚博大，吸收民族文化智慧，提高文化品位和审美情趣，培养想象力和热爱祖国语言文字的情感，丰富学生的精神世界有着举足轻重的意义。

古诗词在选编维度上是参考单元的人文主题，而非古诗词本身。因而，要提高学生的传统文化素养，在教学设计上要从把握诗歌的本质入手。

(1) 语言。古诗词由于年代的问题，对于现在的学生来说有一定的阅读难度，学习中首先是疏通字词句，理解诗的基本内容和意思。教学李白的《望天门山》（人教版课标本第五册）一诗时，可以引导学生抓住关键字词来探究古诗的意思。抓住"天门中断楚江开"中"开"（劈开、断开）之意，体会到浩浩荡荡的楚江水冲破天门山奔腾而去的壮阔气势。"碧水东流自此回"中的"回"字是"回旋"的意思，抓住"回"字可以让学生体会到由于天门山两山夹峙，浩浩荡荡的长江在流经两山之间的狭窄通道时，激起回旋，形成了波涛汹涌的奇观。"两岸青山相对出"中的"出"是"突出"之意，不但表现了诗人李白在舟行过程中"望天门山"时天门山特有的姿态，而且寓含了诗人的新鲜喜悦之感。"孤帆一片日边来"中的"来"，描绘出一张孤帆乘风破浪，越来越靠近天门山的情景。抓住了这些关键字，学生就能把握这首诗的大意了。

（2）背景。要把握古诗词的含义必须正确联系诗词的背景资料。如李白的《黄鹤楼送孟浩然之广陵》（人教版课标本第七册）一诗的教学可从理解古诗的题目入手，借助注释和工具书理解“送”是“送行、送别”，“之”是文言词，表示“到、去”的意思，再借助课外资料的查找，知道“黄鹤楼”“广陵”都是地名，“黄鹤楼”在今天的湖北武汉、“广陵”指的是江苏扬州；而诗人李白和孟浩然是一对好朋友。了解了诗歌的背景知识之后，学生就知道这是一首送别的诗，写的是诗人李白在湖北武汉的黄鹤楼上为即将去往江苏扬州的好朋友孟浩然送行的情景。

（3）诗境。古诗词将文字美、音韵美、情感美、意境美等各种形式的美融为一体。只有反复诵读，才能从古诗词蕴含着的丰富内容中体味到美感。如一年级《小池》（人教版统编本第二册）一诗的教学，因为这首诗本身就是一幅绝美的画：泉眼、细流、树荫、小河、蜻蜓，组成的夏天的荷花池，它们相怜相爱，那么和谐，所以在教学中可先让学生自由读诗，说出诗人所描绘的景物及其特点，然后让学生边读边展开想象，想象诗中留有空白的地方，一起走进这恬静美丽的荷花池，去感受充满童趣的夏天，去体味诗人热爱自然、热爱生活的情感，获得美的享受。

（4）诗情。小学语文教科书中收录的古诗词，以丰富的内容，多样化的题材，反映了古人对人生哲理的深思，对社会事物的看法。如王维的《送元二使安西》、李白的《赠汪伦》饱含了亲情、友情的深厚，白居易的《忆江南》、李白的《望庐山瀑布》描绘了祖国河山的壮丽，苏轼的《题西林壁》、陆游的《游山西村》优美的景色中蕴含着深刻的道理，辛弃疾的《清平乐·村居》、翁卷的《乡村四月》描绘了田园风光的优美，于谦的《石灰吟》、郑燮的《竹石》抒发了诗人的壮志豪情，等等。这些古诗词中蕴含着的人文价值都是极其丰厚的。学习这些古诗词，可以使学生体会生活的多彩，欣赏大自然的壮美，体味诗人情感，放眼社会，感悟人生，领悟哲理，开阔眼界。

教材中的许多古诗词，都蕴含了丰富的传统文化知识，如王维的《九月九日忆山东兄弟》不仅表达了诗人思乡怀远的情怀，而且介绍了我国传统节日——重阳节的有关知识。而林杰的《乞巧》则是一首描写民间七夕乞巧情景的古诗，学生可以学习到七夕的相关知识以及牛郎织女的故事；李商隐的《嫦娥》可以使学生了解到嫦娥奔月、后羿射日的神话；通过学习杜牧的《清明》一诗，学生也可以知道清明既是我国的二十四节气之一，同时也是一个扫墓、祭祖、踏青的日子。这些古诗词为我们了解中华民族的传统文化提供了极其宝贵的素材和索引，有利于继承和弘扬我国的优秀传统文化。

第二节　阅读教学的策略

阅读是与文本的“对话”，教学应该依体而变，不同的文体，教学目标、教学方法、教学策略不同。小学语文阅读教学，理应聚焦文体的独特性，还原文本独有的人文内涵。

一、 不同文体的教学目标设计

教学目标定位是否准确，是决定一堂课是否有效的先决条件。文体作为文本的形式特点，在确定教学目标时，是重要的依据。

小说的三大要素是人物、情节、环境，在教学目标的设计中依据文本内容有所侧重。以《少年闰土》（人教版课标本第十一册）为例，节选自鲁迅的短篇小说《故乡》，课文通过“我”的回忆，刻画了一个见识丰富而又活泼可爱、聪明能干的农村少年——闰土的形象，反映了“我”与他短暂而又真挚的友谊以及对他的怀念之情。《少年闰土》是写人的文章，人物的外貌、语言、动作是表现人物的基本方法，课文中闰土的四件事都是采用对话的形式描述的，教学中引导学生紧紧抓住闰土的语言来体会他勇敢、聪明、能干、活泼可爱的特点。因此教学目标重点是学习课文描写人物外貌的方法，同时体会作者所要表达的热爱农村生活、热爱劳动人民的思想感情。

散文讲究“形散神不散”。如《山中访友》（人教版课标本第十一册），作者构思新奇，想象丰富，充满童心童趣。把“进山看景”说成是“山中访友”，让人感到更加亲切。读起来时时会被作者的童心打动，时时被流淌在字里行间的激情感染，我们与大自然是这样的贴近，甚至会融为一体。因此，本课的教学目标重点定为学习作者运用比喻、拟人、排比、想象来表达感情的方法；感受作者所描写的境界，培养学生热爱自然、亲近自然的美好情感。

说明文主要是学习说明文语言表达的准确性。《鲸》（人教版课标本第九册）是一篇说明文，条理清晰，语言表述准确、理性化，运用了列数字、作比较、打比方等多种说明方法。因此，本课的教学目标重点是学习课文，能说说鲸的特点，学习说明文语言表达的准确性；通过例句学习说明文的常用说明方法并能进行运用。

诗歌语言凝练概括，富有节奏感和韵律美，古诗词“有境界则自成格调”。如柳宗元的《江雪》（人教版课标本第三册），诗人用“千山”“万径”这两个词，目的是为了给下面两句的“孤舟”和“独钓”的画面作陪衬。在这样一个寒冷寂静的环境里，那个老渔翁竟然不怕天冷，不怕雪大，忘掉了一切，专心地钓鱼，形体虽然孤独，性格却显得清高孤傲，甚至有点凛然不可侵犯似的。这个被幻化了的、美化了的渔翁形象，实际正是柳宗元本人的思想感情的寄托和写照。“寒江雪”三字把全诗前后两部分有机地联系起来，不但形成了一幅凝炼概括的图景，也塑造了渔翁的形象。诗歌就是这样用具体而细致的手法来摹写背景，用画面来描写形象；精雕细琢和极度的夸张概括，错综地统一在一首诗里。怎样让学生体会这种意境，感受画面的美呢？本课的教学目标重点是反复朗读，展开联想，感受体会古诗意境及诗人所表达的思想感情，体会诗歌语言的凝练美、节奏感和韵律美。

二、 不同文体的教学方法特点

“先有教学内容的确定，再有教学方法的选择”，教学目标要体现文体特点，教学方法须与目标相适应，根据具体的文体而灵活选取，即教学方法（包括阅读方法）是适合这种文体的教学方法（包括阅读方法）。

小说的教学要从语言入手，把握小说的整体形象，对主题进行理性思考，品味语言、思想、结构等精妙之处。在教学《少年闰土》时，从“看瓜刺猹”这一事件入手，引导学生感受句子所描绘的情境，通过品读闰土和“我”的对话把学生带入情境当中，来感受“看瓜刺猹”的有趣以及闰土的勇敢。然后按照事情发展的顺序，抓住人物的外貌、动作、语言的特点，逐步回忆、依次叙述，一步一步地刻画出了一个知识丰富、聪明能干、活泼可爱的海边农村少年的形象。通过联系上下文、时代背景、同学相互讨论等方式理解含义深刻的句子，理解作者对闰土的特殊感情。

散文教学要根据散文的特点，采用“细读”和“诵读”的教学方法。在细读中反复玩味，体会作者用词造句的精妙，将学生的感官引入文本的所有部分。比如《山中访友》，作者“带着满怀的好心情”，走进山林，探访山中的“朋友”，与“朋友”互诉心声，营造了一个如诗如画的世界，表达了对大自然的热爱之情。以教学“古桥”那个段落为例：在作者心中，古桥就像一位德高望重的老人。作者把古桥当作人来写，把自己对古桥的深厚感情，生动地传达给了我们。我们在读课文时，要用心地体会作者表达情感的方法。在教学中引导学生带着感情朗读这些句子，从朗读课文——勾画关键词句——理解内容——体会特点——诵读课文，去体会大自然那“童话般的世界”，去感受人与自然的和谐。

诗歌教学以“诵读”“感悟”，展开“想象联想”为主，而用“讲解法”是不适合的。在教学《天净沙·秋》（人教版课标本第十一册）时，可以进行这样的设计：初读感知秋景；展开想象体会意境，背诵感受音韵节奏，体会诗人的情感。诗歌教学多以“诵读”为主，“诗无达诂”，一定要分析出诗中描写了什么，体现了什么，无疑会走入诗歌教学（或诗歌阅读）的歧途。诗歌教学还可以通过朗读欣赏、学写童诗等活动，感受诗歌的魅力。

但是，说明性文章的教学就不太适合采用“诵读”“感悟”的方法来进行教学。说明文教学的目的，不仅在于清楚“说”了什么，是否“说明”了，即语言的准确性，还要让学生学习它是如何“说明”的，即说明的方法、文章的结构安排等。相对应的教学中应采用“讲读”“列表”“比较”等方法，理解内容、习得方法，以提高阅读能力。说明文的读也不同于诗歌教学中的读，它是“宣读”的读，不求语调的抑扬顿挫和声情并茂，读通读懂即可。在教学《鲸》（人教版课标本第九册）时，可以进行如下的设计：初读归纳鲸的特点，写一份简介；细读学习说明文语言表达的准确性和多种说明方法；迁移运用说明方法写句子。也可以开展辩论等阅读实践活动，让学生通过不同角色的体验与课文展开对话。

汪曾祺先生曾说：“语言不是外部的东西，是和内容（思想）同时存在，不可剥离的。世界上没有没有语言的思想，也没有没有思想的语言。”因此，无论是小说、散文、诗歌，还是说明性文章，都不能忘记语言的重要性。

三、 不同文体的教学策略

（一）叙事性文本的教学策略

1. 寻找原生价值。教师阅读文本须“入乎其内”，沉下心去读文本，先不参考教学用书或者网络上的教学设计等，不受别人思想的影响，读出自己对文本的个性解读，在阅读中寻找文本的原生价值。在解读文本时可以叩问：作品写的是什么？主题是什么？塑造的人物形象具有哪些性格特征？阅读这篇作品有哪些收获？要以一个读者的身份来阅读文本，暂且不考虑文本的教学因素。

2. 发掘教学价值。一篇文章一旦成为课文，即生长出“教学价值”。每一篇课文都是个性存在的，因此得思考：课文怎么写？为什么这样写，这样写有什么好处？这是寻找教学价值必须回答的问题。文学性文本的教学价值可谓丰富，如课文的叙事结构、人物形象塑造的方法、语言特色、表现手法等等。

3. 立足整体解读。编者把同类的几篇叙事性文本放在一个单元里，明显是带有目的性的。这些课文虽然同类，但是又独具个性，各有特色。教师在解读文本时，要把这一组课文放在一块进行比较阅读，寻找文本的共同点和不同点，领悟编者的意图。近年来，语文教学有大单元整体教学法。

如统编本三年级上册第二单元主题是“秋天”，选择秋天富有特色的景色及趣事，古诗《山行》《赠刘景文》《夜书所见》和散文《铺满金色巴掌的水泥道》《秋天的雨》，现代诗《听听秋的声音》，都是描写秋天不同景色的。这些文章的文体不同，诗歌意韵深远，散文趣味盎然，教学时可以通过比较，突出不同文体，一篇以背诵体会意韵为主，一篇则重点以诵读体会情趣。

4. 关注教学重难点。关注学习的重点。文学性文本故事性强，信息量大，教师在解读文本时，首先要心中有数，确保学生学习能把握重点。文学性文本的结构、主题、情节、人物、场景、细节等方面都是学习的重点，但是，每一篇文本都是独特的，教师要反复阅读和思考，寻找文本的独特之处，体会编者选文的目的，在教学设计要有所安排。其次，要关注学习的难点。教师在解读文本时，要转换角色，把自己当成学生来读文本，要能预见学生读课文时会遇到哪些困难。文学性文本的表现手法丰富多彩，每一篇课文都有自己独特的言语表达形式，这些内容是学生学习的难点。

（二）说明性文章的教学策略

一般说明性文章的阅读教学，要考虑根据其“知识性”的特色来采取教学策略，台湾原小语会会长赵镜中先生总结了以下几种策略：启动先备知识，决定文本中的重要讯息，提问，整合信息，自我监控以及猜测生难字词等。

1. 启动先备知识。先备知识包括：与文章内容有关的知识；有关社会联系和自然界的总的知识；有关文章组织结构的知识。读者需要运用他们的先备知识作为过滤器来解释和建构所读文章的意思，运用这些知识去确定文本的重要性，去推理文本中的言外之意，去监控理解。先备知识的启用可以通过话题讨论，还可以通过预习要阅读的材料，例如：预读书名（标题）、作者、插图、表格、照片、书名（标题）下的副标题或引子以及文内的小标题，来加深学生对文本总体印象的认识。如《蟋蟀的住宅》（人教版课标本第七册）选自《昆虫记》，作者是法国著名的昆虫学家让·亨利·卡西米尔·法布尔。作者数十年间，直接在野地里实地对法国南部普罗旺斯种类繁多的昆虫进行观察，或者将昆虫带回自己家中培养，记录下这些小生命的体貌特征、习性、喜好、生存技巧、蜕变、繁衍和死亡，然后将观察记录结合思考所得，写成详细确切的笔记。所以《蟋蟀的住宅》散发着浓郁的文学气息，除了介绍自然科学知识以外，通过生动的描写以及拟人的修辞手法，将昆虫的生活与人类社会巧妙地联系起来，作者的语言生动活泼，语调轻松诙谐，充满了盎然的情趣和诗意。

当然，老师还可以利用双文本的教学方式，让学生在进入知识性文本的学习前，先阅读相同或相关话题的叙事性文本，帮助他们建立背景知识、熟悉该话题的语词、鼓舞学生的学习兴趣。在学习之后，还可以继续拓展文本，补充相关知识，帮助更好地理解文本。

如《诗经·豳风·七月》关于蟋蟀的描写：

七月在野，八月在宇，九月在户，十月蟋蟀入我床下。

如宋·叶绍翁的《夜书所见》：

萧萧梧叶送寒声，江上秋风动客情。

知有儿童挑促织，夜深篱落一灯明。

2. 决定文本中的重要讯息。学生在阅读知识性文本时会遇到的困难之一，是无法决定哪些是重要讯息。我们可以通过仔细阅读开头部分以了解主题、背景、意图，找出主要段落的主题句，以了解文本的主要内容和整体结构，再读结尾部分以了解结论、用途、意义来判断文本中哪些是重要的讯息。例如：我们在阅读开头时发现所读的文本是问题/解决类型的知识性文本，那么问题、解决方式以及该问题带来的影响就会是文本中的重要讯息。

另外，留意文本中出现的关键词，也有助于读者发现文本中重要的讯息。此处所指称的关键词是指联结上下文或前后两个段落的关联词。诸如："因此""由于""于是""然而""虽然……但是……""如果……则……"等等，一旦学生开始察觉这些词时，阅读知识性文本对他们而言就不会是难事了。

3. 适时提问。不论是阅读前、阅读中或阅读后皆需要提问。在阅读前鼓励学生使用"谁""何时""何地""为什么""如何"等疑问词，如《蟋蟀的住宅》可以这样提问：想想蟋蟀的住宅都有什么特点，分别从哪几个方面介绍？你认为哪儿写得好？为什么？学习"选址"部分时，抓住它"不肯随遇而安"提出问题：我们又从哪里看出蟋蟀不肯随遇而安呢？写这部分用了什么写作手法？

提问题，可以提供学生阅读的焦点，明确阅读该文本的具体目标，还能让学生融入所读的内容，而且为了寻找答案，他们也能够把既有的与刚刚学到的知识连在一起。

4. 整合信息。知识性文本的段落中，绝大多数都有一个主题句，而大多数主题句，又安排在每一段的开头。只要抓住了主题句就等同于抓住了该段的段意。除了抓住主题句之外，还要抓住主要细节。因为段落还必须有把主题句扩展成段落的细节，有时，这些细节比主题句更有价值。然而，并不是所有细节都同等重要，有些细节是主要的，有些则是说明细节的"细节"，称为次要细节。阅读时要注意区分主要细节和次要细节，注意掌握好重要细节。

5. 猜测生难字词。知识性文本的作者限于文本可读性的要求，写出的作品通常是很精练的，提供的讯息相较于叙事性文本是较不充足的，以致增加学生在理解上的困难。教师可以强化学生利用上下文作为克服生难字词以及产生新观点、想法的阅读策略。其实，对于促进学生阅读能力的发展，不论是哪一种文本，利用线索猜测生难字词都是一个重要的策略。要猜测生难字词究竟有哪些线索呢？句子、一个陌生字词的前后文、插图、图表、照片与表格以及这个字词的组成方式都可以作为猜测的依据。

（三）古诗词的教学策略

传统的古诗词教学中，一般是按照以下模式来教学的：“释题目，知诗人；解难字，译全篇；悟情感，齐背诵。”古诗词教学目标也被简化成了背诵，教学的检测也基本以初级知识获得为主。师生缺乏与诗人、诗情的激情共鸣，课堂上缺乏对古诗词热爱的情感，课下缺少古诗词的拓展、延伸，教学缺乏对古诗词语言文字的个性化理解。这一状况需要改变。

1. 反复诵读。由于古诗词讲究韵律，易于记诵，符合小学生的年龄特点，要让小学生养成诵读的习惯。课程目标要求“吸收民族文化智慧，形成良好的语感”，阶段目标分解为“诵读，感受语言的优美”“诵读过程中体验情感，领悟内容”“诵读，通过诗文的声调、节奏等体味作品的内容和情感”再具体到每个单元和每首古诗，诵读的点在更精确的同时，根据学情、年段、教学内容也更呈现出其连续性，如从反复吟诵到比较吟诵、想象吟诵等。

2. 把握意境。由于古诗中蕴含着丰富的美育因素，要让学生在学习中感受古诗在语言、音韵、意境等方面的美感。情与景的交融，形与神的统一，虚与实的协调，构成了中国古典诗歌的意境美。教学古诗词，在反复朗读吟诵之中不论想象、领悟还是体味都着重于古诗营造的意境美，在教学中引导学生体会意境，对提升小学生的古诗词鉴赏能力有着积极的意义。古诗词在第一段的教学偏向理解情与景交融的意境，如《村居》（人教版统编本第四册），写了早春二月，草长莺飞，杨柳拂堤，儿童们兴致勃勃地放风筝，情景交融，勾画出一幅生机勃勃的“乐春图”；第二学段的诗词教学，引导学生在情景交融之中把握或形神统一或虚实协调的意境，如《忆江南》（人教版课标本第八册），用“红胜火”“绿如蓝”，异色相衬，展现了鲜艳夺目的江南春景，形象演绎了江南之“好”，而“风景旧曾谙”又照应了“忆”字，勾通一篇意脉；第三学段的教学，则讲求体味，《春夜喜雨》（人教版课标本第十一册）诗从听觉到视觉，再到心理感觉，从夜晚到清晨，句句绘景，句句写情，无一“喜”字，却处处透露出喜悦的气息、明快的情调，让读者在“雨”所营造的虚实相间、景中传情、无声之形与有声之心（神）中体味意境。古诗词用凝练的文字表达丰富的内容，教学中要根据古诗词的这些特点，引导学生发挥自己的想象和联想，对诗词蕴含的内容和情感进行补白，从而体会作者的深厚情感和深远意境。

3. 品味意象。“古诗之妙，专求意象”（胡应麟《诗薮》），意象是诗歌的基本元素，是诗歌的灵魂，把握意象可以更深入地理解诗词的意境、风格及作者的情感。小学古诗词中有很多典型的意象，每种意象在古诗词鉴赏中都有其独特的审美作用。低段古诗词教学内容注重整体的感受，对意象的品味重在想象中初步涉及，中段要求“体验情感，领悟内容”；高段要求“体味作品的内容和情感”。如《送元二使安西》，诗歌第二句是“客舍青青柳色新”，“客舍”本是羁旅者的伴侣；“杨柳”是离别的象征，这两件事物是本诗的意象，都关于送别，它们通常总是和羁愁别恨联结在一起。在本诗中，在“客舍”后加了“青青”，在“柳色”后加了“新”，则呈现了一幅色调清新明朗的图景，为这场送别提供了典型的自然环境，所以本诗是一场深情的离别，但却不是黯然销魂的离别，透露出一种轻快而富于希望的情调。再如马致远的《天净沙　秋思》中，“枯藤、老树、昏鸦”中的“藤”“树”“鸦”本身没有什么感情色彩，但是它们和形容词“枯”“老”“昏”连在一起的时候，就表现出衰败、凄凉、孤寂的氛围，这就是作者当时落寞、悲凉的情感表露。

四、　文体阅读图式的建构

阅读活动是一个相当复杂的心理过程，图式阅读理论认为：图式阅读是读者的知识和语篇中的各个层次（字—词—句—篇章—语义—结构）信息之间相互作用并重建的过程。小学生的思维发展处在起步阶段，阅读图式也处在开始形成和不断丰富的过程之中，要帮助他们提高阅读能力，首先要帮助他们建构阅读图式体系，将听、说、读、写能力的培养，字词句段篇的教学融合在儿童阅读图式体系的建立中。

（一）激活文体阅读语言图式

阅读需要具备与阅读材料相应的语言图式。文体的基本特征是语言图式的基础，要引导学生，抓住文体特点去读文本。以小说为例，小说是一种叙述性的文学样式，以塑造人物形象为中心，通过叙述故事和环境描写来反映社会生活；人物描写方法有正面描写和侧面烘托；故事情节包含开端、发展、高潮、结局；环境分为自然环境和社会环境等。这些是阅读小说文体的基本语言图式，教师在讲授小说文本、分析人物形象时要指导学生运用这些语言图式来进行作品分析。

江苏省特级教师薛法根在教学《爱之链》（苏教版第十一册）时就是根据小说的三个要素"人物、情节、环境"来设计，紧扣文体特点，指导学生了解故事情节，理解人物形象，体会环境描写。在教学中，教师引导学生："读小说，就是要把握人物之间的关系，把握人物之间发生的故事情节，要关注环境的变化。"用小说的语言图式将学生引入小说的世界，教给学生阅读小说的方法。

当然，阅读中语言图式的激活需要教师的指导和点拨。教师要通过各种文本特点的挖掘和相互之间的比较，来引导学生建立文体阅读的基本语言图式。以塑造人物形象为例：小说运用肖像、动作、语言、心理、环境等多种描写手法来刻画人物，并随着情节的发展，人物的性格变化会更加突出；剧本的人物形象塑造注重矛盾冲突，以人物的言语、动作来推动戏剧发展；诗歌则借助意象来象征与抒情，意象跳跃性很大；散文则强调"形散而神聚"，塑造人物形象层层推进等等。

（二）完善文体阅读内容图式

建立语言图式后，学生可以利用已有图式与文章进行交流，但由于小学生生活经验和间接知识积累不足，仍需要教师通过提供一定的内容图式来丰富学生的知识文化背景，提高其阅读理解能力。

内容图式是指读者对阅读材料所讨论主题的知识文化背景的了解程度。小学语文教材都有单元组，不同的单元主题应补充相应的资料，帮助学生积累背景知识，鼓励拓展阅读。如人教版课标本第十册的第八单元，单元主题是“异国风情”，包含《自己的花是让别人看的》《威尼斯的小艇》《与象共舞》《彩色的非洲》等四篇文章，四篇课文介绍的都是异国风情风景。在教学中，教师要导入相关文化背景知识，帮助学生了解不同国度的风景、习俗及风土人情。如教学《与象共舞》可以补充文字、图像或者视频等来介绍泰国，介绍其独特的佛教文化和民族风俗，帮助学生理解人与大象和谐相处，在此背景上再进行主题讨论；学习完课文后还需要引导学生开展相关的课外阅读，以增加间接知识体验，促进内容图式的生成与丰富。实践表明，学生头脑中内容图式的背景知识越丰富，其阅读能力、信息储存能力及提炼和回忆信息的能力就越强，学习迁移能力也越强。

阅读的内容图式也包含对写作方法的掌握。这组文章最重要的表达方法是“把人的活动同景物、风情相结合”。文章都围绕散文的“物象”，分别抓住代表性事物——“花”“小艇”“大象”“色彩”来写，教学中，教师可依据文体特点，引导学生归纳散文的写作方法，即写景除了要抓住景物特点，还要把人的活动同景物、风情结合起来。学生在四年级时已习得“抓住景物特点”写景的方法，到第十册第八单元则要求将“景物描写和人的活动相结合”，在这里可以对散文的“写景”方法进行综合与归纳。这就是教师在教学中激发学生的阅读经验和生活积累，引导学生完善自己的阅读内容图式。

（三）构建文体阅读形式图式

形式图式是指文章的篇章结构，读者对篇章结构的熟悉程度是阅读能力提升的重要因素。教学中应结合典型篇章，组织学生分析、整理文章的结构，帮助学生发现与构建形式图式。以人教版课标本第七册的第三单元为例，本组课文是“中外童话”，围绕这一专题，教材选取了不同作家、不同风格的四篇童话，篇章结构上有着许多相似之处的，教师要引导学生在了解内容，体会故事情感的基础上，再通过讨论、交流，引导学生总结童话的结构与表达特点，梳理出童话的故事特征。

故事结构单

课题	情境	故事	人物	时间	地点	起因	经过	结果

借助这张故事结构单，学生能梳理出本单元童话故事的内容与结构。联系之前自己的阅读经历，发现以前看过的童话也有类似的内容，这就激发学生对童话的语言和内容图式（人物、时间、地点）的回忆与归纳。接着教师还可以引导学生们继续从故事的起因、经过和结局来“发现”：“故事的情节都比较离奇曲折”“故事的结局大都是美好的”“故事的主角大都不是现实的人物”“故事是想象出来的”……通过对这些“发现”的梳理，发现童话的基本图式：童话的基本特征是幻想；故事情节离奇曲折，引人入胜；童话往往采用拟人的方法，花草树木，整个大自然都可赋予生命……经过这样的梳理，学生就能够清楚地发现童话的结构与表现特点，建立整体的“类”概念，从而建构起阅读形式图式。阅读教学需要经常像这样按不同文体特点组织学习，寻找其内在联系，把分散的信息组成信息群，使阅读图式不断充实、完善和系统化，提高阅读能力。

（四）以儿童为本位

儿童文本在题材、主题、结构等方面都有不同于成人的审美规范和价值标准，儿童的阅读能力和成人读者有较大的区别，阅读教学在帮助学生掌握文体阅读图式的同时，要以儿童为本位。阅读教学是学生、教师、教科书编者、文本之间平等对话的过程，但其目的却只有一个——促进儿童学习。

从接受美学的角度来看，在作者、作品、读者的三者关系中，读者的阅读反应和创造性才是文本的意义，只有读者的参与和欣赏才是真正的欣赏。“儿童是正在成长中的个体，具有极大的发展可能性。”（马克思·范梅南）作为文本接受主体的儿童，虽然其身心发展尚未完善，但也有一定的生活体验和审美经验，教学中要寻找开发儿童的“可能性”，最大程度地帮助学生激活已有的图式体系，使其能对作品进行个性化的解读和想象。

1. 立足儿童视角解读文本

尊重儿童视角的多元性。儿童自身的丰富性、鲜活的感受性决定了儿童视角呈现的多元性。在教学中，文本解读和教学设计的“对话”要能走进儿童的生活和儿童的心灵世界，基于儿童，基于教材，不要做超越儿童理解水平的主题开掘和意义的拔高。

以课文《祖父的园子》（人教版课标本第十册）为例来说。这篇文章表现的是儿时的“我”在园子里充满乐趣、自由自在的生活，“看见一个黄瓜长大了，我跑过去摘下来，吃黄瓜去了。黄瓜还没有吃完，我又看见一只大蜻蜓从旁边飞过，于是丢下黄瓜追蜻蜓了”。这种无拘无束是儿童与自然亲近，与自然合一的结果。如果在教学中对“我”的行为进行“做事要专一认真”的类比化议论和道德性教育，就会造成“误读”。“硬塞”给学生知识和道理，会导致儿童失去阅读的乐趣，失去多元思考的意趣。

尊重儿童视角的完整性。不同文体的文本有其特有的语言和内容图式，但文本解读不是对文本作机械的条分缕析，肢解语言，深挖意义，而是对文本的“整个”欣赏。沈百英当年在《实施新教学法的几个注意点》中提出：“艺术是混合的，不能分析的；好比吃菜，和调五味而食之，只觉得风味可口，倘使分析这种菜里的糖多少，盐多少，就不觉得好吃了。”读萧红的《祖父的园子》还要鼓励学生阅读《呼兰河传》，从而感受萧红是在用自己的“自由自在”与“无拘无束”诠释了成人曾经拥有但已淡忘了的童年。

儿童有自己的感受形式、思维方式、叙事策略和语言句式，儿童性文本的解读和交流，要考虑儿童的这个特殊性。因而，儿童视野中的文本解读须尊重儿童的语言、儿童的生活、儿童的心灵。

2. 课堂要亲近儿童生命状态

课堂是由教师、学生、文本共同组成的有机和谐的生态环境。当我们以儿童视角来关注教学，不仅教学目标、内容、方式要有所调整，更要关注教学中的学生的变化、课堂的生态变化。课堂中教师要根据儿童知识、能力基础及其心理特点来铺展阅读语言图式，补充学生需要的内容图式，辅之以形式图式的“支架”，多整体欣赏，多游戏与互动，自主讨论。著名特级教师周一贯说过：“什么是好课？说白了，就是亲近儿童生命状态的课，最能滋养儿童心灵成长的课，最能引发儿童情趣的课。”

儿童本位的课堂应该是一个“游戏”世界。儿童有游戏的天性，看似物我不分，实则快乐自由，“游戏”能让儿童在无压力的环境下，在最接近生命的自然状态下入课堂、入文本、入角色，用想象、用身体动作还原角色和情景，实现心灵的神游。因此，儿童本位的课堂要鼓励儿童自由幻想，率性而言，允许儿童手舞足蹈，身体参与。课堂上许多活动其实是虚拟性的“游戏”，如分角色朗读、分组讨论、即兴表演，甚至情境扮演等。教师要把儿童从“你说我听，你讲我练”的“教育”框框中解放出来，努力创设游戏情境，让儿童身心放松，从而能更容易地去理解、接受和欣赏。

人们也许会疑虑课堂上的“游戏”活动是否会影响孩子课堂秩序感和规则意识的建立，更担心“游戏”过多是否冲淡其认知的效率。游戏中的儿童有着建造和交流的本能，并能在游戏中建立自己的“游戏”规则，在游戏中一样有着对知识的兴趣和对生活的热情。马克·吐温在他的小说《汤姆·索亚历险记》中以小主人公在淘气和历险中成长的故事告诉人们：儿童有着与生俱来的追求良善的正义感和尊严感，他们能用自己的智慧一点一点建立起勇气、自信、乐观，建构起团队的合作、自律、宽容，逐渐淘洗掉自私与无知。

3. 建构满足儿童需要的课程

儿童发展时期是一生最重要的时期，学校的教育占据儿童生命的很多时间，“童年有必须尊重的逻辑和心理特点”，儿童的学习过程是一个在生活的原有逻辑和内容上展开和生发的过程，也是儿童成为一个完整生命体的过程。语文的学习过程也是学生的生活过程。儿童的成长不仅指他在经历事件中获得的知识、技能和方法，还指他在这一过程中产生的情感、态度和价值观，以及对这一过程的再认识和反思。儿童经验在自己的生活中产生，在课堂、在师生交往的过程中不断生成、流动，又在当下的课程中得以继续，这种不断丰满和清晰化的过程对儿童发展具有重要的价值。儿童是一个正在成长中的人，需要有证明自己掌握和胜任学业的机会，需要自我成长的机会，课程要满足其种种丰富的可能性。

文体阅读教学看似在课堂，但必须跨越现实性的樊篱。要推动语文阅读教学的变革，必须建构以开发学生可能性为中心、以学生创造性成长为指向的语文课程，以儿童为本位，回归教育的本义与真义，帮助儿童建立自我，认识他人与世界，在民主、平等、和谐的环境中建立自由之精神，独立之思考。

第三节　文体分类教学设计与分析

文体是人们在长期的写作中约定俗成的文本样式，每一种文体都有其特定的结构、语言、技巧等方面的特点。用同一种模式去教学不同文体的阅读文本，一方面，我们教授的、训练的是一些不恰当的阅读方法，阻碍了学生阅读能力的提高；另一方面，在不恰当的方法的指引下所进行的阅读，是对文本的不尊重，也很难进入与文本“对话”的状态，学生也会离文学越来越远。不同的文体有不同的设计要点，本节将根据不同的文类进行设计与分析。

一、叙事性文本的教学设计

叙事文是以记叙、描写为主要表达方式，以写人物的经历和事物发展变化为主要内容的一种文体。它构思精巧，选取典型事件，加上合适的描写、议论及抒情，生动地叙述故事，形象地刻画人物。叙事文在小学语文教材中所占比重最大，根据叙述的特点可以分为叙事、写人两大类文本。写人类文章《我的伯父鲁迅先生》《詹天佑》等；记事类文章如《穷人》《地震中的父与子》等。

写人类文本就是借助典型鲜活的事例，凸显人物在事件中表现出来的言行细节，展现人物的内在精神与品质。对于学生的精神成长来说，这类文章的主人公都是正面人物形象，他们或道德高尚，或意志坚定，或纯真善良，或镇定智慧……因此通过学习，可让学生受到不同的精神滋养，帮助他们树立起正确的价值观和人生观。这类文章最大的表达特色在于通过具体情节（或场景）的展开对人物进行多方位的刻画，具体形象地展现人物的特点。记事类文本则是以事件为记叙描写的对象，以揭示事件的实质及其对人、对社会所具有的意义。情节是叙事类文本的构成要素，是由一系列展示人物性格，表现人物与人物、人物与环境之间相互关系的具体事件构成。对于学生的阅读能力发展来说，可以从这类文章中获得认识人物和表现人物方法的感性认识，丰富阅读这一类文章的阅读经验，建立起感悟人物和事件之间的知识结构、方法结构；对于学生的表达能力发展来说，可以从中体会作者拟题、选材、揭示中心的写作方法。

（一）叙事文的设计要点

1. 抓住情节，理清主要内容。叙事文大都是写人记事的，“叙事六要素”的时间、地点、人物，事件起因、经过、结果等通常都是按照事件发展的过程来安排文章结构的。确定文章的要素，抓住情节，有助于学生感知文章主要内容。如《老人与海鸥》（人教版课标本第十一册），抓住老人与海鸥如亲人般的关系两部分展开描述。第一部分突出老人生前对海鸥无私的爱；第二部分则着重展示老人逝世后，海鸥对老人的感恩之情。

2. 抓住细节，体会思想感情。细节即细小的环节或情节。梳理情节只是粗浅了解故事内容，要想深入感悟人物品质，必须借助细节的揣摩。如《老人与海鸥》细致刻画海鸥在老人遗像前翻飞、盘旋、肃立、鸣叫的感人画面，突出海鸥对老人的依依不舍。

3. 抓住线索，发现写作手法。叙事文的表达方式主要以叙事、描写为主，以议论、抒情为辅。在教学中，要善于抓住文章的线索，引导学生了解各种表达方式的特点及其作用，并运用于阅读和写作中，从而达到学以致用。如《慈母情深》（人教版课标本第九册）以第一人称叙述，可达到直抒胸臆的效果；以第三人称叙述，在写法上就更加灵活、广阔和自由。

4. 抓住人物，体会形象与意义。叙事文教学时要抓住人物。言为心声，人物的语言、动作、心理描写等往往折射出人物性格。教学中应抓住文章中人物的言行、心理等，使人物形象在学生心中逐步清晰起来。如《老人与海鸥》，抓住描写老人神态、动作和语言的重点语句，体会老人对海鸥无私的爱，并通过补充背景资料，将老人自己生活节俭与毫不吝啬买食物给海鸥吃作鲜明对比，使人物形象更加鲜活起来。

（二）叙事文的教学设计范式

以《老人与海鸥》（人教版课标本第十一册）为例来看。《老人与海鸥》讲述了一个感人的故事。十多年前，老人在湖畔偶遇一群北方飞到昆明越冬的红嘴鸥。从此，老人与海鸥结下了不解之缘。每逢冬季来临，海鸥便成群结队地来到翠湖之畔，老人也像赶赴约会似的，每天到翠湖之畔去喂海鸥，风雨无阻。他视海鸥为儿女，给它们起名字，喂饼干，照顾伤病的海鸥。久而久之，海鸥与老人结下了深厚的情谊。然而有一天，老人去世了。海鸥们在老人的遗像前翻飞盘旋，连声鸣叫，后又肃立不动，像是为老人守灵的“儿女”，不忍离开自己的亲人。课文结构清楚，可分为两大部分，前半部分通过老人喂海鸥、呼唤海鸥的名字、与海鸥亲切地说话等事例表现了老人对海鸥无私的爱；后一部分则通过老人死后，海鸥在老人遗像前翻飞、盘旋、肃立、鸣叫等悲壮画面，展示了海鸥对老人的那份令人震撼的感情。课文语言朴实，平凡中包含深情，令读过的人无不为人与动物之间真挚的感情而动容。本课教学的重点是在感受人与动物之间真挚感情的同时，学习如何把这种感情真实、具体地表达出来，并进行语言积累。

1. 常规教学设计：品赏语言，体会情感

步骤一：细读语言——品赏体会

边默读边思考：哪些语句让你感受到老人对海鸥像亲人？用横

线画下，圈出关键词，在旁边写下简单的批注。

详学喂食海鸥，感受人爱鸥。略学其他细节，体会人爱鸥。

步骤二：美读语言——品赏交流

(1) 外貌。抓关键词“褪色”，体会节俭，情在苍老俭朴的外貌里。

“他背已经驼了，穿一身褪色的过时布衣，背一个褪色的蓝布包，连装鸟食的大塑料袋也用得褪了色。朋友告诉我，这位老人每天步行二十余里，从城郊赶到翠湖，只为了给海鸥送餐，跟海鸥相伴。”

解读：这是一个十分简朴的老人，可就是这样一个勤俭的老人，却用自己不多的退休工资给海鸥买食物，天天步行二十余里去喂海鸥。是什么给了老人这么大的动力？无疑，是老人对海鸥那种无私的爱。

“老人把饼干丁很小心地放在湖边的围栏上，退开一步，撮起嘴向鸥群呼唤。立刻便有一群海鸥应声而来，几下就扫得干干净净。”

解读：这是老人喂海鸥的一个细节描写。“扫”字把鸥群吃食的样子描绘得生动鲜活。老人的动作是那么的娴熟，体现老人与海鸥之间的配合是那么默契，那么和谐。

(2) 语言。抓关键词“抑扬顿挫”体现老人和海鸥的亲昵。

“在海鸥的鸣叫声里，老人抑扬顿挫地唱着什么。侧耳细听，原来是亲昵得变了调的地方话——‘独脚’‘灰头’‘红嘴’‘老沙’‘公主’……”

解读：多么朴实的名字！然而透过一个个朴实的名字，我们看到的是老人对海鸥的亲昵，对海鸥的爱。

(3) 神态。抓“肃立不动”体会海鸥和老人之间的深情。

“过了一会儿，海鸥纷纷落地，竟在老人遗像前后站成了两行。它们肃立不动，像是为老人守灵的白翼天使。”

解读：海鸥也像人一样，它们有着人一样的情感。它们是那么的严肃和安静，也许它们知道老人再也不会来了，于是它们默默地“肃立”，好像在为老人守灵。这样的场面，相信无论谁都会为之动容。

步骤三：析读语言——品悟表达

讨论交流小结：作者通过写老人的动作、语言，以及海鸥和老人的神情等细节让我们感受到老人对海鸥无微不至的照顾，海鸥和老人之间的默契和亲昵。老人和海鸥像亲人。读书时，关注人物的细节描写，可以帮助我们很好地体会人物的情感。

步骤四：读写结合——深化品赏

不知不觉，太阳偏西了，老人的塑料袋空了。你们听，海鸥扇动翅膀，要回去了。在这分别的时刻，老人会用什么样特别的方式与海鸥告别呢？独脚、灰头、红嘴、老沙……这些海鸥们又会给老人怎样的回应呢？请大家展开想象，把他们告别的场景写在卡片上。

评析：本设计引导学生在品读语言中，在阅读体验中感悟文本，体会情感，使学生感受人与动物之间的感情，感悟大自然的和谐。

2. 变式教学设计：学习方法，迁移运用

步骤一：梳理文本，概括内容

(1) 课文主要写了老人与海鸥间的哪两件事呢？

快速浏览全文。指导学生用关键词概括具体事例，引出“老人爱海鸥”“海鸥送老人”两个画面，并动笔把它们写到相应的段落旁。

(2) 学习“老人喂海鸥”段落。理解段落意思，抓住“小心地”“退”“撮”等词语体会老人与海鸥之间的亲密和谐。

教师出示动词，引导学生进行仿写。师生交流评价。

设计意图：采用概括小标题方法，长文读短，抓“喂海鸥”这一事例深入理解老人对海鸥的关爱，并在此基础上引导学生运用动词进行仿写。

步骤二：教读方法，自读自悟

（1）自主学习“夸海鸥”事例。作者用动作描写把“喂海鸥”写得很具体，那“唤海鸥”“夸海鸥”又是怎么描写呢？

（2）同桌互读，小组合作读，读出老人对海鸥的喜爱。小组讨论交流为什么老人这么喜欢海鸥呢？

设计意图：在学习“喂海鸥”事例的基础上，引导学生学习“夸海鸥”事例，通过交流再次感受老人对海鸥的关爱。进一步指导学生了解细节描写的方法。

步骤三：交流体会，深化体验

（1）默读第1～13自然段，找出一两处打动你的细节，仔细品读，做好批注。

（2）互相交流，同学的发言如果对你有所启发，你可以边听边快速地补充批注。

设计意图：教师通过示范，引导学生关注别人不易发现的细节，关注作者的表达方法。

步骤四：小结学法，迁移运用

（1）引导学生关注同一处细节，懂得做自己个性化的批注。

（2）借鉴文中的细节描写，写一写自己平时和小动物的相处过程，表达要清楚，语句要通顺，要写出自己对小动物的喜爱之情。

评析：本设计在让学生理解课文内容的基础上，引导学生抓住课文的重点词句，学习作者运用细节描写的方法写出老人对海鸥的爱。指导学生掌握一些基本的写作方法，使学生在交流和判断中，敢于发表自己的看法，作出自己的判断。尝试运用自主、合作、探究的学习方式，引导学生走进自主探究的境界，体会老人对海鸥的深厚感情，并揣摩作者是如何把老人对海鸥的感情写具体的。

二、 说明性文章的教学设计

说明文是以说明为主要表达方式来介绍事物或事理的文章。根据说明的对象，可以把说明分为“介绍实体事物”的介绍性说明和“阐述事物道理”的阐释性说明。

入选小学语文教材的说明文，大致可以分成以介绍事物为主的和以介绍事理为主的。以人教版教材为例，以介绍事物为主的，有《飞向蓝天的恐龙》《秦兵马俑》《鲸》《松鼠》《太阳》《新型玻璃》等；以介绍事理为主的，有《只有一个地球》《蛇与庄稼》等。

有人曾做过教师对不同文体教学的态度调查，发现不管教师还是学生，最能吸引注意力的均为记叙文和小说，大部分教师能够根据不同的文章体裁设计不同的教学侧重点。但是在说明文的教学中，大部分倾向于讲授文体知识，有的着重讲解说明方法，有的则是说明顺序等，更多的则是几者兼顾，视文本而定。教师在说明文课堂中着重培养学生“品味语言能力”及“实践运用能力”，只有少部分教师着重于“提取、筛选信息能力”，但这个恰恰是说明文考查的重要考点，由此可见，日常教学与考试考点的衔接还不够。矛盾的是，教师们又纷纷倾向于“梳理文章内容”，将说明文的文体知识放在次要地位。

（一）说明文的教学设计要点

(1) 体味精准语言。说明文的文本一般条理清楚，语言简洁，表达精确。说明文是作者把观察到的景物定格、延长、分解并加以特写。如《鲸》（人教版课标本第九册）第一自然段：介绍鲸的外形：“我国发现过一头近四万公斤重的鲸，约十七米长”，“近”和“约”语言准确简洁。

(2) 培养学生的科学思维方法。比如《松鼠》（人教版课标本第九册）一文，作者抓住松鼠的特征，通过外形、习性、性格三个方面来写松鼠。文章开篇第一句话就是：“松鼠是一种漂亮的小动物，驯良，乖巧，很讨人喜欢。”

要让学生抓住事物的主要特征，然后再通过具体的分析对事物进行综合，形成科学的思想。比如《黄河是怎样变化的》一文，从黄河给两岸人民带来的苦难现象谈起，接着说明黄河变化的原因，最后呈现黄河的治理方案。从现象到本质再到策略的说明方法，体现了严密的逻辑性，这也是要引导学生关注的。

（3）学习并运用说明事物的基本方法。首先，要了解说明方法。最常用的说明方法包括以下 6 种：举例子、分类别、作比较、列数字、下定义和打比方。比如，《太阳》（人教版课标本第六册），太阳到底有多大，作者没有运用抽象的数字说明，而是拿地球和太阳作比较，指出“一百三十万个地球才能抵得上一个太阳”；课文在介绍太阳“热”的特点时，先用“大火球”打比方，形象地反映出了太阳的形状及发光、发热的特点，接着指出太阳的表面温度有六千度。六千度该有多热？作者通过“钢铁碰到它，也会变成汽”加以说明，从而使“六千度”变得生动形象。比如：《蛇与庄稼》（人教版课标本第九册）一文，主要运用了举例子的说明方法，列举了蛇与庄稼的关系、猫和苜蓿的关系、吐痰与肺结核的关系。

（4）重构语言表达和说明方法。在小学语文教材中，《鲸》《蟋蟀的住宅》《只有一个地球》《太阳》等常识性的课文，较其他类型的课文知识性更强。教学这类课文，不仅要拓展学生的知识面，还要让学生学习作者介绍这些知识所运用的方法，培养学生探索世界、探索自然的兴趣，以实现语言、知识和精神在学生心理上的同构。在此基础上，还可以变换形式，让学生把了解到的知识、学到的语言表达方法进行重构，转化为自己的表达方式，实现语言和知识的内化。比如《鲸》这一课，在感悟课文内容、体会作者的表达方法之后，可以让学生再补充介绍一些课前搜集的有关鲸的资料，教师也可以为学生展示白鲸、虎鲸、蓝鲸、座头鲸等不同种类的鲸的图片。之后布置一些随文练笔，请学生任选其一完成：①以某一种类的鲸（如白鲸、虎鲸）的口吻做一个自我介绍；②以“我不是鱼”为题写一篇短文。③利用课后资料袋中提供的材料写一篇保护鲸的倡议书。学生练笔时，教师提醒学生注意运用学到的表达方法。完成练笔后，可以先让学生在小组内读一读，议一议，然后推选优秀习作在全班进行交流评议，使学生在读写中加深对课文内容的理解以及对表达方法的掌握。

（二）说明文的教学设计范式

我们以《蟋蟀的住宅》为例来看。《蟋蟀的住宅》节选自法国杰出昆虫学家法布尔所著的《昆虫记》一书。原文经过删节修改后被选入人教版语文四年级上册。《蟋蟀的住宅》这个题目就让人眼前一亮，“住宅”一词通常是用来形容人的居所，对于昆虫，我们一般会说“巢穴”。然而法布尔在开头就写道，蟋蟀的“出名不光由于它的唱歌，还由于它的住宅”。由此可见，作者打破了动物和人之间的界限，从与昆虫平等的地位来写昆虫，将自己视为大自然中的一员，来写他的昆虫朋友的生活习性。他以儿童的视角来进行观察和记录，以探索的顺序来行文。法布尔对蟋蟀的感情是有所变化的，从最初为了研究它们而去追踪“巢穴”，到九寸深、一指宽的“住宅”，再到打扫仔细、清洁干净的“家”，作者的情感也随着蟋蟀的付出层层递进，愈发浓厚。教学中，要紧紧扣住法布尔对生命的热爱这一点进行教学。

1. 常规设计：领悟语言精妙

步骤一：课题导入，词语比较

（1）课题导入，比较“住宅”和“洞”“穴”“巢”“窝”。

（2）梳理文章内容，引导学生从蟋蟀的住宅特点和住宅的建造过程两个方面概括文章内容。

步骤二：细读课文，领悟语言精妙

研读“住宅的特点”。

（1）读懂内容，体会表达的有序性。默读课文第4～6自然段，完成表格。作者是按照从外到里的观察顺序，把蟋蟀住宅的特点有序地表达出来，让读者一目了然。（有序观察）

设计意图：学生阅读能力的培养是阅读教学的第一要义。看似简单的填表过程实际上让学生经历了阅读理解、概括、修正、再概括的过程。让学生在阅读过程中水到渠成地把握作者从外到里的观察顺序，为积累典范段式奠定基础。

（2）关注形式，体会表达的生动性。

①比较阅读。用一句话来概括蟋蟀住宅的特点并与课文相比较，有什么不一样的感觉？

一句话概括：屋子的内部很简朴，墙壁十分光滑，地面十分平整。

原文：屋子的内部没什么布置，但是墙壁很光滑。主人有的是时间，把粗糙的地方修理平整。

②品读欣赏。

A. 默读课文相关语段，画出你认为写得生动的地方，并想一想理由。

B. 交流，重点指导“出口的地方总有……”一段。联系书中插图，让学生说说“平台”指什么，“弹琴”又指什么，并通过想象和有感情的朗读，体会作者用拟人、比喻的写作方法的妙处。

（3）言语实践，积累语言范式。模拟想象，学学法布尔先生介绍蟋蟀住宅时的语言，当一回小蟋蟀，来介绍一下自己的住所。

设计意图：在体会作者有序表达的基础上，通过一句话概括、一段话概括的比较阅读，让学生体会作者语言表达的形象性和生动性。让学生当一回蟋蟀试着介绍自己的住宅这样的说话训练，通过角色转换来积累这一典型的语段范式，从而实现阅读力的有效提升。

步骤三：回顾全文，体会观察方法

（1）朗读回顾全文。理解作者为什么将蟋蟀的巢穴称为“住宅”。

设计意图：引导学生从住址选择之慎重、住宅特点之鲜明、建造工具之简单和修筑时间之漫长来体会蟋蟀不愧为伟大的工程师。

（2）了解观察方法。作者将蟋蟀的住宅介绍得如此清楚、生动，这得益于他的观察。从文中捕捉相关信息。预设：有序观察，连续观察，细致观察，长期观察。

设计意图：这篇课文是根据作者的观察顺序写的：先发现住宅，再观察特点，后了解其修建过程。观察是习作的生命，渗透一定的观察知识和方法对中年级学生观察力的培养至关重要。

步骤四：重构表达，引导阅读观察

（1）制订阅读时间表，有计划阅读《昆虫记》。

（2）以《“我”的住宅》为题介绍蟋蟀的住宅特点及建造过程。

（3）运用多种观察方法，选择一种动植物进行一个周期观察，并作及时记录。

设计意图：“语文的背后有言说者，有大文化。”语文教学不是解释，不是说明，更不是给予，而是一种言语生命的滋养。本课结尾，试图通过推荐阅读的方式激发学生的阅读兴趣，打开学生的阅读视窗；通过引导观察生活中的动植物，激发学生观察周围事物的兴趣，养成仔细观察的习惯。同时，巩固运用学过的写法，为大习作做准备。

评析：本设计从语言出发，同时能引导学生体会法布尔浸润在字里行间的对蟋蟀的喜爱、对生命的赞美，学习文章作者的观察方法，从而达到对语言的重构，加深对课文内容的理解和对表达方法的领悟。

2. 变式设计：创造性阅读，发展思维与能力

《蟋蟀的住宅》是一篇传统课文，常规教法是品析语言文字，从解读蟋蟀住宅的特点来体会蟋蟀坚持不懈的精神。在课文的自我预习和阅读后，学生读懂蟋蟀住宅的特点并不困难，蟋蟀是如何挖掘住宅课文也写得详尽，如果仅仅是采用分析性讲解对于发展学生的思维和能力还不够，可以尝试进行创造性阅读设计。

（1）拍摄电视短片，撰写解说文字

步骤一：让学生看电视科普片《动物世界》，要求学生认真聆听解说词，把解说词录下来反复听，品味其中的语言奥妙。上课时，先由学生介绍自己所看的《动物世界》短片中相关动物的生活情况，随后向学生揭示今天要学习的关于蟋蟀的“解说词”——《蟋蟀的住宅》。

步骤二：模拟媒体情境。中央电视台将把《蟋蟀的住宅》拍成电视短片，请同学们依据课文内容，拍摄好精彩镜头并配上解说词。提出要求：主要抓住哪些镜头？哪些镜头要特写？哪些内容可做慢镜头？再次请学生默读课文，找出相关的“镜头”，再分组交流，比一比哪一组的镜头最有创意。

步骤三：学生写解说词。每个学生选择一组镜头，结合课文，给镜头配上说明性的文字。

（该设计思路来自福建三明宁化小学曾扬明的教学课例）

评析：新课标要求我们尊重学生的主体地位，鼓励学生积极地、富有创意地建构文本的意义，积极倡导自主、合作、探究的学习方式。本设计以“拍摄电视短片，撰写解说文字”激发学生学习说明文的兴趣，创设的情境给了学生极大的自主创造空间，同时又有细化的要求作导向，学生通过“找镜头”的形式在课文里面走了一遍，既熟悉了文章的内容，又通过小组交流学习运用了语言，学生的学习主动积极。学生“写镜头”的环节是把教学深入进行下去的方式，把课本语言转化为自己的解说词。

(2) 依文作画，以画悟文

架设起形象思维向抽象思维过渡的桥梁，既增加了语文学习的趣味性，调动了学生学习的积极性，又发展了学生的抽象思维，提高了语文学习效率。

步骤一：依文作画，化抽象为形象。出示课文5～6两个段落，指名学生朗读，其他同学边听边在脑海中画图。接着学生在本子上画一画“蟋蟀的住宅”草图，对蟋蟀住宅外部和内部的样子有个总体的印象和构思。

设计意图：在教师的引导点拨下学生将抽象的文本语言转化成一幅直观形象的图画，对蟋蟀住宅的内部构造有了完整清晰的建构，从而体会蟋蟀住宅的精妙和与众不同，同时初步感受到了作者法布尔精准而又富有内涵的文字表达和超强的观察能力。

步骤二：以画悟文，借形象悟抽象。在学生画好蟋蟀的住宅图后，可请一位同学到黑板上边画边解释。在这个过程中，教师采用追问的形式引导学生体会语言文字的准确。如引导关注“隧道口的朝向”问题、“出口的地方总有一丛草半掩着”等句。（学生对照图画进行修改完善）

设计意图：追问能引发引导学生“知其然而后知其所以然”，更为重要的是能引导学生和文本深度对话，关注文本背后的深意，并以此为依据解释现象。

步骤三：图文结合，发展抽象思维。在学生根据文本画好“住宅图”后的教学活动：①看图填空：一边看图，一边回忆文段中的关键词语。②读悟写法：这些关键语句那么准确，让我们仿佛看到了一只怎样的蟋蟀？为什么法布尔要这样写蟋蟀呢？

设计意图：“一边看图，一边回忆关键词语”的练习，目的就是让学生将形象的画面转化成抽象的文字，深入领会作者语言表达的精准，同时发展自己的抽象思维。通过提问来引发学生细细品读、深入思考，充分体会拟人化的手法，感受法布尔对昆虫的喜爱之情。

（该设计思路源于浙江省江山市中山小学徐秀娟的教学课例）

评析：“依文作画，以画悟文”，这样的教学设计既体现了学科整合，又兼顾了学生年段学习特点，更为重要的是，它为学生从形象思维向抽象思维过渡发展搭起了一个支架。相对于图画来说，语言文字属于抽象符号，将语言文字画成图画，学生要经历理解语言文字的过程。而在作画的过程中教师引导学生修正图画，其实就是体会语言准确性的过程，尤其是抓住关键词来作画，之后再还原语言，实现了从形象思维到抽象思维的过渡。

三、古诗的教学设计

小学语文教材中的古诗一般分为两大类：叙事诗和抒情诗。叙事诗以描写具体事件、人物为主，如《蚕妇》《小儿垂钓》等；抒情诗是以抒发作者感情为主，分为写景和写意两大类，但不少古诗既写景又写意，如《梅花》《山行》等。古诗用极为有限的文字表达尽可能多的意思具有凝炼和跳跃的特点。古诗最大的特点可用一个字来概括：美——意美、语美、音美、形美。

古诗是汉语文学最美的体裁，古诗的教学课堂也应该是语文教学中最美的课堂。如何把这种美落实在课堂中是每个教学者需要努力探索的。古诗具有独特内涵和高远意境，只有进入诗歌意境的较高境界，才能领悟到我国古代诗歌的精髓。如何引导学生在课堂学习中达到这种境界呢？

（一）古诗教学设计要点

1. 疏通字词句，理解诗意。古诗的语言有它自身的特点，如语句浓缩、意思跳跃、成分省略、词序倒置等，这些都是学习古诗的障碍。根据小学生的特点，帮助其疏通理解，一是要分词解义，逐词逐句理解字面意思及在本诗中的含义；二是按现代汉语规范进行连序翻译。

古诗学法具体概括为七个字：扩、留、补、换、调、嚼、连。

扩：浓缩的词语要“扩”，将单音词扩成双音词，使意思明显化、具体化。留：古今通用的词语要保留。补：诗句中省略的成分要补上，使之通顺。换：古今用法不同的词语要更换。调：词语顺序颠倒的要调整。嚼：诗中关键、传神的、富有哲理的词句引导学生细心咀嚼、品味。连：将各句中解释的词语连起来翻译。

2. 感受诗情。“诗情画意”，诗必言情，无情不为诗，没有感情，就相当于诗没有了灵魂。教学古诗，必定要让学生体会诗人的感情，走近诗人，与诗人对话。因之时间、空间的距离，学生对诗中所表达的感情不一定能很准确地体会。这就要求教师在布置预习时要让学生了解诗人，了解诗的时代背景，搜集诗的相关材料，以此拉近时空的距离，走进诗人的内心世界，触摸到诗的灵魂。如学习陆游的《示儿》（人教版课标本第十二册）这首诗，要介绍作者及背景，介绍作者生活的那个特定时代，特定环境，把握作者作诗时的特殊心情，才能明白他为何“但悲不见九州同”的悲愤，被他“王师北定中原日，家祭无忘告乃翁”的情怀所感动。二是联系现实生活，把现实生活中学生熟悉的事物引入古诗中，拉近距离，搭起入境桥梁。例如苏轼的《题西林壁》（人教版课标本第七册）是一首哲理诗，教师可以根据这首诗所揭示的道理，让学生联系自己的生活实际，自由发挥想象，这样就可以加深他们对诗的理解，从而提高他们的审美能力。

3. 体会意境。读诗的最高境界是进入诗歌意境。可以采用情境教学法，引导学生感受意境美。教师应用多种方式、多条渠道创设情境，引学生入“境”。一是多媒体辅助方法，通过出示幻灯片、图片和视频等辅助手段，使学生有身临其境之感，帮助学生体会情感。如教学张继的《枫桥夜泊》（人教版课标本第九册），可以配合多媒体视频出示的场景和音乐，让学生和诗人一起沉浸冷月霜晨之中，体会到人在旅途的孤寂、忧愁，理解夜半听取寒山寺钟声的愁情。二是在理解诗人创作背景和诗意的基础上鼓励学生思考，如《游园不值》（人教版课标本第十册）一诗中，让学生想象园中美景，想想诗人描写了什么景物，诗中表达了怎样的思想感情，继而讨论诗人为何只写青苔，只写一枝红杏，最后两句为何能流传千古。三是引导想象，配乐读诗，感受诗中的意境美。例如教学《惠崇春江晚景》（人教版课标本第八册），播放江南春天的美好风光，把学生引入情境中，闭上眼睛想象如果是你作画，这幅画还可以添上哪些美景？如果你此时站在那样美丽的地方，你心里有何感受？想象之后，再引导学生一起在配乐《春江花月夜》的曲调下有感情地朗诵古诗，想诗人所想，感诗人所感，从而深入地品味出诗中的意境美。

4. 诵读诗韵。古诗之美首先在于它的音律美，古诗的押韵、平仄让人读起来朗朗上口，优美动听，所以学古诗必先朗诵。朗诵不应该只停留在示范读、比赛读、配乐读、表演读等浅层次上，而是要在理解诗意的基础上，进一步体会诗的语言美。在这种美的熏陶下发自内心地朗诵，让人陶醉地朗诵。这就要求教师要先深入诗歌意境，先陶醉于诗歌之美，才能给学生以示范，感染学生，引起学生的共鸣。

朗读指导就是要让学生掌握感情朗读的方法和技巧。首先确定感情基调，然后处理重音与节奏。如杜甫的《闻官军收河南河北》（苏教版第十一册）是首抒情诗。全诗充满了喜悦、激动之情。起句与七、八句节奏要急促，第五、六句要舒缓；“忽传”“喜欲狂”“即从”“便下”读重音。这样朗读抑扬顿挫，学生的感情自然与作者的感情产生共鸣。

除了有感情地朗诵，还可以带着想象来朗诵。王维的《鹿柴》（人教版课标本第五册）：“空山不见人，但闻人语响。返景入深林，复照青苔上。”在教学这首诗时，要让学生体会王维诗中有画的特点，想象林中宁静的美景，让学生感受到这短短二十个字却能给我们描述出一幅山中宁静，人语远传，斜阳透过密林，在青苔上投下斑驳光影的山林图画。带着想象来朗诵，学生自然能把那份宁静、美好在朗读中体现出来。

古诗教学应当讲求意境的再现，不能停留在浅显的文字理解上，要有一定浓度的教学，才能使学生在学习过程中达到知、情、意的统一，从中受到美的教育，美的熏陶，从而提高欣赏水平。

（二）古诗教学设计范式

以《四时田园杂兴》（人教版课标本第八册）为例。《四时田园杂兴》是“南宋四大家”之一的范成大的代表作品。范成大六十一岁时，在石湖养病期间写下了六十篇田园诗，分“春日”“晚春”“夏日”“秋日”“冬日”五组，各十二首，总题“四时田园杂兴”。

诗篇把农民勤劳淳朴的美德通过儿童天真活泼的举动不经意地展现，更显童趣盎然。第一句用昼和夜对比，向我们展开一幅乡村男女耕田、绩麻，日夜忙碌的图景——白天男人们下田去除草，晚上妇女们在家里搓麻线。第二句笔锋一转，孩子们天真烂漫，不懂得耕田纺织，但看着父母忙忙碌碌，却甚觉有趣，也不肯闲着，也在茂盛成荫的桑树地下学着种瓜。全诗描写了农村男女日夜劳碌的劳动生活，表现了儿童的天真可爱。语言通俗浅显，没有刻意雕琢的痕迹，文笔清新轻巧，生动自然，犹如一幅生动的农村风俗长卷，充溢着江南农村浓郁的乡土气息。本课的教学单元主题是“春之声”，教师要让学生感受诗词美的同时，也体会乡村的美和劳动的欢乐。

1. 常规设计：品读悟情

步骤一：解释诗题，整体感知

（1）释题并介绍诗人范成大。范成大晚年作的组诗《四时田园杂兴》，是他田园诗的代表作品。《四时田园杂兴》共60首。分“春日”“晚春”“夏日”“秋日”“冬日”五组。

（2）用自己喜欢的方式读古诗《乡村四月》。要求读正确，读通顺。

（3）通过查字典，结合课文注释，想想词语的意思，想想这首诗写什么。

步骤二：学习诗文，明白诗意

（1）自由读文，借助注释或利用工具书查阅自己要理解的词语，理解诗意。不懂的地方做上记号。

（2）借助课文图画，简要说说诗歌内容：村庄儿女——耘田织布；童孙——学种瓜。

（3）联系上下文，讲析重点字词。耘：除草；绩麻：把麻搓成线；未解：不懂；傍：靠近；桑阴：桑树下。

（4）全班交流汇报：用自己的话说说每句诗的意思。根据学生的回答，教师适时小结出各诗句的意思。

步骤三：品读诗句，想象悟情

（1）赏析“昼出耘田夜绩麻，村庄儿女各当家”，明确：农民劳动的繁忙景象。想象：昼和夜分别指什么？围绕耘田绩麻启发想象：农民们除了“耘田绩麻”还要干些什么活？（插秧、收割、犁地、积肥……）想象范成大见此情景会对“村庄儿女”说些什么？（辛苦、勤劳、各有各的本事……）结合想象诵读。（读出敬重之情，读出诗的节奏）

（2）赏析“童孙未解供耕织，也傍桑阴学种瓜”，引导学生观察图画、描述画面内容（抓住儿童神态、动作，想象其语言），想象更多的画面。

步骤四：感情朗读，指导背诵

（1）教师有感情朗读，学生闭目想象其意境，体会农民一家辛勤劳动的生活，感受田园生活的情趣。

（2）学生采用不同形式的朗读，边读边体会诗人的思想感情。读出对小孩子的喜爱之情……

（3）自由读诗，朗读中自然成诵。

步骤五：拓展延伸，迁移学习

（1）《四时田园杂兴》有60首。田园诗人还有很多，孟浩然、王维、陶渊明……

（2）自学《夏时田园杂兴》。

评析：通过解诗题、看注释、查工具书、联系上下文、借助课文插图进行想象等方法理解诗意；在读背吟诵中想象，感悟并理解诗中的情感，体会作者的情怀，感受田园生活的情趣，体会诗人对田园生活的热爱。激发学生积累更多田园诗的兴趣。

2. 变式设计：赏读古诗之美

以《乡村四月》（人教版课标本第八册）为例。《乡村四月》是四年级下册教材里的一首诗，这首诗以白描的手法写江南农村初夏时节的景象，突出了乡村四月的劳动紧张、繁忙。整首诗就像一幅色彩鲜明的图画，不仅表现了诗人对乡村风光的热爱与赞美，也表现出他对劳动人民、劳动生活的赞美

23 古诗词三首

乡村四月

[宋] 翁卷

绿遍山原①白满川②，
子规③声里雨如烟。
乡村四月闲人少，
才了④蚕（cán）桑又插田。

注释

①山原：山陵和原野。

②白满川：指稻田里的水色映着天空的光辉。川，平地。

③子规：杜鹃鸟。

④了：结束。

108

之情。前两句着重写景：绿原、白川、子规、烟雨，寥寥几笔就把水乡初夏时特有的景色勾勒了出来，动静结合，有色有声。“子规声里雨如烟”，如烟似雾的细雨好像是被子规的鸣叫唤来的，尤其富有意境。后两句写人，主要突出在水田插秧的农民形象，从而衬托出乡村四月劳动的紧张、繁忙。“才了蚕桑又插田”，化繁为简，勾画乡村四月农家的忙碌情景，一片繁忙紧张之中又保持一种从容恬静的气度。学生通过阅读，感受到乡村景美，劳动的人们更美。

步骤一：趣读，体会诗歌音韵美

让学生自己想办法读这首诗，尽量要读得有趣一些！学生拍手读、同桌相互击掌读、配上动作打出节拍读（比如轻叩桌子读出节奏）、教师标上音乐的符号示范读，发现读诗还有很多有趣的形式！

小组交流展示，欣赏古诗新唱：古诗不但能够读，还能唱出来呢！

小结：用不同节奏、不同形式读古诗，多有趣啊！

设计意图："兴趣是最好的老师"，诵读从诗人角度出发，而趣读则立足于孩子的心理，给人耳目一新的感觉，更贴近孩子的天性。最终激发学生对古诗学习的热情和兴趣。

步骤二：听读，想象画面美

（1）听读想象画面。仔细听老师朗读这首诗，透过诗里的文字去想象画面。（配乐）

（2）示范描述句子。"绿遍山原白满川，子规声里雨如烟"，我的脑海中浮现出了这样一个画面：田野里，山坡上，嫩嫩的、绿绿的小草，一大片一大片满是的！茸茸的绿草，随着地形的连绵起伏，像是给大地铺上了一层厚厚的绿绒毯。小河、稻田里的水满满的，映着天空，映着白云，远远看去，白亮亮的一大片，就像一面面亮晶晶的大镜子。哇！太美啦！这真是"绿遍山原白满川"啊！

（3）感悟方法。对老师想象的画面、描述的语言进行评价，学习方法引导：可以用上我们平时积累的好词好句，运用比喻、拟人的写法把句子说生动些。

（4）再听读，强化画面。请闭上眼睛，再来听一遍（配乐范读）。想象画面。

（5）组内交流，汇报展示。

设计意图：本教学环节创设情境，感受诗情画意。把诗句中的景物变抽象为具象，学法的指导也得以强化。另外，课堂有意识地想象补白，可以激起学生思维的火花，引发发散性思维，把学生的思维引向深入。视频渲染气氛，深化理解。进一步感受乡村的景美人勤。

步骤三：背读，感悟情感美

同桌互相背读，感悟情感美。（配乐）

设计意图：古诗学习，多读是一个很重要的方法，听读想象画面美，背读感悟情感美，走进文本，走进作者心里，了解文本传达出来的思想情感。最终熟读成诵，体现扎实有效的教学。

步骤四：迁移自学《渔歌子》，课后积累更多的田园诗。

利用本课学习的方法自学《渔歌子》。指名汇报，适当补充课外其他难度较大的田园诗。

设计意图：此环节强调能力的迁移，体现“扶到放”的过程，使学法不断巩固强化，帮助学生掌握规律，总结田园诗的特点，注重课外积累田园诗，强化学习古诗的方法并迁移运用，形成阅读古诗的能力；也体会到诗人对劳动生活、劳动人民的赞美。

（该设计源自于广东邓蝴梅工作室徐丽娜的教学课例）

评析：本设计把“读”作为一根主线贯穿始终。通过“趣读”“听读”“背读”带领学生从音韵、画面、情感三方面去体会诗歌的内在美。能引导学生从古诗中受到美的熏陶，培养学生感受美和创造美的能力，体会田园诗歌淡雅、恬静、清新、自然的风格。

第四节　阅读教学设计典型范例

一、叙事类文本《地震中的父与子》（人教版课标本第十册）

（一）文本解读

课文讲述的是有一年发生在美国的大地震中，一位父亲冒着危险，抱着坚定信念，不顾劝阻，历尽艰辛，经过38小时的挖掘，终于在废墟中救出儿子及其同学的故事，歌颂了伟大的父爱，赞扬了深厚的父子之情。

课文先写大地震的混乱中，年轻的父亲安顿好受伤的妻子，急切地冲向儿子的学校，尽管学校已成废墟，他还是坚定地向儿子教室的方位走去。接着写他不顾别人的劝阻，坚持寻找自己的儿子阿曼达。最后写经过 38 个小时不停的挖掘，他的儿子和另外 13 个同学终于获救。描写具体，情感真挚，是这篇课文的主要特点。

选编这篇课文，一是让学生感受父爱的伟大力量，受到父子情深的感染；二是引导学生通过对人物外貌、语言和动作的描写，体会文章表达的思想感情，提高阅读能力。

（二）重点句赏读

本文的教学重点是引导学生从课文的具体描述中感受父爱的伟大力量——父亲对儿子深沉的爱和儿子从父亲身上汲取的巨大精神力量。因此，以下句子要注意引导学生理解：

1. 这对了不起的父与子，无比幸福地紧紧拥抱在一起。

这是提领全文的关键句。抓住“了不起的父与子”品读全文，及其他重点句，如：“他挖了 8 小时，12 小时，24 小时，36 小时，没人再来阻挡他。”“他满脸灰尘，双眼布满血丝，衣服破烂不堪，到处都是血迹。”“不论发生什么，我总会跟你在一起！”

“了不起的父与子”要从“父”与“子”两个方面来理解。

说父亲了不起，是因为，其他孩子的父母“哭喊过后，便绝望地离开了”。而这位父亲一直不停地挖掘。人们劝阻他，“这位父亲双眼直直地看着这些好心人……他便埋头接着挖”。“他挖了 8 小时，12 小时，24 小时，36 小时，没人再来阻挡他。”“他满脸灰尘，双眼布满血丝，衣服破烂不堪，到处都是血迹。”为了儿子，绝不放弃，实现对儿子的承诺。多么坚忍不拔、绝不放弃的父亲！多么恪守诺言、有责任感的父亲！

说儿子了不起，是因为在长达 38 个小时的漆黑的瓦砾堆下，没有水，没有食物，只有恐惧与危险。然而 7 岁的阿曼达却能在这种情况下，告诉同学不要害怕，坚持生的希望；当得到父亲的救援时，他首先想到的是“先让我的同学出去吧!”同死神搏斗，最终生还，巨大的精神力量来自对父亲真诚诺言的信赖；奇迹的出现来自伟大的父爱。

2. “不论发生了什么，我知道你总会跟我在一起。”

为什么文中 3 次出现类似的话？因为这是父亲对儿子的承诺，是儿子在绝境中满怀信心的力量源泉，也是父亲坚持到底绝不放弃的原因。反复出现，多处呼应，通过父亲的责任感充分表现了崇高的父爱，通过儿子对父亲诺言的深信不疑说明了对父亲多么信赖。

了不起的父与子，共同创造了神话般的奇迹。

（三）教学建议

1. 让学生查阅有关 1989 年、1994 年美国大地震的资料。

2. 学会联系上下文理解词语意思。引导学生思考：课文讲了一件什么事？事情是怎样发生的，经过怎样，结果如何？作者为什么写这篇文章？在思考中了解课文主要内容，理清作者写作思路和课文的脉络层次，初步体会课文表达的思想感情。

3. 深入阅读时，要抓住牵一发而动全身的关键词句引导学生理解，深究为什么说是“了不起的父与子”。通过对人物外貌、语言、动作描写的重点句的品读，理解内容，体会情感。对这些句子的理解体会，一是要注意引导学生想象当时情境，如，孩子们所处的环境如何恐怖，7 岁的阿曼达怎样鼓励同伴。二是要引导学生体验，如，父亲当初“顿时感到眼前一片漆黑”的悲伤与绝望，接下来的坚定与绝不放弃，儿子生还后的无比幸福喜悦。三是要加强朗读训练，披文入情，以读促思，在读中感悟。父亲坚持在废墟中寻找儿子这部分课文，朗读中语调宜轻缓，以表现他的绝望与悲伤。“不论发生什么，我总会跟你在一起”语气应非常坚定。发现儿子后父子的对话，语气应是兴奋的，表现他们劫后重逢的喜悦与幸福。

4. 要抓住课文中有特色的语言，在阅读中学习表达。如：“他挖了 8 小时，12 小时，24 小时，36 小时，没人再来阻挡他。”为什么不直接写挖了 36 小时？父亲为了救儿子，整整挖了 38 小时，突出了挖的时间之长，之艰难。这段话不是直接写 38 小时，而是从 8 小时写起，这样写，表现出艰难的过程，更能体现父亲执着的信念和父救子所克服的巨大困难。

5. 在品读文本、体验文本的基础上，可适当开展拓展活动。如，编排课本剧，深化对课文的理解；把这个故事讲给爸爸妈妈听，一方面锻炼学生的复述能力，内化语言，一方面可以营造父母与孩子同读共议的环境氛围；采用读一篇带一篇的方式，读其他表现父爱或母爱的文章，等等。

（四）重点句教学设计示例

这对了不起的父与子，无比幸福地紧紧拥抱在一起。

1. 读句子，感受“了不起”。

（1）说一说自己对这句话的理解。

（2）思考：这对了不起的父与子包含了几层意思？从文中哪里可以看出这对父子了不起？

（3）找到相关的句子读一读，想一想读懂了什么。把自己的感受写在句子的旁边。

2. 品读句子，体会父子的“了不起”。

重点引导学生从下面句子中理解和感悟父亲和儿子的了不起，小组讨论后汇报交流。

（1）父亲的了不起：

A. 他猛然想起自己常对儿子说过的一句话：“不论发生了什么事，我总会跟你在一起！”（从这句话中，体会到父亲的坚定）

B. 这位父亲双眼直直地看着这些好心人，问道：“谁愿意帮助我？”（从这位父亲“直直”的双眼中，感受到父亲的焦灼）

C. 他挖了 8 小时，12 小时，24 小时，36 小时，没人再来阻挡他。他满脸灰尘，双眼布满血丝，衣服破烂不堪，到处都是血迹。挖到第 38 小时，他突然听见瓦砾堆下传出孩子的声音：……

明确：作者不厌其烦地把表示时间的词罗列起来，让人感受到时间的漫长，从而体会父亲的坚持和对儿子的爱。

（2）儿子的了不起：

A. 挖到第 38 小时，他突然听见瓦砾堆下传出孩子的声音：“爸，是你吗？”

思考：儿子凭什么认为来救他们的人是他的爸爸？

模拟想象：有一次，阿曼达和同学在野外迷路了，是爸爸……

B. 父亲声音颤抖地说：“出来吧！阿曼达。”（指导朗读，学生读出兴奋的语气）

C. “不！爸爸。先让我的同学出去吧，我知道你会跟我在一起，我不怕。不论发生什么，我知道你总会跟我在一起。”（指导朗读，读出信任与坚定）

3. 感悟写法，读写结合。

（1）引导：课文是如何描写和歌颂父爱，赞扬父子之情的？

通过人物外貌、语言和动作来描写。

（2）拓展阅读朱自清先生的《背影》、古诗《游子吟》。阅读过程中教师点拨：阿曼达父亲的爱是一种强烈的爱，是外显的爱；《背影》中父亲的爱、《游子吟》中母亲的爱是饱含深情的爱，无微不至的爱。

（3）感受生活中的父母之爱。交流生活中父母亲所做的看起来微不足道，却又饱含父爱、母爱真情的事，课后将它写下来，将这份爱珍藏在自己的日记中。

二、 写人类文本《跨越百年的美丽》（人教版课标本第十二册）

（一）文本解读

《跨越百年的美丽》是一篇赞美居里夫人的文章，以“美丽”为主线，围绕居里夫人发现天然放射性元素镭这一核心事件，写了与此相关的三件事：一是一百年前居里夫人在法国科学院宣布发现镭的惊人消息，二是居里夫人和丈夫提炼镭的经过，三是居里夫人不为名利所累，为人类的发展贡献了自己一生。这三件事情从不同层面表明了居里夫人的美丽不在于容貌，而在于心灵和人格。她为人类作出了伟大的贡献，也实现了自己的人生价值。其中“百年”既是实指也是虚指，实指是因为这篇文章是在居里夫人和丈夫发现天然放射性元素镭一百周年所写，虚指是暗示居里夫人的精神、人格的美丽将穿越时空，永留世间百年、千年！

1. 倒叙手法。文章一开始描写了居里夫人在法国科学院作学术报告的场面，将居里夫人美丽的形象和伟大的成就凸现在读者面前。接下去的两个自然段具体描写了居里夫人为了探索“其他物质有没有放射性”而进行的艰苦的研究，直到发现了镭，这是课文的重点部分，充分表现了居里夫人坚定执著、为科学献身的精神。最后两个自然段写了居里夫人在名利面前的态度和做法，表现了居里夫人淡泊名利的高贵人格和全身心投身科学的忘我精神。最后引用爱因斯坦的话肯定居里夫人的人格。

2. 对比手法。在教学中可以引导学生注意课文中隐含的三处对比：一是居里夫人的外在形象，一开始是“年轻漂亮，神情庄重”“白净端庄的脸庞显出坚定而略带淡泊的神情”，到后来的“她的衣裙上、双手上，留下了酸碱的点点烧痕”，最后还“眼花耳鸣，浑身乏力”，外形和身体健康的前后对比告诉我们为了科学研究她付出了怎样艰辛的劳动。二是写提炼镭元素的段落。“为了提炼纯净的镭，居里夫妇搞到一吨可能含镭的工业矿渣。他们在院子里支起了一口大锅，一锅一锅地进行冶炼，然后再送到化验室溶解、沉淀、分析……经过三年又九个月，他们终于从成吨的矿渣中提炼出了 0.1 克镭。”“一吨”“一锅”“三年又九个月”和“0.1 克”相对比，强调了发现“镭”的艰辛，也让人感受到居里夫人对科学的热爱与对事业的追求。三是居里夫人在科学研究领域取得了巨大的成就，“一生共得了 10 项奖金、16 种奖章、107 个名誉头衔，特别是获得了两次诺贝尔奖”，但是她“视名利如粪土”，把奖金都捐了出去，还把奖章给年仅6岁的小女儿当玩具。这些对比都体现了居里夫人献身科学的人生追求和淡泊名利的人生态度，从而让学生理解能够跨越百年的“美丽”不仅是居里夫人的美丽端庄，更是她的科学精神和人生态度。

（二）重点词句赏读

本课的重点一是联系上下文理解课文中含义深刻的句子，体会居里夫人为科学献身的精神；二是读懂居里夫人的事迹，从具体的事例中领悟“跨越百年的美丽”就是居里夫人所体现的科学精神。

1. 她的报告使全场震惊，物理学进入了一个新的时代，而她那美丽、庄重的形象也就从此定格在历史上，定格在每个人的心中。

“她的报告”宣布了一项惊人的发现：天然放射性元素镭。“她那美丽、庄重的形象”是指“一袭黑色长裙”“白净端庄的面庞”“坚定而又略带淡泊的神情”“微微内陷的大眼睛”，也暗指这一形象背后坚毅执著的精神。居里夫人因为对科学作出的杰出贡献，成就了她的历史地位，使之成为令世人钦佩和仰慕的女性。这句话写出了居里夫人对科学的巨大贡献。

2. 这点美丽的淡蓝色的荧光，融入了一个女子美丽的生命和不屈的信念。

“淡蓝色的荧光”是居里夫人用三年零九个月的时间提炼出来的0.1克镭发出的，也就是她的成就。这项成就的取得，是以居里夫人终日的烟熏火燎、身体的疲劳为代价获得的，因而融入了“美丽的生命”。这项成就的取得也是居里夫人坚持探寻“其他物质有没有放射性”的信念的结果，因而融入了“不屈的信念”。这句话是对居里夫人在科学研究中表现的坚持不懈的献身精神的赞颂。

3. 这种可贵的性格与高远的追求，使玛丽·居里几乎在完成这项伟大自然发现的同时，也完成了对人生意义的发现。

“这种可贵的性格与高远的追求”是指居里夫人“坚定、刚毅、顽强，有远大、执著的追求”“这项伟大自然发现”是指居里夫人发现了放射性金属元素镭，“人生意义的发现”是指居里夫人明白了人生的价值并不在于年轻美貌、金钱名利，而在于为科学作出贡献，为人类作出贡献。居里夫人对人生价值的认识一方面源于她的品格，另一方面源于她在科学研究中获得的体验和感悟。

4. 她从一个漂亮的小姑娘，一个端庄坚毅的女学者，变成科学教科书里的新名词“放射线”，变成物理学的一个新的计量单位“居里”，变成一条条科学定律，她变成了科学史上一块永远的里程碑。

这个句子采用了“从……变成……”的句式，这种“变成”不是一般的变成，而是一种人生价值的提升，生命境界的飞跃，四个“变成”概括了居里夫人奋斗的一生以及不朽的功绩。

（三）教学建议

1. 这是本单元“科学精神”的第一篇课文，学生在日常的语文学习和课外阅读中，已经了解了不少科学技术成就以及一些科学家的故事，本组教材要让学生通过课文的学习，形象地理解什么是科学精神。

2. 初读课文，要把课文读正确读通顺，理解关键词句意思。比如“穿着一袭黑色长裙，白净端庄的脸庞显出坚定又略带淡泊的神情”是一个长句，要指导学生在朗读的过程中学会适时地停顿。文中涉及的一些专业名词，比如，“放射性”“镭”“元素”“酸碱”，若不影响学生理解课文内容，不必做深入探究，若有疑问，教师可以做通俗的讲解。

3. 课文中有很多含义深刻的句子，可以先让学生联系上下文反复朗读，然后说说自己的理解，教师抓住句子的核心部分引发学生思考，并在形象地体验中组织学生讨论“为什么这样理解”“这样理解合理吗”，在讨论中深入理解，同时要尊重学生在合情合理的前提下的个性化理解。比如，理解“这种可贵的性格与高远的追求，使玛丽·居里几乎在完成这项伟大自然发现的同时，也完成了对人生意义的发现”，这句话的核心部分是“人生意义的发现”，理解的重点也就是这个“人生意义”是什么？教师要引导学生回顾“这项伟大自然发现”的过程以及居里夫人在工作中的态度和表现，感受其中的艰难和辛苦，思考居里夫人为什么这样做，从而理解这里的“人生意义”是对真理的追求，对科学研究的执著。

4. 这篇课文教学的意义不仅仅在于认识居里夫人，也不仅仅在于通过居里夫人的事迹体会和理解科学精神，更重要的是通过课文的学习，让学生从心灵深处敬重像居里夫人这样献身科学的人，认同他们对科学精神的追求和对人生价值的追求。因此，课文的教学还要重视学生学习课文后的感受、感想和感悟，引导学生说出来，写下来。教学中可以结合课后的“阅读链接”以及学生搜集的资料，让学生写一写自己的感悟。

（四）重点句教学设计示例

这点美丽的淡蓝色的荧光，融入了一个女子美丽的生命和不屈的信念。

1. 读句子，探讨“美丽”。

(1) 思考：这里的“美丽”有什么特殊的含义吗？怎样理解“这点美丽的淡蓝色的荧光，融入了一个女子美丽的生命和不屈的信念”？

(2) 默读全文，看看“美丽”表现在哪里，画出相关语句。

2. 想想画面，感受镭的颜色美。

(1) 自由朗读相关语句，学生说出对该句的体会和认识，在感悟的同时，结合看图，进行朗读指导。

(2) 镭的颜色美。想象当时的情景，尤其是在“幽暗的破木屋的映衬下”这点略带蓝色的荧光显得更美，指导朗读相关语句。

3. 读悟结合，体会居里夫人的美。

(1) 感受居里夫人的“美丽”。外表的美丽和神态表。

A. 玛丽·居里穿着一袭黑色长裙，白净端庄的脸庞显出坚定又略带淡泊的神情，那双微微内陷的大眼睛，让你觉得能看透一切，看透未来。

B. 她的报告使全场震惊，物理学进入了一个新的时代，而她那美丽、庄重的形象也就从此定格在历史上，定格在每个人的心中。

抓住有关语句进行朗读、感悟。

（2）感受居里夫人的“不屈”。

A. 对科学的贡献美：“她从一个漂亮的小姑娘，一个端庄坚毅的女学者，变成科学教科书里的新名词‘放射线’，变成物理学的一个新的计量单位‘居里’，变成一条条科学定律，她变成了科学史上一块永远的里程碑。”“她一生共得了 10 项奖金、16 种奖章、107 个名誉头衔，特别是获得了两次诺贝尔奖。”

B. 居里夫人的勇于探索、忘我献身的精神美：“为了提炼纯净的镭，居里夫妇搞到一吨可能含镭的工业矿渣。他们在院子里支起了一口大锅，一锅一锅地进行冶炼，然后再送到化验室溶解、沉淀、分析。实验室只是一个废弃的破棚子。玛丽终日在烟熏火燎中搅拌着锅里的矿渣。她衣裙上、双手上，留下了酸碱的点点烧痕。”“终于经过三年又九个月，他们从成吨的矿渣中提炼出了 0.1 克镭。”

C. 居里夫人淡泊名利的人格美：“她视名利如粪土，她将奖金赠给科研事业和战争中的法国，而将那些奖章送给 6 岁的小女儿去当玩具。”“著名科学家爱因斯坦说过：‘在所有的世界著名人物中，玛丽·居里是唯一没有被盛名宠坏的人。’”

（3）联系上下文，体会感情。体会文中含义深刻的句子，深刻体会居里夫人为科学献身的精神。如描写提炼镭的过程“一锅一锅”“一吨”“0.1 克”，结合“终日……留下了酸碱的点点烧痕”“三年又九个月”这些语句体会居里夫人坚定的内心世界。再联系前文中一次次获奖等，体会她在科学领域不断追求的坚定。

4. 指导朗读，学习表达。

（1）教师示范朗读句子，读出对居里夫人的敬仰、赞美之情。

（2）延伸阅读爱因斯坦的《悼念玛丽·居里》片段并写读后感：对科学的认识，关于理想、关于人生的思考。

三、 抒情性文本《自己的花是让别人看的》（人教版课标本第十册）

（一）文本解读

《自己的花是让别人看的》是我国著名语言学家季羡林先生写的一篇精美隽永、意境悠远的学者散文。讲述的是季老先生在留德期间，见到的德国小镇哥廷根人独特的养花方式。文章先点明德国是一个爱花的国度，然后回忆了自己两次到德国的所见所想，介绍了德国家家户户窗口都开满鲜花的情景，以及由此折射出的独特的民族修养和人性魅力，抒发了对“人人为我，我为人人”这一境界的感慨，表达了对德国奇丽风景和奇特风俗的赞美之情。本文不同于一般写景物风情类的文章，没有辞藻堆砌，也没有多余的情感宣泄，而是娓娓道来，在讲述德国风景民俗的同时，用最精炼概括的语言点明了通俗易懂却意味深长的道理。

1. 题目耐人寻味。文章标题看似言语浅白却耐人寻味，打破常规。从生活中养花行为的个人喜好引发观察与思考，将“自己”与“别人”进行合理转化，养花让别人看，别人的花也是给自己看，这种隐藏的认知冲突和情感错位为文章主题“人人为我，我为人人”做了很好的铺垫，这样的标题容易引发读者的阅读期待，也能引发对生活的思考。

2. 对比写法。文章用不同的语言风格从不同的语言视角展开叙述：一是用简洁质朴的叙述性语言叙述了德国人“自己的花是让别人看的”，写出了德国人养花的独特方式；二是用明亮热烈的描摹式笔触描写了德国街头的花海，表现了“别人”的花是让自己看的。文章两大部分的内容形成了对比，语言风格也形成了对比，让读者从中感受德国哥廷根小城的花海绚丽和风俗浓烈，感受作者对“人人为我，我为人人”境界的推崇。文章的主旨和情感得以升华，因此文章显得意境悠远，给人启迪。

（二）重点词句赏读

1. 词语："应接不暇""花团锦簇""姹紫嫣红""家家户户"

"应接不暇"中"暇"的意思是没有事情的时候，指空闲，强调这个字是日字旁。继而探究什么事物使作者的眼睛应接不暇。

"花团锦簇"：锦——有彩色花纹的丝织品；簇——聚成一团，和"团"字同义。这个词语形容五彩缤纷、十分华丽的景象。"姹紫嫣红"：姹——美丽；嫣——娇艳。这个词语专门形容花儿万紫千红、五彩缤纷、娇艳绚丽。理解完这两个词语后可以想象作者看到的景观，再出示德国的实景图片让学生用自己的语言形容，用上"应接不暇""姹紫嫣红""花团锦簇"这几个词语。

文章中有三个"家家户户"："家家户户都在养花""家家户户的窗子前都是花团锦簇、姹紫嫣红""又是家家户户的窗口上都放满了鲜花"。"家家户户"在字面上表示数量众多，家家户户都养花告诉我们，养花成为了一个民族的共同爱好。从三句话中我们还感受到德国人养花背后的为人处世哲学，作者两次到哥廷根，看到的都一样，说明德国人的养花并不因为时间的流逝和岁月的更迭有所改变，让读者对德国人爱花之真切发出由衷的赞叹。

2. ……他们是把花都栽种在临街窗户的外面。花朵都朝外开，在屋子里只能看到花的脊梁。

这句话进一步点明了德国人养花的与众不同之处。"他们把花都栽种在临街窗户的外面"，一个"都"字表现了这种行为不是孤立的个体行为，"自己的花是给别人看的"已经成为了一种共性，也成了德国人的习惯。因为花朵栽在屋外，都朝外开，那么在屋里看到的"花的脊梁"就是花朵的背面。"脊梁"原本用于写人，在本句中创造性地移植到了花的身上，这样的拟人化运用不仅直观形象化地展现了德国人养花的独特形状，也更好地印证了文章的题目，为下文看到的"花团锦簇""姹紫嫣红"埋下伏笔。

3. 许多窗子连接在一起，汇成了一个花的海洋，让我们看的人如入山阴道上，应接不暇。

这段话运用了比喻的修辞手法，“如入山阴道上”这是作者走在德国任何一条大街上的感觉。“山阴道上行，山川自相映发，使人应接不暇”，这是东晋王献之的妙句。此说一出，山阴道从此声名远播，名士吟咏不绝。山阴道在会稽城（今绍兴）山阴县郊外，与东跨湖桥相接，是绍兴西南通向兰亭的一条官道。自此西南迤行，远山近水，小桥凉亭，田园农舍，相映成画。人在画中游而身亦入画，晴日风雨，无不相宜。旧时的山阴道，是一条石板铺砌的驿道。如今的山阴道已是宽阔的马路，虽已不全是旧时模样，但“山重水复疑无路，柳暗花明又一村”的境界仍依稀可觅。这里化用“山阴道上，应接不暇”，写出了德国街头绚丽多姿、光彩夺目的花海，让人如同置身于繁花盛景中，心旷神怡，流连忘返。

4. 人人为我，我为人人。我觉得这一种境界是颇耐人寻味的。

本句可以结合课文中另外一句话“自己的花是让别人看的，自己又看别人的花”来理解。“这一种境界”在这里指“人人为我，我为人人”。“颇”是“很、非常”的意思。“耐人寻味”指意味深长，值得仔细体会琢磨。“我为人人”是说每个人心中要有他人，要有社会责任感，要用实际行动为大众着想，为社会尽到自己的义务。“助人为乐，我为人人”是中华民族的传统美德，虽然“人人为我”放在前面，但实际上“我为人人”是前提，只有“我为人人”尽到责任和义务，才会实现“人人为我”的美好愿望，这两者之间要辩证看待，整体理解。

（三）教学建议

1. 本课教学重点定位为理解课文内容，了解一些德国的民族风情特点，结合上下文与生活实际体会含义深刻的语句，积累优美语言。教学难点为初步体会德国民族“人人为我，我为人人”的美好精神境界，潜移默化地受到教育。

2. 围绕课文中心句“多么奇丽的景色，多么奇特的民族”来设计教学。

抓住“花团锦簇”“姹紫嫣红”体会花美。抓住“花的海洋”“应接不暇”“山阴道”体会花多。通过强调“家家户户”“任何”来突出德国所有的人家都有这样的景象，从而为理解“人人为我，我为人人”作铺垫。

3. 抓住重点词句“脊梁”“家家户户栽窗外”“花朵朝外”进行引导，并通过与中国养花方式的对比，让学生更真切体会到德国民族之奇特。可以让学生联系生活实际说说此类事情，比如每人带一本书到学校建立班级图书角、值日生轮流打扫卫生、无偿献血等，使他们明白只有做到“我为人人”才能换来“人人为我”。

4. 挖掘美丽，领悟梦想之美好。促进情感共鸣，升华主题。

5. 总结全文，与学生共同完成一首小诗，既疏导课文内容，又在字里行间流露出对奉献精神的赞美。

（四）重点句教学设计示例

变化是有的，但是美丽并没有改变。

1. 细读课文，寻找美丽。

(1) 自读课文，找找描写花之美的句子。

学生自读课文，重点指导朗读第三自然段的2、3两句话。

(2) 词语品读，感受“美丽”。

通过图片展示等形式帮助学生理解“花团锦簇”和“姹紫嫣红”（板书）的意思，体会花的美；通过“家家户户”和“应接不暇”体会花的多，并指导有感情朗读。

(3) 结合上下文，说说德国沿街风景的变化。谈谈对“美丽并没有改变”的理解。

2. 品读课文，感悟美丽。

(1) 小组讨论：为什么在德国能看到这么奇丽的景色呢？

学生分小组合作学习第二自然段，看看德国人是怎样种花的，从“家家户户都在养花”体会他们爱花的真切，重点理解“花朵都朝外开，在屋子里只能看到花的脊梁”这一句，明确德国人养花是给别人看的。感悟这是一个多么奇特的民族。

（2）理解“人人为我，我为人人”。

①品读句子：“每一家都是这样，在屋子里的时候，自己的花是让别人看的；走在街上的时候，自己又看别人的花。”从“每一家”和“都”中感受这样做的人多，成为一种习惯，从中感受德国人的品质。

②品读句子：“人人为我，我为人人。我觉得这种境界是颇耐人寻味的。”抓住“耐人寻味”请学生谈对这句话的理解，引导学生感悟种花人的心灵就像花儿一样美丽。

3. 前后呼应，内化美丽。

（1）联系上下文理解“变化是有的，但是美丽并没有改变”。

（2）思考作者在这里所说的“美丽”指很多东西，除了美丽的花，还有什么是美丽的？（预设：德国人民美丽的心灵、境界）

（3）指导朗读：“多么奇丽的景色！多么奇特的民族！”

四、写景类文本《山中访友》（人教版课标本第十一册）

（一）文本解读

《山中访友》是人教版六年级语文上册中第一单元的第一篇课文，作者李汉荣，这是一篇文质兼美、构思新奇、富有想象力、充满好奇心的散文。作者“带着满怀的好心情”，走进山林，探访山中的“朋友”，与“朋友”互诉心声，营造了一个如诗如画的世界，表达了对大自然的热爱之情。

1. 叙述方式。在叙述方式上，本文独具匠心。一读题目，触发思绪的便是作者到山中去拜访一位老朋友了，但读到文章的第 3 自然段时，读者才恍然大悟，原来作者要访的是古桥、树林、山泉、溪流、瀑布、悬崖……是一些自然界的朋友。通篇以这样的方式叙述，使读者也进入到画面中，进入到作者的心境中，仿佛这些自然界的朋友，不但是作者的，也是我们每一位读者的，让人倍感亲切。作者根据表达的需要，还恰当地变换叙述人称，对山中的“朋友”，作者有时用第三人称叙述，有时感情强烈了又以第二人称称呼，从而使情感表达得更加充分。

2. 想象丰富。本文想象丰富新奇，有浪漫色彩。如：“我脚下长出的根须，深深扎进泥土和岩层；头发长成树冠，胳膊变成树枝，血液变成树的汁液，在年轮里旋转、流淌。”作者把自己想象为一棵树，使树与“我”融为一体。又如：“你好，陡峭的悬崖！深深的峡谷衬托着你挺拔的身躯，你高高的额头上仿佛刻满了智慧。”想象中，悬崖似乎成了一位智者。由此可见，想象使景物栩栩如生，灵气飞扬。

3. 修辞手法。作者采用比喻、拟人、排比等手法，使文笔生动活泼，而且，也很好地表达了对山中“朋友”的那份深厚感情。读着这篇散文，绝不会有呆板、陈腐的感觉，你会强烈地感受到那种诗一样的韵律和情怀，你会时时被作者热爱大自然的感情所打动，时时为流淌在字里行间的激情所感染。真的，如果用你的心去感受作者的心，透过语言文字，想想那充满诗意的画面，你就会进入作者所描绘的美好境界。

（二）重点词句赏读

1. 走出门，就与微风撞了个满怀，风中含着露水和栀子花的气息。

“撞了个满怀”，形象地写出了沐浴在令人心旷神怡的和风中的那种感觉。因为风中含着“露水”，所以特别滋润心脾；也因为风中含着栀子花的气息，所以在滋润中还带着一丝甜蜜。这“走出门”后给作者的第一感受，就不同寻常，说明了“山中访友”之行充满了好心情。同时，也间接地点明山中访友是在初夏的一个早晨。

2. 啊，老桥，你如一位德高望重的老人。

把“老桥”比喻为“一位德高望重的老人”，不但写出了桥的古老，而且也突出了它默默无闻为大众服务的品质，充分表达了作者对桥的赞美和敬佩。

3. 走进这片树林，鸟儿呼唤我的名字，露珠与我交换眼神。

鸟儿不是在啁啾，而是在“呼唤我的名字”；露珠也不是在晨光中闪亮，而是在“与我交换眼神”。一声“呼唤”，一个“眼神”，这种拟人化的手法，形象地表达了自己和鸟儿、露珠这两位朋友间的默契和情谊。

4. 我脚下长出的根须，深深扎进泥土和岩层；头发长成树冠，胳膊变成树枝，血液变成树的汁液，在年轮里旋转、流淌。

这是作者走进树林，靠在一棵树上产生的联想。树为人友，人为树友，人和树已融为一体。这是多么奇妙的一种境界！从这些联想中，我们真切地感受到作者和树之间的那种“知己”情谊，那种走进大自然物我相融的境界。

5. 在它们走向泥土的途中，我加入了这短暂而别有深意的仪式；捧起一块石头，轻轻敲击，我听见远古火山爆发的声浪，听见时间隆隆的回声。

这句中，“它们”指的是落花和落叶，“仪式”指的是落花、落叶从枝上掉下并融入泥土的过程。时间虽然短暂，却有深意，因为“落红不是无情物，化作春泥更护花”。大自然就这样在循环中生生不息，于是便引出了“捧起一块石头……”这一层，因为石头就是由火山爆发的岩浆凝结而成，在普通的石头身上也有着大自然轮回变化、生生不息的足印，所以从石头的轻轻敲击中可以听见“远古火山爆发的声浪，听见时间隆隆的回声”。从“一朵落花”“一片落叶”“一块石头”中，作者感受到了时间的变迁、生命的轮回。可见，作者是用心在感受。

（三）教学建议

1. 本单元是描写大自然的文章，与大自然互诉心声、交流感受，学习本组课文体会作者独特的感受。本文作为本组“感受自然”的第一篇课文，教学中首先要感受作者描绘的自然美景，感受人与自然的亲密无间，产生热爱自然的情感。

2. 课题《山中访友》是全文立意之本，是这篇作品中不可忽视的文眼。揭题后，可让学生猜测作者去山中访友的对象，以激起学生的阅读期待。教学时，可以《山中访友》这个题目展开，结合课后的思考练习题，链接起导读本文的线索。

3. 这篇文章的语言丰富生动，作者对山中景物的观察细致入微，体验十分深刻，学习作者通过比喻、拟人、排比、想象来表达情感的方法，并积累语言。在教学中，教师要结合对课文的理解，引导学生体会作者运用比喻、拟人、排比等手法，生动地表达自己对山中“朋友”感情的方法。

4. 散文本身有着诗的韵律、情怀以及丰富的想象，教学本文重在朗读，让学生在朗读中感悟，在朗读中感受语言的魅力。如第五自然段，作者采用第二人称，跟山中的“朋友”打招呼。教学时，可以让学生模拟当时情境，跟山中的“朋友”打打招呼。

高年级的阅读教学，要注重“揣摩文章的表达顺序，体会作者的思想感情，初步领悟文章基本的表达方法”。同时，“阅读是学生的个性化行为”，所以，以上目标的达成，要依靠学生的朗读实践，在读中入情入境，在读中体会文章表达上的特点。

（四）重点句教学设计示例

这山中的一切，哪个不是我的朋友？我热切地跟他们打招呼。

1. 初读句子，理解“一切”。

自读课文，边读边找出：这山中的“一切”，包括哪些事物？

这一花一树，一鸟一石，一山一水都是有生命的，都是我的“朋友”。

2. 诵读全段，揣摩“朋友”。

（1）透过打招呼的内容体会出这几个朋友各有怎样的个性风采，小组讨论交流。

山泉——“要我重新梳妆”；溪流——邀我“唱和”；瀑布——“雄浑的男高音多么有气势”；悬崖——“挺拔的身躯”，“高高的额头上仿佛刻满了智慧”；白云——“让天空充满宁静，变得更加湛蓝”；云雀——谈“飞行中看到的好风景”。

（2）轻声朗读，理解情感：“我”从落花、落叶、石头中体会到了什么？

从“一朵落花”“一片落叶”“一块石头”中，作者感受到了时间的变迁、生命的轮回、大自然的生生不息。

3. 模拟表演，学习表达。

过渡：面对作者热情的召唤，山中的朋友肯定会热情回应的。

想象：假如是你，你会怎样回应呢？选择一两个说说。

示例：你好，清凉的山泉！你捧出一面明镜，是要我重新梳妆吗？

山泉回答道：________________________

……

4. 再次诵读，探究表达特点。

（1）理解句式特点。

“我”跟山中“朋友”打招呼时的情景，内容一致，结构相似，是一组排比句，同时运用了拟人手法，把“我”和山里“朋友”之间那种深厚情谊淋漓尽致地表达了出来。

（2）叙述人称。采用第二人称，拉近了作者与“朋友”之间的距离，读来倍感亲切、热情。

5. 展开想象，模仿表达。

模拟文章的表达写一段话。然后交流分享。

示例：您好，悬崖爷爷！您高高的额头，刻着玄妙的智慧；深深的峡谷，漾着清澈的禅心。抬头望您，我想起一位位高僧和隐士。您如同一位无言的禅者，云雾携来一卷卷天书，可出自您的手笔？

悬崖：孩子，你好！我矗立在这里，看风云变幻，看世间沧桑，深感时光易逝，几百年就匆匆而过。孩子，你们可要珍惜眼前的一切啊！

第五章

文本片段教学设计

第一节　片段教学与设计

一、什么是片段教学

片段教学是相对于一节完整的课堂教学而言。一般说来，是选择一节课的某个句子或者段落或者篇章的局部教学内容，进行教学设计。

片段教学与完整课堂教学的区别：前者是局部的、虚拟的教学，其功用是教研或评价，听课者是领导、同行或专家、评委；后者是整体的、实际的，功用是“传道、授业、解惑”，听课者是学生。

片段教学与教学片段的区别：前者是根据指定的片段进行教学，教学设计和实施过程都是独立的；后者只是课后从完整的课堂教学过程中截取某一部分记录罢了。

片段教学与说课的区别：前者是实施（或模拟）课堂教学，而后者只是谈论课堂教学。片段教学具有很强的独立性，但与说课联系比较密切，不少的教研活动和教学水平的考核，往往先进行说课，然后再要求在说课基础上进行片段教学，把教学设想及其理论依据跟教学实施有机地联系起来。

片段教学不受时间和场地的限制，人数可多可少，时间也可长可短，非常灵活。运用的范围也很广，片段教学不但具有教研作用，而且具有评价教师业务水平的功能。正是基于此，片段教学成为提高课堂教学质量和检测教师业务水平的有效途径之一。

近年来，片段教学更多地运用在师范生职业技能大赛、教师资格证考试和新教师招聘考试中，成为考查教师职业技能和职业素养的重要方式。片段教学设计在笔试中和面试中都有要求。笔试一般是对文章指定的句子和段落内容进行设计；面试中则是从教材中选取某些课文的段落进行教学实施，要求根据节选内容确定教学目标，设计教学方案，最后实施教学。比如，《美丽的小兴安岭》描写了不同季节的风景，可以指定其中某个季节进行片段教学，时间大致在10～15分钟，执教者通过完成指定段落的教学任务，来表现自己的教学基本功、教学能力和教学思想。

二、 片段教学的特点

1. 虚拟性。片段教学虽然在本质上是教学活动，但又与正常的教学活动有所不同，平时教学实践的实施对象是学生，而片段教学面对的却是同事、同行，甚至是评委，因此在教学实施过程中就带有浓重的虚拟色彩。可以虚拟学生、视频、音频、PPT等的存在，可以用语言来描绘虚拟的场景。

2. 完整性。片段教学的教学内容相对完整的课文来说仅仅是文章的局部，因此这里所谓的完整性是指教学步骤的完整。即使如此，片段教学依然有教学重点和难点，然后也进行教学设计，运用合适的教学方法实施教学，这一过程同样也表现了完整性。

3. 实践性。从本质上说，片段教学就是一次教学实践活动。片段教学是将教学构想具体化实践化的过程，目的在于体现其教学设计的合理性、可行性和实效性。因此片段教学将课堂教学实践与教育教学理论有机结合起来，做到实践与理论的统一。实践性是片段教学最重要的特征。

4. 预设性。由于片段教学的虚拟性，学生的发言、学生的活动、师生的交流可以用“转述法”进行，教师可以预设学生的答法，甚至可以预设答错，然后通过教师的引导有序推进。片段教学要求教师不但要做到眼中有学生，还要做到心中有课堂，按预设进行有声有色的虚拟教学。

三、 片段教学教什么

（一）品读关键词句

1. 关键词。大部分课文中尤其是优秀的文章中总有那种“牵一发而动全身”的“点”：或一词，或一句，或一段；或文题，或开篇，或总结，或承上启下。找准这个“点”，通过精心设计，突破一点，就可以引导学生从整体感知课文，从而对文本留下完整的印象。老舍的《猫》（人教版课标本第七册）开篇第一句就是：“猫是个古怪的动物。”全文就是围绕“古怪”来写猫的，猫既“老实”又“淘气”，既“贪玩”又“尽职”，既“胆小”又“勇猛”，就是这样一组组对立、矛盾的性格统一于一体而古怪。通过描写猫的“古怪”，表达了老舍先生对猫的喜爱、对生活的热爱，这种情感自始至终融于文章的字里行间，渗透于每一个字眼。同一单元的课文《白鹅》也是，课文是围绕“好一个高傲的动物”中的“高傲”这个关键词来写的。我们在解读时抓住这个“点”，那么在课堂教学上就可以引导学生从白鹅的叫声、步态、吃相来交流体会白鹅的“高傲”。品味关键词要对教材文本进行细致的语义分析，通过自己的“读”，对作者、对文本做比较全面的认识，从而实现了对文本意义较为准确的解读。

2. 中心句。在许多课文中，某个词语或句子就是贯穿全文的中心点，全文处处与之紧密相连。如果抓住这些中心词句进行教学，能有效地帮助学生把握课文的脉络，准确地理解整篇课文的内容。例如教学《富饶的西沙群岛》（人教版统编本第五册）一文，抓住“那里风景优美，物产丰富，是个可爱的地方”这个句子引导学生理解课文内容，可以设计如下问题：课文写风景优美的段落有哪些？写物产丰富的段落是哪几段？优美的风景体现在哪些景物上？丰富的物产又是什么？通过理解以上几个问题，学生初步懂得整篇课文是围绕“风景优美、物产丰富”这两个词来写，用了总分的叙述方式，以下的内容都是这两个词的具体化和形象化。也就是说，学生对课文的主要内容和结构已经有了初步的了解，这对进一步理解课文内容无疑起了先导作用。

（二）概括主要内容

概括文章的内容主要是解读文本中的人物形象、生活故事以及故事背景等内容。梳理文本的内容能增强对文本的深度理解。

以《姥姥的剪纸》（苏教版第十一册）为例，以“剪纸”为线索塑造主要人物形象——姥姥，透过语言文字，我们首先感受到的是人物形象，一个立体的姥姥形象：心灵手巧、心地善良、勤劳。文本围绕“剪纸”这一条线索塑造了姥姥的以下特点：一是姥姥剪纸的技艺高超，“剪猫像猫，剪虎像虎，剪只母鸡能下蛋，剪只公鸡能打鸣”，姥姥的剪纸技术已经出神入化；二是姥姥的人缘好，“姥姥广结善缘，有求必应，任谁开口都行”；三是姥姥勤学苦练，“数九隆冬剪，三伏盛夏剪，日光下剪，月光下剪，甚至抹黑剪”，姥姥还通过自己的剪纸经历告诉我，无论做什么事都要持之以恒，勤学苦练才能成功。

文本也展示了故事的背景。教师对文本进行解读时，不仅要帮助学生了解人物形象，厘清文章的谋篇布局，把握知识脉络，深化对课文的理解，还能引领学生了解故事背景，走进文本深处，融入文本。“大平原托着的小屯里，左邻右舍的窗子上，都贴着姥姥心灵手巧的劳作。”生活在大平原的姥姥，保持农村人的淳朴和热诚，像姥姥一样勤快的人有好多，但不是人人都像姥姥一样心善手巧。勤快，让姥姥手巧，手巧心善，又让乡村的人们感受到了剪纸这门艺术带来的生活的美好。于是，左邻右居的窗子上，都贴着姥姥心灵手巧的劳作。那是姥姥的劳作，是她辛勤劳动的成果，也是浓浓的剪纸情、乡亲情。

在完成文本的内容整体感知后，教师应顺应故事脉络，引领学生细化文本学习，把零散的语言和内容还原成一个直观化、生活化和逻辑化的意义框架，帮助学生理解文本的思想内涵。

（三）感悟文章情感

作者所撰写的文章与作者当时的写作背景、生活经历有关，往往包含着作者思想的寄托，是作者自我内心的剖析。我们在解读文本时，要感悟作者的内心、情感，从作者的视角，深入地感受文本的意义，体验文本的内涵，与作者达到情感共鸣。也只有这样，才能更好地把握文本的意义及实质性的重点内容，才能给文本的价值取向准确定位，才能定好情感基调，定好教学思路，从而进行有效的阅读教学设计。如《生命，生命》（人教版课标本第八册）一文，描写了三件平常小事：小飞蛾在险境中挣扎，香瓜子在砖缝中长出小苗，“我”静听心跳感受自己的生命。作者杏林子试图通过它们向我们诠释：虽然生命短暂，但是，我们却可以让有限的生命体现出无限的价值。假如我们就此阅读文本，可能也只能体会到这一层面。但是，当我们走进杏林子的内心世界，去追寻她的内心独白，就不难发现：杏林子自身的境遇就是对生命进行顽强抗争的极好例子，而她对生命的强烈呼唤，在《生命，生命》一文中体现得如此强烈。她曾说过：“除了爱，我一无所有。”文中的她连一只小小的飞蛾都不忍伤害，虽然生命是脆弱的，但她却格外珍惜。当我们从她“珍惜生命”“热爱生命”的视角出发，链接“爱”的感悟，让文本的内涵更充蕴、更丰满，那么理解也就更透彻，也更能领会生命的内涵和真谛。

（四）领会表达方法

每个文本都是独特的“这一个”，语言风格、文章结构等不尽相同。有些语言风趣幽默，有的恬淡明丽，有的清新隽永，有的凝练含蓄。解读文本时，需要对语言文字有敏锐的感受能力，引导学生感受、理解和欣赏，学习和领悟作者的写法，迁移运用。

1. 语言节奏。如《匆匆》（人教版课标本第十二册）一文，朱自清在文中的多处地方，运用了各种修辞手法，巧妙地运用大量的叠词，而且大多句子都是短句，简朴而轻灵。“燕子去了……杨柳枯了……桃花谢了，有再开的时候……”“在逃去如飞的日子里……只有匆匆罢了；在八千多日的匆匆里，除徘徊外，又剩些什么呢？过去的日子如轻烟……”节奏整齐，韵律和谐，带给读者诗一般的感觉！在教学设计中应引导学生在读中品味作品字里行间流露的真情，在朗读中体会朱自清先生自然流畅、清新隽永的语言风格。

还有《窃读记》(人教版课标本第九册)语言也非常有特点，其中多用口语短句，读来亲切，如“啊！它在这里，原来不在昨天的地方了”来表达终于发现书并没有卖出去，又可以接着读的惊喜；“就像在屋檐下躲雨，你总不好意思赶我走吧”，利用“下雨天，留客天”这种理所当然的借口，自我安慰，让读者体验到作者一方面享受阅读的快乐，一方面还要时刻关注周围的环境。如：“我跨进店门，踮起脚尖，从大人的腋下钻过去。哟，把短发弄乱了，没关系，我总算挤到里边了。”这其中一系列的动作描写，都给人留下了深刻的印象。

2. 修辞手法。要注意运用修辞表达方式的语言，如《桂林山水》(人教版课标本第八册)中的排比的表达方法。课标要求教师不必系统地讲授修辞知识，但一定要引导随文学习一些常见的比喻、排比、拟人、夸张等修辞表达方式，如应让学生体会排比的表达方法，再进行仿写排比句这样的小练笔。再如，说明文中一些常见的作比较、列数字、举例子、打比方等说明方法，如《颐和园》(人教版课标本第七册)让学生体会列数字的说明方法，“这条长廊有七百多米长，分成273间”。《长城》(人教版课标本第七册)中作比较的说明方法，“城墙顶上铺着方砖，十分平整，像很宽的马路，五六匹马可以并行”，就是采用学生熟知的事物来做比照。《鲸》(人教版课标本第九册)作者运用列数字、举例子、做比较、打比方等多种说明方法，通俗、生动、准确地对鲸的特点加以说明，融知识性与趣味性于一体，语言简练准确、平实质朴又不乏生动形象，增强了文章的可读性。学习了课文以后，一般都会在单元习作中学习运用这些表达方法。如学习了《鲸》后，在该单元的“口语交际——我是小小推销员”中就要求用上一些说明方法，使自己的“推销”打动“顾客”；在习作中选择一种生活中的物品介绍给大家，也要求学会按照一定的顺序，并用上一些说明方法。

四、片段教学设计中的问题与策略

片段教学设计常常存在以下问题：

一是教学内容平铺直叙。表现为在设计中没有设计重点，没能抓住关键词句来教学，而是按照段落逐句逐字地教，流水账式的师问生答，语调没有变化，容易让人走神。

二是教学方法单一。表现为教者以讲授法为主，凭书讲书，串讲串问，没有发挥学生的自主性和合作性，方法单一，令人乏味。

三是自问自答。表现为不能恰当转述学生问题与语言，或者同时扮演老师和学生两种角色。

针对以上问题，我们采用如下应对策略：

1. 采用板块教学，对环节进行设计，让教学环节清晰。准确确定教学重点、教学难点，充分挖掘教材值得教的亮点进行设计，并选好教学的切入点和突破口。对段落中的关键词句、学习重点之处以及教学的导入、转换、收束等教学环节进行难点设计。问题设计要体现层次性。有层次的教学环节设计有助于学生能力的形成和思维品质的培养。

2. 依据文本特点，不同的内容采用不同的教学方法，可以借助虚拟的视频、实物、图片等，采用小组合作、学生自主学习、表演法等，教学手段的选用要有助于提高课堂教学效率，体现以学生为主体，调动学生的学习积极性，并将能力的培养与思想教育有机地结合起来。

3. 学会转述。好的片段教学设计目标明确，内容充实，逻辑性强，层次清楚，面向全体学生，体现层次性，教学语言简洁清晰，板书设计新颖、有创造性。教学评价这一块不能简单用“好”“很好”“非常好”来评价，转述学生的语言和表达，尽量具体指出学生回答好在哪里，用语言、手势、声调等方法，让学生看到闪光点在哪里、不足在哪里。

面试中的片段教学设计的实施过程，首先要做到心中有正确的教育教学理念，以学生为本，将激发学生学习兴趣作为课程设置的出发点；其次，在准确把握知识点的基础上，运用合理的教学方法，引导学生进行自主、合作、探究式学习；第三，要在较短的时间内把教学设计的亮点展示出来，这也是片段教学设计的精髓；最后，要结合自身优势，展现自己的优势和特长，如简笔画、舞蹈、音乐等形式的运用，让评委眼前一亮。当然，我们要注意，片段教学不是浓缩的课，不必如同平时授课那样实现教学重点和教学难点的全面突破，但是也要求有清晰而又完整的教学步骤，在教学设计时，要注意导入语设计、互动环节设计、板书设计和结课环节的设计，给教学增色添彩。

第二节　片段教学流程

片段教学一样要实现教学重点和教学难点的突破，完成教学目标，所以也要有清晰而又完整的教学步骤实施过程。“麻雀虽小，五脏俱全”，一般来说，一个完整的片段教学包含导入文本、品词析句、学习内容、体会情感、学会表达、拓展训练，其中还包括朗读指导。以《盘古开天地》（人教版课标本第五册）一课为例来说明：

一、片段教学基本流程

（一）导入文本，激发兴趣

可以依据不同文本的特点选择合适的导入方法进行导入。最常见的有语言导入法，如：“同学们，当我们仰望蓝天，俯瞰大地的时候，就会情不自禁地想起这个人——盘古（板书）。因为是他——开天地（板书）。《盘古开天地》是一个神话故事，充满了幻想的色彩，充满了神奇的想象。”很自然地将学生引入到课文内容的学习中。当然，语言导入可以配上图、视屏等其他多媒体手段，创设情境，激发学生的阅读兴趣。

（二）品词析句，理解词语

品词析句常用方法：字理识字理解字义、直观演示理解字义、比较辨析体会词义、联系上下文理解词语、联系生活体会词义等。可以依据不同文段中的语句选择合适的品词析句的方法。如本课的词语教学设计如下：

【示例】

1. 出示生字词：“四肢”“肌肤”“一丈”“滋润”“混沌”“创造”。

（1）“四肢”“肌肤”这两个词有什么特点吗？指导：偏旁部首是与身体有关的“肉月旁”。

（2）一丈有多长呢？指导：一丈相当我们教室的高度。

（3）“滋润”这两个字都与什么有关？指导：与水有关。在生活中，田地干涸了，浇浇水，田地就滋润了；人口渴了，喝喝水，喉咙就滋润了。

（4）什么是“混沌”的？课文中第一段写：很久很久以前，天和地还没有分开，宇宙混（hùn）沌（dùn）一片。指的是天和地混沌一片。

2. 请用“创造”一词说出这篇课文主要讲了什么内容？（提示：人类的老祖宗盘古，用他的整个身体创造了美丽的宇宙。）

注意观察“创”第三笔是横折勾，第四笔是竖弯勾，部首是立刀旁。知道为什么是立刀旁吗？创造需要刀斧来披荆斩棘，开辟道路。“造”这个字是半包围结构，走之底注意平捺向右伸展，带有一波三折之势！这是为什么呢？创造不是一天两天能完成的，需要走一段艰难而又遥远的路途。是啊！同学们，“创造”需要工具，需要力量，需要行动！就让我们赶快进入课文，看看神话中的盘古倒下后又是怎样去创造这个美丽的宇宙的？

本片段的教学设计，在词语品析中，分别采用了字理识字法理解“月”字旁含义，理解“创造”中“创”的写法和字义；采用联系生活法，理解

“一丈”的高度和“滋润”的感受；借助上下文法理解“混沌”。课标指出：“语文教学要注重语言的感悟、积累和运用。”教师尽可能让学生直接去感受语言，积累语言。当然在真正的片段教学中，只要选用其中一到两个字词重点教学即可。

（三）学习内容，体会情感

《盘古开天地》是中国古代的一个神话故事，神奇的想象很能引起学生的兴趣，但由于这个故事与学生的现实生活有较大的距离，内容理解环节可以采用“直观演示，重现盘古开天地之美”和“品词析句，感受盘古开天辟地之壮”两个环节帮助学生了解内容和情感。

直观演示可以采用多媒体课件、音频视频等再现盘古开创天地的壮美，激发学生兴趣，感受神话之神奇。在让学生感受到神话的奇幻的同时，更应该引导学生关注文本的语言特点，文章的第二、三自然段中大量、准确地运用动词（如“抡”和“劈”）、近义词、反义词（如“清”和“浊”）等，通过对这些词汇进行辨析或对比，使学生感受盘古开天辟地之壮。并让学生明白应如何在具体的语言环境中使用词汇，最终帮助学生积累语感，领悟神话的特点。本段的想象品读教学设计如下：

【示例】

1. 师范读，学生想象画面：你仿佛看见了什么？

2. 自由读第三自然段，选择一个画面，试着读出它的神奇。

“他见周围一片漆黑，就抡起大斧头，朝眼前的黑暗猛劈过去。”

（1）换词法：为什么要用“抡”不用“拿”？

（2）学生对比做动作，体会“抡”的力量。

（3）联系上下文的“猛劈”，更能理解出盘古的力大无穷。

（4）指导朗读，“抡”和“劈”加重语气。

从这两个词语中，感受盘古开天地的不易与伟大。

（5）说一说在你心目中这时候盘古的形象是怎么样的。

“轻而清的东西，缓缓上升，变成了天；重而浊的东西，慢慢下降，变成了地。”

（1）师引导学生，发现四对反义词。

（2）辨析近义词：缓缓、慢慢。

（3）学生谈感受。（天地神奇的变化）

（4）小结：感谢盘古，帮我们劈开混沌，分开天地。

（四）朗读指导，感悟特点

在内容和情感的理解中，教师用朗读指导帮助学生加深对作品的理解，提高语言表达能力和想象能力。

在《盘古开天地》二、三自然段的教学中，采用“情境研读品神话，感悟神奇”，引导学生提炼出贯穿全文的一个问题：神话中盘古是怎样创造宇宙的？通过创设情境、朗读指导等方法引导学生感悟故事的神奇，使盘古的无私奉献的形象在学生心目中逐渐清晰起来。课文第三自然段重点指导品读盘古“头顶着天，用脚使劲蹬着地”的动作。

（五）领悟表达，学习方法

作为神话，本文不但想象大胆、神奇，语言也极具特色，总分的句子关系，颇具气势的排比句式，以及大量形容词偏正结构短语，都是对学生进行语言文字训练的好范例。因此，在教学中，要引导学生在实践中内化语言，运用语言，并让学生展开想象的翅膀，创造出一个个神奇。如：

师：盘古倒下后，他的身体发生了巨大的变化。

生：“他呼出的气息变成了四季的风和飘动的云”“他的汗毛，变成了茂盛的花草树木”“他的血液变成了奔流不息的江河”……

师：大家看看，文中提到盘古的变化以后，还多加了一个省略号，这说明了什么呢？

生：表示盘古身体发生的变化还有很多！

师：说得真对，那么现在，就让我们插上想象的翅膀，一起想象，盘古的身体还会发生什么样的变化呢？

生：他的眉毛变成了天上的彩虹……他的大腿变成了高大的楼

房……他的牙齿变成了闪闪发光的钻石……他的耳朵变成了五彩缤纷的贝壳……他的骨头变成了藏在地下的石头……

师：嗯，了不起的孩子们！你们的想象力可真丰富啊。从这儿可以看出，这个省略号可以拿掉吗？

生：不能。正因为有了它，才给了我们无限的想象。

师：传说中的盘古就是这样，用尽所有力量，把他的整个身体，将混沌的宇宙创造成美丽的宇宙！同学们，让我们记住这美丽的神话——

生：盘古开天地！

通过对盘古身体发生变化的语句的模仿，学生既掌握了句式，又理解了盘古开天地的过程，还通过大胆的想象锻炼了思维能力。本课的教学重点也得以突破。

（六）拓展训练

语文课程标准要求我们要“增加学生阅读量”“扩大学生阅读面”。课外阅读和课堂教学是相辅相成的。教师在课堂教学中要通过拓展，自然地由课内向课外迁移，积极引进更丰富、鲜活的课程资源为教学服务。实现由“教教材”到“用教材教”的转变。因此，在本课教学结束后，教师可向学生推荐或学生自己选择阅读其他中国古代神话传说，进一步探索中国的传统文化，并在拓展阅读中对神话这一题材的表达特点继续深入地了解。拓展训练也可以通过作业布置来体现，如本课的作业如下：

1. 熟读课文，选择背诵自己喜欢的段落，并把这个神奇的故事讲给家人听。

2. 阅读相关的神话故事，如女娲补天、嫦娥奔月、后羿射日、精卫填海等。

二、 片段教学的其他要素

(一) 板书设计

板书设计能体现课文重点，也能帮助学生更好地理解和回顾课文内容，简洁明了。

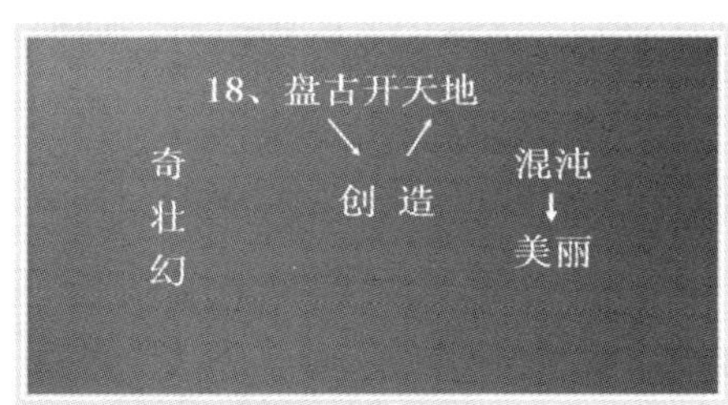

纵观整个教学设计，抓住神话的特点，以“神奇”作为切入点，以中华传统文化为主线，尊重学生的主体性，给予了学生充分的时间走进文本去体验、去感悟。不仅关注了语文教学的人文性，还突出了语文学科的工具性，对学生进行了扎实的语文基本功训练。

(二) 朗读指导

吕叔湘先生认为，学习语文的首要任务是培养学生的语感。朗读是培养语感最好的方式。下面再重点介绍朗读的指导方法。

1. 多种形式朗读。朗读方式有默读、大声读；大声读又分为齐读、自由读、男女生对读、小组读、开火车轮流读、分角色读等；还有教师范读、配乐读、创设情境读等多种形式。可以根据文章的内容和教学的实际需要来选用。

朗读指导的过程即读正确→流利→有感情。朗读指导要做到读有层次，读有目标，读有实效。

【案例 1】《搭石》(人教版课标本第七册)

读——联想体验，以读代讲。默读并画出走搭石美的句子。品读语句，读出韵味之美。

(1) 教师范读。

“每当上工、下工，一行人走搭石的时候，动作是那么协调有序！前面的抬起脚来，后面的紧跟上去，踏踏的声音，像轻快的音乐；清波漾漾，人影绰绰，给人画一般的美感。”对这些句子进行范读，体悟走搭石的美。

（2）配乐读。出示课件，感受诗情画意走搭石的情景。伴随音乐学生进行大声朗读。

以上案例就分别采用了个别默读、教师范读、创设情境配乐读、学生大声读等方式。朗读指导可以用多种方式同时进行，如用音乐和画面共同创设诗情画意的情境，帮助学生更好地理解家乡人走搭石的协调有序。

【案例 2】《小柳树和小枣树》（人教版课标本第三册）

感悟小柳树的骄傲。

（1）自由朗读课文，小组交流讨论找出小柳树对小枣树说的话。

（2）请学生朗读小柳树对小枣树说的话，并探讨用什么语气读这两句话。（自豪的、骄傲的）

（3）让学生带着自豪的、骄傲的语气与同桌相互练读这两句话。

（4）请学生上台角色扮演朗读这两句话，学生和老师对上台表演的同学进行点评。

（5）老师示范读其中一句，通过表情、动作引导学生体会这两句话。

（6）全班集体通过动作、有表情地朗读。（小柳树说：喂……）

以上案例就分别采用了自由读、分角色读、教师范读、表演读等方式。分角色表演读能让学生体会小柳树的骄傲。

2. 读出情感：把体会到的情感融入到朗读中，言语的训练最后还要回归到文本上。

【案例 1】《黄鹤楼送孟浩然之广陵》（人教版课标本第七册）

指导朗读：“故人西辞黄鹤楼，烟花三月下扬州；孤芳远影碧空尽，唯见长江天际流。”

教师可以引导学生：此时长江上应该是“千帆竞发”，而作者的诗歌中却写道“孤帆”，这是为什么呢？引导学生理解诗人对朋友依依不舍之情。带着这种不舍的感情再读一读。

【案例2】《观潮》（人教版课标本第七册）

指导朗读：“浪潮越来越近，犹如千万匹白色战马齐头并进，浩浩荡荡地飞奔而来；那声音如同山崩地裂，好像大地都被震得颤动起来。”

（1）指导读句子。说说句子的意思。

潮来时的气势和声音：“浩浩荡荡”“山崩地裂”。

（2）指导理解“浩浩荡荡”“山崩地裂”的意思。

①抓字眼体会“浩浩荡荡”“山崩地裂”，说明声音大，气势壮观。

②读出这两个词语蕴含的画面感，感受大潮的壮观气势。

（3）指导学生把读词的感受带入句子中，注意重读“浩浩荡荡”“山崩地裂”，节奏加快，从而体会“天下奇观”。

3. 读出技巧：停顿、强调（重读、轻读、延长）。注重停顿与节奏，个性化的朗读。

朗读中对文章情感的理解可以用不同的语气语调表现出来。如指导学生朗读巴金先生《鸟的天堂》中的语句：那翠绿的颜色，使人看了非常耀眼，似乎每一片绿叶上都有一个新的生命在颤动。教师可以这样指导：“我听出来了，你读得很有感情，但是老师再给你个建议，你把这个地方读得再轻点，读出‘颤动’的心情。”这就是从课文情感上引导学生体会情感。对学生的朗读不能简单地说“好”，要给予指点和建议，注意指导学生入情入境地朗读。

（三）语言表达训练

理解文章的内容和情感后，要将语言文字的训练落到实处，体现“语文是一门学习语言文字的综合性、实践性课程”。听、说、读、写四种能力是人们在日常生活中认知世界、获取信息、发展智能、交流情感的一种重要手段。从语言的形式来看，听和说是口语，读和写是书面表达。口语是通过书面语而起作用，书面语是口语的文字记录。因此，说和写是表达思想，是信息输出的重要技能。接下来具体介绍片段教学中说和写的指导。

1. 说的指导。说的指导即是对学生进行口头表达训练。“说”，包含有想象说、自主说、模拟说、拓展说等。

（1）想象说。从课文语句出发，鼓励学生展开想象，将对文章的理解具体化。

【案例】《纪昌学射》（人教版课标本第八册）

课文：“纪昌回家之后，就开始练习起来。妻子织布的时候，他躺在织布机下面，睁大眼睛，注视着梭子来回穿梭。两年以后，纪昌的本领练得相当到家了——就是有人用针刺他的眼皮，他的眼睛也不会眨一下。”

想象说：炎热的夏天，纪昌躺在织布机下，汗水一点一点地从额头滴下，他坚持着；寒冷的冬天，纪昌躺在织布机下，地上一片冰凉，他的眼睛一眨不眨……

（2）自主说。从文章的内容出发，抓住细节，进行自主说的训练。

【案例】《邮票齿孔的故事》（人教版课标本第四册）

“阿切尔被那个先生的举动吸引住了”，从这句话中你知道了什么？你能具体说出阿切尔的动作和神情吗？

学生可以结合课文插图和自己的理解进行想象，个性化地说出场景和细节。

（3）模拟说。片段教学中一般可以模拟多媒体设备、音乐、视频、图片的存在来创设情境。

【案例】《草原》（人教版课标本第十册）

播放童声歌曲《敕勒川》，出示草原挂图，闭上眼睛感受一分钟。

听了草原赞歌，又看到了美丽的草原图，请大家和我谈谈感受，好吗？

（4）拓展说。从文章的内容和线索出发，鼓励进行拓展想象。

【案例】《盘古开天地》（人教版课标本第六册）

通过情景渲染、朗读来表达对盘古的感激以及敬佩。

一天又一天，一年又一年，天在不断地上升，地在不断地下沉。盘古又发生了怎样的变化呢？

2. 写的指导。写的指导包括句式仿写、修辞仿写、续写等。

【案例】《秋天的雨》（人教版课标本第六册）

“黄黄的叶子像一把把小扇子，扇哪扇哪，扇走了夏天的炎热。”

“秋天的雨把红色给了（枫树），红红的枫叶像一枚枚邮票，飘哇飘哇，邮来了秋天的凉爽。”

这两个比喻句，将秋天的黄叶比喻成小扇子，红叶比喻成邮票，理解了句子以后要进行句式的模仿训练，学习用比喻句写秋雨，体现秋雨的特点：

秋天的雨把紫色送给了（葡萄），一串串葡萄就像________。

【案例】《纪昌学射》（人教版课标本第八册）

课文主要写纪昌练习眼力，学习完课文后，教师可以引导学生思考：纪昌光练眼力就够了吗？学生悟出要成为神射手，还要练习臂力。“那他是怎样练习的呢？请同学们一起来做个小练笔。写一写纪昌练习臂力的片段。”这样，学生在写练习臂力的时候会运用上“练眼力”的写法，这样就自然迁移了写的能力。

（四）其他常用手段

片段教学设计中还可以运用其他手段：利用课文插图、教学挂图，使用多媒体，简笔画，做游戏，讲故事等等。

还可以借助想象。例如，写景的文章，可由教师概括课文中的句子，学生们闭上眼睛，想象课文中描写的情景。

上述常用的教学手段在片段教学的过程至少也可以使用一两个，活跃课堂气氛。

第三节　片段教学设计训练与分析

从片段教学设计的内容看，可分为文章段落的节选与专题教学两种类型。节选型是从一篇完整的文章中选取句子或者段落（一段或者多段）进行教学，教者根据节选的内容确定教学目标，设计教学方案，然后实施课堂教学。专题型是从某篇文章中抽取一个专题（或一个知识点、能力点，或一个教学环节）让教师施教，教者以此为目标进行教学。比如下面案例中的《苏七块》，指定课文的第二段（或者其中画线句子）进行片段教学，就属于节选型，如果要求教师引导学生学习课文中的人物描写的方法，则为专题型片段教学。比如下面案例中的《看戏》要求进行朗读教学设计，也是属于专题型片段教学。注意，这些片段教学设计只需写出其中“教学过程”部分的设计即可。本节将对不同文本的片段教学设计类型进行案例设计与分析。

一、 节选型片段教学

1. 画线句子教学设计

【案例 1】

苏　七　块

冯骥才

苏大夫本名苏金散，民国初年在小白楼一带，开所行医，正骨拿踝，天津卫挂头牌，连洋人赛马，折胳膊断腿，也来求他。

他人高袍长，手瘦有劲，五十开外，红唇皓齿，眸子赛灯，下巴儿一绺山羊须，浸了油似的乌黑锃亮。张口说话，声音打胸腔出来，带着丹田气，远近一样响，要是当年入班学戏，保准是金少山的冤家对头。他手下动作更是“干净麻利快”，逢到有人伤筋断骨找他来，他呢?手指一触，隔皮截肉，里头怎么回事，立时心明眼亮。忽然双手赛一对白鸟，上下翻飞，急如闪电，只听“咔嚓咔嚓”，不等病人觉疼，断骨头就接上了。贴块膏药，上了夹板，病人回去自好。倘若再来，一准是鞠大躬谢大恩送大匾来了。

人有了能耐，脾气准格色。苏大夫有个格色的规矩，凡来瞧病，无论贫富亲疏，必得先拿七块银元码在台子上，他才肯瞧病，否则决不搭理。这叫嘛规矩？他就这规矩！人家骂他认钱不认人，能耐就值七块，因故得个挨贬的绰号叫做：苏七块。当面称他苏大夫，背后叫他苏七块，谁也不知他的大名苏金散了。

苏大夫好打牌，一日闲着，两位牌友来玩，三缺一，便把街北不远的牙医华大夫请来，凑上一桌。玩得正来神儿，忽然三轮车夫张四闯进来，往门上一靠，右手托着左胳膊肘，脑袋瓜淌汗，脖子周围的小褂湿了一圈，显然摔坏胳膊，疼得够劲。可三轮车夫都是赚一天吃一天，哪拿得出七块银元？他说先欠着苏大夫，过后准还，说话时还哼哟哼哟叫疼。谁料苏大夫听赛没听，照样摸牌看牌算牌打牌，或喜或忧或惊或装作不惊，脑子全在牌桌上。一位牌友看不过去，使手指指门外，苏大夫眼睛仍不离牌。“苏七块”这绰号就表现得斩钉截铁了。

牙医华大夫出名的心善，他推说去撒尿，离开牌桌走到后院，钻出后门，绕到前街，远远把靠在门边的张四悄悄招呼过来，打怀里摸出七块银元给了他。不等张四感激，转身打原道返回，进屋坐回牌桌，若无其事地接着打牌。

过一会儿，张四歪歪扭扭走进屋，把七块银元“哗”地往台子上一码。这下比按铃还快，苏大夫已然站在张四面前，挽起袖子，把张四的胳膊放在台子上，捏几下骨头，跟手左拉右推，下顶上压，张四抽肩缩颈闭眼呲牙，预备重重挨几下，苏大夫却说：“接上了。”

当下便涂上药膏，夹上夹板，还给张四几包活血止疼口服的药面子。张四说他再没钱付药款，苏大夫只说了句："这药我送了。"便回到牌桌旁。

今儿的牌各有输赢，更是没完没了，直到点灯时分，肚子空得直叫，大家才散。临出门时，苏大夫伸出瘦手，拦住华大夫，留他有事。待那二位牌友走后，他打自己座位前那堆银元里取出七块，往华大夫手心一放。在华大夫惊愕中说道：

"有句话，还得跟您说。您别以为我这人心地不善，只是我立的这规矩不能改！"

华大夫把这话带回去，琢磨了三天三夜，到底也没琢磨透苏大夫这话里的深意。但他打心眼儿里钦佩苏大夫这事这理这人。

假如把《苏七块》作为第三学段的课文，请为第二自然段画线部分撰写一份教学过程的设计。

【设计思路】

以上是节选型的片段教学。教学设计过程应有以下几点：

(1) 内容上，本段主要描写苏七块的医术高超，画线部分是用动作词和时间词描写其特点，但是在设计中依然要注意整体把握。

(2) 语言特点上，画线句子中的"一触""立时""忽然""上下翻飞""疾如闪电"等词体现时间的短、速度的快，其中还有拟声词"咔嚓咔嚓"表现动作快速利落干净，教学中要通过品词析句，深入领悟苏七块医术高超，内化语言积淀。

(3) 写法上，本段运用时间短语、动作描写、比喻等修辞手法，段落最后一句还有患者的感受和感恩，侧面描写表现苏七块的医术高超。教学中要了解作者的表达方法，适当进行表达训练，可以适当联系上下文，让学生学习侧面描写的手法，如想象患者说出自己的感恩之词等。并且，本段语言也能体现冯骥才的语言特点，口语化，生活化，短语化。

（4）教法上，要突出学生主体地位，不能用教师的分析代替学生的阅读实践，要让学生自我体验、理解、感悟和思考。注意教学层次的清楚度。

（5）朗读指导上，注意穿插默读尤其是朗读训练，体现不同词语背后蕴藏的作者的情感，画线部分的朗读语速偏快，语调短促，以动作的干净、麻利、迅速，体现医技之高超。

【设计示例 1】

（1）初读课文，整体感知段落。

①自由读，概括段落大意。

②找出动作词，并做上标注。

（2）品读句子，感受人物医术的高超。

①抓住“一触”“上下翻飞”，体会苏七块医术的高超。

②抓住时间短暂的词语，“立时”“忽然”“疾如闪电”，突出苏七块治疗时间之短以及技术娴熟。

③理解运用比喻修辞手法，将苏七块的手比作白鸟，形象地写出了他的医术高超。

（3）拓展延伸，体味敬佩之情。

①情境创设，说一说：假如你是患者，你会对苏七块说些什么？

②试着用侧面烘托的手法写一写你熟悉的一个人。

【设计分析】

（1）注重品读词语。该设计从品读词语入手，抓住动作词、时间副词、形容词等引导学生感受苏七块的医术高超，同时也能发现段落中的修辞手法——比喻，将苏七块的双手比做白鸟，体现了其灵敏轻捷。

（2）注重学法指导。第一环节中学生的学法“自由读”“做标注”等都体现了学生学习的“自主性”。

（3）注重能力迁移。第三环节拓展延伸部分，体现了对该文写法的迁移能力的培养。

【设计示例 2】

（1）初读句子，感受苏七块动作的干净、麻利、快。

哪些词表现苏七块的动作麻利？（触、上下翻飞、疾如闪电、咔嚓咔嚓）

本环节可以用的方法有默读、自由读、边读边思考、边读边画出；概括句子意思、概括段落大意等。

（2）品读词语，体会苏七块的医术高超。

①思考：句子中用了哪些类型的词语描写动作之快？（动作词、形容词、拟声词）

②品味句子，体会这些类型词语对表现苏七块技艺高超的效果。

动作词："触""赛"突出动作麻利。

形容词："上下翻飞""疾如闪电"突出动作干净。

拟声词："咔嚓咔嚓"，生动表现动作快速。

③品析作者所用的修辞手法。

比喻：将手比作白鸟，突出动作娴熟麻利。

夸张：疾如闪电，表现动作之迅捷。

（3）指导朗读，体会苏七块医术高超。

①教师范读，突出动词、形容词。语速快，突出短句的特点。

②指名请学生读句子，个别读，感悟作者语言口语化的特色。

（4）随堂练习，学习表达方法与语言特色。

运用动作词和拟声词描写一小段话，写一写你在街头看见的一个手艺人（如，捏泥人、做糖画的、卖奶茶的）。

【设计分析】

（1）围绕人物的特点展开设计，紧扣文本。第一环节从人物的动作词入手，从这些动作词中感受其动作的"干净麻利快"，第二环节则从动作词、形容词、拟声词感受苏七块的医术高超，第三环节从“朗读指导”角度强化对人物特点的理解。

（2）重点突出。除了找出不同类型的动作词，还能注意到修辞上的特点，使得人物的形象更为丰富，突出了人物的特点。

（3）朗读指导具体，不仅有读的方式还有读的技巧，帮助理解作者对人物的情感。

【案例 2】

母亲的目光

①做了母亲之后，十分喜欢看着儿子睡觉。他泥鳅一样光滑的背，黝黑健康的胳膊，饱满茁壮的腿，眉宇间不可言说的可爱神情……看着看着，我常常觉得，单是为了这么一看，女人就不能错过做母亲的机会。

②忽然又想，自己这么小的时候，一定也是这么在母亲目光中熟睡的吧？然而愉乐的童年又是懵懂的，在这种目光里我一次也没有被看醒，所以也不曾记得。对这种目光开始有感受是在渐渐长大之后，那一年我大约十三四岁，正是女孩子刚刚有心事的时节。

③一天，我正在里间午睡，还没睡稳，听到母亲走进来，摸摸索索的，似乎在找什么东西，过了一会儿，忽然静了。可她分明又没有出去。我们两个的呼吸声交替着，如树叶的微叹，我莫名地觉得紧张起来，十分不自在。等了一会儿，还没有听到她的声响，便睁开眼。我看见，母亲站在离床一步远的地方，正默默地看着我。

④“妈，怎么了？”我很纳闷。

⑤“不怎么。”她说，似乎有些慌乱地怔了怔，走开了。

⑥后来，这种情形又重复了一次。我就有些不耐烦地说：“妈，你老是这么看我干吗？”母亲仿佛犯了错似的，一句话也没有说。

⑦以后，她再也没有这么看过我，或者说，是她再也没有让我发现她这么看着我了。<u>而到我终于有些懂得她这种目光的时候，她已经病逝了。再也不会有人这么看着我了。</u>

⑧我知道，这是天空对白云的目光，这是礁石对海浪的目光，这是河床对小鱼的目光。这种目光，只属于母亲。

⑨孩子在我的目光里，笑出声来。我的目光给他带来了美梦了吗？我忽然想，如果能够再次拥有母亲的这种目光，我该怎么做？是用笑的甜美来抚慰她的疲惫和劳累？是用泪的晶莹来诠释自己的呼应和感怀？还是始终维持着单纯的睡颜，去成全她欣赏孩子和享受孩子的心情？

⑩有些错误，生活从来都不再赐予改过的机会。我知道，这种假设对我而言，只是想象的盛宴而已。但是，我想，是不是还有一些人也许需要这种假设呢？如果，你还有幸拥有母亲；如果，你浅眠时的双睑偶然被母亲温暖的目光包裹，那么，千万不要像我当年一样无知和愚蠢。请你安然假寐，一定不要打扰母亲。你会知道。这种小小的成全，对你和母亲而言，都是一种深深的幸福。

请为第⑦自然段画线的文字设计教学过程片段。

【设计思路】

(1) 通过品味关键词、角色体验、联系生活实际等途径，感悟两代母亲目光中播撒的慈爱，体会“我”对年少时拒绝母亲目光的懊恼和追悔之情，有感情地朗读课文

(2) 感悟文章对比的写法及其对表达思想感情的作用。根据语文课程的性质和特点，阅读教学目标至少应关涉两个基本方面：一是思想感情领悟方面，二是语言形式学习方面。在思想感情领悟上，必须紧扣全文的主旨，语言形式的学习必须考虑文本的写作特点和课程标准制订的学段目标。

(3) 按三个教学目标维度分开设计。领悟母亲目光中播撒的母爱；领悟“我”因拒绝母亲的懊恼和追悔之情；有感情朗读课文，渗透过程、方法、目标，过程和方法可以不同。

【设计示例】

（1）自读画线的句子，初步感受作者的感情。

读课文，想想句子表达了作者怎样的思想感情。读后反馈，表达了作者的哀伤和后悔等。

（2）深入阅读句子，深入感悟作者的感情。

默读句子，画出最能表现作者哀伤和追悔的词语，写上自己的感受和体会。

①体会关键词“终于”。不用“终于”句子也通顺，为什么加上“终于”？加上“终于”，说明“我”读懂母亲目光的含义实在太迟，表达了自己的懊恼和后悔。

②体会关键词“了”。两个“了”可以删去吗？想到母亲永远不能死而复生，自己再也不能享受母亲的目光，痛彻心扉，两个“了”都是语气词，强调了后悔和哀伤的感情。

（3）揣摩作者的思想感情，进行练笔训练。

如果你就是作者，此时你想对母亲说什么？请写下来。

（4）指导朗读，读出作者追悔和哀伤之情。

【设计点评】

根据课程标准第三学段的课程目标，句子教学最基本的目标是理解句意，故教学设计将感悟到“我”抗拒母亲目光的追悔和失去母亲的哀伤作为教学内容。

阅读的本质是通过语言文字获取信息。领悟每一句话情感的基本途径往往主要靠品味关键词。副词“终于”，表现“我”醒悟已晚、悔之已晚；连用两个语气词“了”，强化对永失母爱的深哀巨痛。抓住“终于”“了”引导学生领悟感情。

朗读是阅读教学的基本方法和基本途径，默读也是基本训练项目，安排朗读和默读训练。根据语文课程综合性和实践性特点，听说读写整体发展的规律，可以结合感悟“我”的追悔，写“我”想对逝去的母亲说的话。整个教学过程步骤合理，主线清楚。

【案例 3】

母亲的书

琦　君

①母亲在忙完一天的煮饭，洗衣，喂猪、鸡、鸭之后，就会喊着我说："春呀，去把妈的书拿来。"我就会问："哪本书呀?""那本橡皮纸的。"我就知道妈妈今儿晚上心里高兴，要在书房里陪伴我，就着一盏菜油灯光，给爸爸绣拖鞋面了。

②橡皮纸的书上没有一个字，实在是一本"无字天书"。里面夹的是红红绿绿彩色缤纷的丝线，白纸剪的朵朵花样。母亲每回翻开书，总先翻到夹着最最厚的这一页。对着一双喜鹊端详老半天，嘴角似笑非笑，眼神定定的，像在专心欣赏，又像在想什么心事。书页是双层对折，中间的夹层里，有时会夹着母亲心中的至宝，那就是父亲从北平的来信，这才是"无字天书"中真正的"书"了。母亲当着我，从不抽出来重读，直到花儿绣累了，菜油灯花也微弱了，我背《论语》《孟子》背得伏在书桌上睡着了，她就会悄悄地抽出信来，和父亲隔着千山万水，低诉知心话。

③还有一本母亲喜爱的书，也是我记忆中非常深刻的，那就是怵目惊心《十殿阎王》。粗糙的黄标纸上，印着简单的图画。是阴间十座阎王殿里，面目狰狞的阎王、牛头马面，以及形形色色的鬼魂。依着他们在世为人的善恶，接受不同的奖赏与惩罚。惩罚的方式最恐怖，有上尖刀山、落油锅、被猛兽追扑等等。然后从一个圆圆的轮回中转出来，有升为大官或大富翁的，有变为乞丐的，也有降为猪狗、鸡鸭、蚊蝇的。母亲对这些图画好像百看不厌，有时指着它对我说："阴间与阳间的隔离，就只在一口气。活着还有这口气，就要做好人，行好事。"母亲常爱说的一句话是："不要扯谎，小心拔舌耕犁啊。""拔舌耕犁"也是这本书里的一幅图画，画着一个披头散发的女鬼，舌头被拉出来，刺一个窟窿，套着犁头由牛拉着耕田，

是对说谎者最重的惩罚。所以她常拿来警告人。

④母亲生活上离不了手的另一本书是黄历。她在床头小几抽屉里，厨房碗橱抽屉里，都各放一本，随时取出来翻查，看今天是什么样的日子。黄历上一年二十四个节日，母亲背得滚瓜烂熟。每次翻开黄历，要查眼前这个节日在哪一天，她总是从头念起，一直念到当月的那个节日为止。我也跟着背："正月立春、雨水，二月惊蛰、春分，三月清明、谷雨……"但每回念到八月的白露、秋分时，不知为什么，心里总有一丝凄凄凉凉的感觉。小小年纪，就兴起"一年容易又秋风"的感慨。也许是因为八月里有个中秋节，诗里面形容中秋节月亮的句子那么多。中秋节是应当全家团圆的，而一年盼一年，父亲和大哥总是在北平迟迟不归。

⑤《本草纲目》是母亲做学问的书。那里面那么多木字旁、草字头的字。母亲实在也认不得几个。但她总把它端端正正摆在床头几上，偶然翻一阵。说来也头头是道。其实都是外公这位山乡郎中口头传授给她的，母亲只知道出典都在这本书里就是了。

母亲没有正式认过字，读过书，但在我心中，她却是博古通今的。

（文章有删改）

《义务教育语文课程标准（2011年版）》第三学段关于阅读教学的目标和建议指出，阅读教学要通过品味语言，体会作者及其作品的情感态度，初步领悟文章的基本表达方法。请你根据这一教学要求，为第②段画线语句写一份教学片段设计。

【设计思路】

1. 文本的内容和重点。本文是从"我"的视角，以母亲的书为线索，探索母亲的心灵世界，勾勒母亲的形象，表达对母亲由衷的赞美和同情。

2. 文本特点：文章采用白描和衬托手法来写，情感平淡而又深沉，温馨而又亲切。

3. 设计重点：①内容上，能抓住文中关键词句来设计（如名词“至宝”，动词“重读”“低诉”，形容词“悄悄”，连接词“直到”等）；②表达方法上，能抓住叙事的角度（孩子的视角）、语言特点（平实、朴素）、细节描写等。

4. 教学方法：根据文本内容，采用适当的教学方法。如整体感知、段落细读；抓关键词句、联系上下文、比较揣摩法、提问法、朗读法等。

【设计示例 1】

（1）初读语句，整体感知大意。

读语句，想想这几个句子写了什么内容，表现了母亲怎样的情感。（写母亲读父亲的来信，表现出母亲对父亲的深情思念。）

（2）指导细读，体会母亲及作者的情感。

①自读句子，找出最能表现母亲情感的词句，揣摩品味，做上批注。

②讨论交流，体会母亲及作者的情感。

A. 从关键词“至宝”“重读”，体会母亲深深的相思之情。

换词法品味“至宝”“重读”：“至宝”可否换成“宝贝”？

增删法比较：“重读”的“重”可否删去？

明确：“至宝”“重读”写出了母亲将信视为珍宝，一读再读，在一遍又一遍的读信中倾诉对父亲的思念，体现母亲的深情。

B. 由关键词“从不”“悄悄”“低诉”，体会母亲情感的含蓄、内敛。

提问法引导：为什么“从不”？为什么要“悄悄”？明确：体会母亲情感含蓄、内敛的特点。

C. 抓关键词“直到”，让学生想象“花儿绣累了”“菜油灯花也微弱了”“我伏在书桌上睡着了”的情景，从孩子的视角体会母亲独自思念父亲时的孤独与悲苦。

D. 引导质疑：读画线的语句，你有什么疑问吗？

预设："我"都睡着了，怎么知道妈妈"悄悄"看信呢？

明确：母亲常常读信读得很久，读到很晚，直到"我"睡醒还在读，含蓄地表达幼小的"我"对母亲的理解与同情。

（3）学生再读文本，领悟文章语言表达特色。

①用自己喜欢的方式再读课文，思考文章在表现母亲情感上有什么特点。

②讨论：作者是怎么表现出母亲丰富情感的？

③总结：作者从孩子的视角描写母亲，用平实的语言、真实的细节表现了母亲对父亲含蓄的思念之情，以及思念时的孤独与悲苦，也写出了"我"对母亲的理解和同情。

（4）指导朗读，进一步体会母亲及作者的情感特点。

指导内容：A. 语调节奏：自然平缓低沉；B. 重音：如"至宝""从不""重读""悄悄"等。

【设计点评】

该设计最大的特点是围绕关键词展开设计，抓了四组重点词语：名词"至宝"，动词"重读""低诉"，形容词"悄悄"，连接词"直到"进行设计，帮助学生理解母亲对父亲的思念之情，让学生体会到作者用平实的语言写出了母亲的深情，也理解母亲情感含蓄、内敛的特点。该设计是基于文本的语言特点，真正体现了"阅读是运用语言文字获取信息、认识世界、发展思维、获得审美体验的重要途径"。

此外，该教学环节安排合理，从初读——细读——再读——指导朗读，整个教学步骤主线清楚。教学方法主要采用朗读法，让学生在朗读中通过品味语言，体会对母亲的赞美和同情。从语调、节奏、重音等角度进行指导，引导学生学习用恰当的语气语调朗读，表现自己对作者及其文章的情感态度的理解。

【设计示例 2】

(1) 初读文章，整体感知。

默读课文画线句，说说体会到了什么。(预设：母亲对父亲的爱。)

(2) 精读课文，品词析句。

①思考：你从哪些词句感受到父母之间的爱？找出关键词并画出来。

②同桌交流，分组讨论。

③全班交流。

A. “书页是双层对折、中间的夹层里，有时会夹着母亲心中的至宝。”

预设：抓住“夹层”“至宝”感受母亲对父亲书信的珍惜。

B. “母亲当着我，从不抽出重读……悄悄地抽出……”

预设：抓住“从不”“悄悄”感受母亲对父亲思念之情的含蓄内敛。

(3) 领悟写法，实际训练。

①作者是怎样将母亲对父亲的思念之情写出来的？

预设：以小见大，抓住一件小事、动作、神态描写。

②试着运用上述写法，描写自己妈妈生活中的一件小事。

【设计点评】

该设计主要体现学生的自主学习，如：“你从哪些词句感受到父母之间的爱？找出关键词并画出来。”体现学生的参与合作探究，借助“同桌交流”和“分组讨论”，让学生在语文实践中学习语文，学会学习；在“领悟写法，实际训练”环节，则让学生读写迁移进行训练，体现了课标所说的“学生是语文学习的主体，教师是学习活动的组织者和引导者”。

本设计的关键词虽然不多，但选择抓住“至宝”“从不”“悄悄”

则能感受母亲对父亲书信的珍惜和对父亲的思念之情，能帮助学生从关键词来理解人物情感。

2. 指定段落教学设计

【案例】

百合献谁

刘心武

①看芭蕾舞剧《天鹅湖》，用望远镜细观台上，不是紧盯着王子和白天鹅，而是逐个地扫描那些配舞的天鹅，除了“三大天鹅”“四小天鹅”外，还有若干毫不能令观众特别瞩目的“众天鹅”，而在她们当中，当舞姿“凝固”时，也还有排在前列与隐在后面的区别，于是从望远镜中注意到，在最后面，一位天鹅双腿优雅地分立，头颈微偏，双手兰花般交错于翘起的裙裾上，身影与其他天鹅同样的美丽，在耐心地作为暗景中的“绿叶”，以衬托主角王子与白天鹅在追光中的“红花”怒绽。随着舞曲的流动，众天鹅也开始缓缓变换姿势，于是我从望远镜中，清晰地看到排列在最后的天鹅的细部，她的眉目，精心化妆后依然掩饰不了岁月的风霜，转动时，显露出锐瘦的锁骨，以及背后同样“锋利”的肩胛；可是，她虽隐于最后，却也满脸凄恻，浑身是戏。乐音陡变，众天鹅如风中白莲般翕合旋舞，转瞬间，我已不能再找到那位资深的舞娘……

②我的思绪，飘出了《天鹅湖》，飘出了王子与白天鹅悲欢离合的故事。我在猜想，那位资深的舞娘，她有着怎样的个人命运？当年她献身芭蕾这一“残酷的艺术”，不惜脚趾流血，苦练虚脱，一定怀着充当舞台追光下的白天鹅的美梦，她曾圆过这个梦吗？也许，若干年前，她确曾是众星所捧的那个“月”，可是，时光无情，后生可畏，她渐渐地，先是让出白天鹅这个主角，再让出“三大天鹅”之一的位置，在演出的说明书上，从“挂头牌”，到名字列于后面，到隐入于“本院演员”的模糊概念中——也许，更残酷的是，她竟

从未跳过主角，终其一生，也只是充当“绿叶”，并且总在“亮相”时，隐于最后一列，双手兰花般交错于翘起的裙裾上……每当那个时刻，她都能化入剧情之中，而不“走神”于自身命运的吟唱么？

③给整台演出所献的花篮，虽然也含有她的一份，但那整把的鲜花，是只献给主角的。我心中有个冲动，演出结束后，单给她，这资深的舞娘，献上一大束丰满的百合花。我把望远镜递给旁座的朋友，请他注意那位宛转于舞台暗区的资深舞娘，他先是莫名惊诧：“看她作甚?”及至看清了，咂舌道：“天哪，这老天鹅，还舍不得退出舞台，跳个什么劲儿么!”我接过他递回的望远镜，觉得透心地凉，不是朋友错了，不能怪他刻薄，甚至于，他那真实的直觉与非功利的直率，恰恰道破了人生、人性、人际的某些底蕴。可是我想哭，不独为那资深舞娘，也为了天下许许多多诸如此类的人生，当然，也包括我自己……

④出了剧场，花亭还在营业，我买下一大束昂贵的百合花，紧紧地拥在自己胸前……

《义务教育语文课程标准（2011 年版）》第三学段的阅读教学目标与内容提出：“在阅读中了解文章的表达顺序，体会作者的思想感情，初步领悟文章的基本表达方法。”根据这一目标，为本文第①段拟写一份片段教学设计。

【设计思路】

（1）内容上，本段是人物描写，主要表现资深舞娘对舞蹈的热爱，文本解读可以多元，但要抓住教学重点。

（2）写法上，主要通过外貌和人物神态描写来体现人物的特点。注意文章的表达顺序、思想感情和表达方法，将教学环节合理地体现于其中。

（3）学法指导。教学方法使用合理，可以进行朗读指导，用默读、朗读、想象、对比品评词语、读写结合、讨论等方法理解文章。

【设计示例】

（1）朗读段落，理解段意。

①指明段落，学生齐读；

②指导读准词语“裙裾”“肩胛”“凄恻”并理解词语大意；

③默读思考，本段写了什么？

（2）品味语言，感受舞娘的认真专注。

①画出描写人物动作、神态等细节的句子，如“双腿优雅地分立，头颈微偏”。

②找出描写人物神态的词语，如“优雅”“耐心”“浑身是戏”，从这些词句中体会舞娘的专注，从“岁月的风霜”“锐瘦的锁骨”“锋利的肩胛”“满脸凄恻”体会人物认真、专注和执着的精神。

③删减以上这些词语，与原句相比较，体会这些词语的表达效果，体会人物形象。

（3）想象画面，指导朗读。

①让学生边读边想人物的动作、神态，想象场景，读出画面感；

②出示相关视频，体现人物的动作和神态，感受语言的特色；

③联系生活实际，想一想生活中许多甘做绿叶的人，谈谈自己的感受，学习中也需要认真专注执着的品质。

（4）领悟情感，学习方法。

①小结，从中体会人物形象、作者情感和描写方法；

②进行语言训练，出示小练笔：抓住人物动作和神态，描写一个你熟悉的同学或朋友，写出他（她）的特点。

【设计分析】

该设计围绕舞娘的人物形象展开，着重写法指导，选择关键词句解读出舞娘的特点，分别从外貌和神态两个角度来进行设计；教学设计重点突出，从整体感知到理解分析，再到迁移运用，由浅入深，层层递进，较好地体现了人物的特点。

二、 专题型片段教学

【案例 1】

看 戏

菡 子

①故乡的人们，不问男女老幼，自古至今都是喜欢看戏的。正月里倾巢而出，看各种各样的戏，进城和各村之间的路上，看戏的行人，谈着戏的内容。至于各个季节中这方那方演出草台戏，有的敬菩萨，有的庆丰收，有的消灾避难，却都成了活人生活中一点难得的享受，一年大约有四五次。每逢唱戏的那个大村，有个沾亲带故的人家，访亲会友又成了看戏的缘由。娘家人到村上来看戏，即使做了婆婆的闺女，也觉得脸上有光。穿了新衣裳外出看戏的姑娘，又常常成为相亲的对象，自然，如果眼尖心巧，在姑娘低垂的眼梢里也能把对方瞄上一眼。

②像故乡所有的孩子一样，我自幼也是一个小戏迷，其实是热闹迷。戏台下的另一个场面，使人眼花缭乱，豆腐花、豆浆、剪刀豆腐、兰花豆腐、臭豆腐，虽说属一个类型，一盏灯下，热腾腾、忙碌碌，却各人有各人的手艺；挎着篮子卖荸荠、老菱、瓜子、毛栗的，大都走来走去，凑着观众。也许这样的场合比戏台上的更与人接近的缘故，很多人被吸引到这面来了。我从五六岁起开始看戏，家里人却认为我绝无看戏的理由，不予理睬，我在地下赖了半天，唔唔了一阵，终于被好心的邻人拖了起来。匆促上阵，身上并无额外的穿戴，袋里也没增添零花的铜板，我每在凄凉和激愤中，厕身于热闹的人群，自负地庆幸自己挣得来的自由。

③当时大多演的是京戏。乡下人不能理会，只知道白脸是奸臣，红脸是忠义之士，其他则茫茫然。遇到唱多做少的戏，如鲁迅先生

在《社戏》里所描写的坐下来唱个不停的老旦，哪怕扮的是皇帝娘娘，大家都要不耐烦的。记得我看过《逍遥津》，有很长的唱段，以十三个“欺寡人”开句，他唱到五六个“欺寡人“，我已趴在别人的背上睡着了。

④看戏也犹如经历人生。许多的故事都在戏场里形成，有的亲人在戏场里走失，有的亲人又在戏场里看见，我自己就有过这么回事。夏天的晒场上和冬天的茶馆里，经常上演江南的小戏滩簧（锡剧），妇幼却很欢迎。看戏也仿佛家常便饭，清唱、表演唱，甚至化装登台的，一律为人们所接受。打动人的不一定是他们的唱和做，而在乎情节。农村的人们每在戏中认定“好有好报，恶有恶报”的人生结局，聊以自慰，也以此慰人，虽然这“精神食粮”有时还有骗人的毒素，他们也乐意喝下这杯酒。

《义务教育语文课程标准（2011 年版）》指出：“要让学生在朗读中通过品味语言，体会作者及其作品中的情感态度，学习用恰当的语气语调朗读，表现自己对作者及其作品情感态度的理解。”根据这一要求为第②段写一份朗读教学设计。

【设计思路】

本片段教学设计是一个专题设计，主要体现朗读教学指导，因此在教学设计中要注意以下几点：

（1）朗读指导要分层次，要围绕“正确”“流利”“有感情”几个层次进行设计，每一次朗读的目的和重点不同。

（2）能合理使用不同的朗读方法进行教学，如默读、学生自由读、师生对读、分角色朗读、教师朗读示范等。

（3）“有感情地朗读”是基于对文本内容的理解进行指导的，要抓住本段语言特点展开设计，如“热腾腾”“忙碌碌”等重叠词，或者能抓住本段标点符号，如顿号、分号的用法展开教学，注意节奏、停顿等。在朗读中培养学生的语言感受能力。

【设计示例 1】

（1）自由朗读段落，感受戏台下热闹的场景。

①自由读段落，找出描写“热闹”场景的词语和句子。

②读正确“眼花缭乱”“热腾腾”“忙碌碌”等词。

（2）品读段落词语，体会热闹的场景。

①讨论交流：作者如何写戏台下热闹的场景？

②品读词语，理解词语并读流利。

替换词语：“凑”换成“挤”，表达的效果是否一样？

预设：不一样。“凑”更能表达戏台下的热闹和大家对看戏的浓厚兴趣。

（3）指导朗读，读出情感。

①指导“热腾腾”“忙碌碌”的轻声读法。

②注意停顿，节奏的变化，体现戏台下的热闹场景。

③提醒朗读要注意语气语调的自然。

（4）迁移运用，学习写法。

写一写：联系生活实际，写一个关于热闹场面的片段。

【设计示例 2】

（1）初读课文，整体感知。

读段落，提问：这一段写了一件什么事？

预设：小时候看戏的事。

（2）品读词句，理解内容。

①讨论交流：本段都写了哪些人？（卖东西的人，“我”，邻人）

②提问：我从小就是个戏迷的原因是什么？（凑热闹）

③感受“热闹”。

“戏台下的另一个场面……凑着观众。”

A. 关键词学习：“热腾腾”“忙碌碌”，体会卖东西的人多，东西多。

替换词：用“热腾”和“忙碌”替换，叠词更形象有趣，更贴近生活。

B. 关键词学习：“凑”，意思是靠近，表现人多。

④感受“我是个小戏迷”。

“我从五六岁起开始看戏……庆幸自己挣得来的自由。”

A. 关键词学习：“唔唔”“赖”，感受“我”的天真和对看戏的喜爱。

B. 关键词学习：“凄凉”“激愤”“庆幸”，感受“我”对能去看戏的欣喜。

小结：学习作者对比的写作手法和细腻的文笔。

（3）拓展延伸，学习写法。

①提问：在这一段的学习中你体会到什么感情？（对看戏的热爱和对童年的怀念）

②学习本文写法，写一写你对童年生活的回忆。

【设计分析】

以上两个设计均能抓住关键词进行品读。该题要求进行“朗读指导”设计，朗读指导的最高层次是“有感情地朗读”，要让学生在朗读中通过品味语言，体会作者及作品中的情感态度，学习用恰当的语气语调朗读，表现自己对作者及其作品情感态度的理解。以上两设计均能围绕“热闹”，选择“眼花缭乱”来解读，体现卖东西的人多，卖的东西也多，选择“热腾腾”“忙碌碌”等叠词进行指导，都能体现热闹的场景。在理解词语意思的基础上，培养学生感受、理解、欣赏和评价的能力，注重词语的学法指导，运用换词法，感受用词的准确性和生动性；朗读指导具体，从停顿、节奏的变化中体现戏台下的热闹，设计中也提醒朗读的自然，摒弃矫情做作的腔调。

相比之下，设计 2 更有层次，更能体现学生的自主学习，但是对学生的朗读指导体现不够。

【案例 2】

去年的树

一棵树和一只鸟儿是好朋友。鸟儿站在树枝上，天天给树唱歌。树呢，天天听着鸟儿唱。

日子一天天过去，寒冷的冬天就要来到了。鸟儿必须离开树，飞到很远很远的地方去。

树对鸟儿说："再见了，小鸟！明年春天请你回来，还唱歌给我听。"

鸟儿说："好的，我明年春天一定回来，给你唱歌。请等着我吧！"鸟儿说完，就向南方飞去了。

春天又来了。原野上、森林里的雪都融化了。鸟儿又回到这里，找她的好朋友树来了。

可是，树不见了，只剩下树根留在那里。

"站在这儿的那棵树，到什么地方去了呢？"鸟儿问树根。

树根回答："伐木人用斧子把他砍倒，拉到山谷里去了。"

鸟儿向山谷里飞去。

山谷里有个很大的工厂，锯木头的声音，"沙——沙——"地响着。鸟儿落在工厂的大门上。她问大门："门先生，我的好朋友树在哪儿，您知道吗？"

大门回答说："树么，在厂子里给切成细条条儿，做成火柴，运到那边的村子里卖掉了。"

鸟儿向村子飞去。

在一盏煤油灯旁，坐着个小女孩。鸟儿问女孩："小姑娘，请告诉我，你知道火柴在哪儿吗？"

小女孩回答说："火柴已经用光了。可是，火柴点燃的火，还在这盏灯里亮着。"

鸟儿睁大眼睛，盯着灯火看了一会儿。

接着，她就唱起去年唱过的歌给灯火听。

唱完了歌，鸟儿又对着灯火看了一会儿，就飞走了。

语文课程是一门学习语言文字运用的综合性、实践性课程。请从文体角度引领学生品味本文童话语言特点。

【设计思路】

1. 内容设计上，抓住四次对话这根主线，课文就是通过四次对话展开故事的情节，推动故事的发展。

2. 童话语言。从文体角度引领学生品味童话语言，感受童话内涵，体会童话特点。提炼课文中出现的角色，大树、小鸟、树根、大门等等都会说话，这是拟人，这样的童话叫拟人体童话。

3. 关键词设计。抓住两个“看”：透过这个“看”字，体会小鸟和大树的情感，可以想象小鸟要对大树说的千言万语。

【设计示例】

（1）导入童话，交流特点。

①说说你读过的童话故事及其特点。

②导入新课。简笔画图：树、鸟，围绕着这只美丽的小鸟和这棵枝繁叶茂的大树，有一个动人的童话故事。

（2）品读对话，体会童话语言特点。

①自主阅读，找一找文中多次写到小鸟和大树是好朋友的地方。

一棵树和一只鸟儿是好朋友。

鸟儿站在树枝上，天天给树唱歌。树呢，天天听着鸟儿唱。

鸟儿又回到这里找她的好朋友来了。

②同桌交流：寒冷的冬天就要来了，朝夕相处的好朋友——大树和小鸟不得不分开，他们在分别时说了什么呢?

③品读对话。

课件出示小鸟问的三句话：

A. “站在这儿的那棵树，到什么地方去了呢?”

B. “门先生，我的好朋友——树在哪儿，您知道吗?”

C. “小姑娘，请告诉我，你知道火柴在哪儿吗?”

从这些话里，我们最能感受到小鸟的心情了，那么请同学们来同桌对读，讨论体会小鸟的心情变化：急切——担心——悲伤。

④品读关键词“看”：找出文中出现的两个“看”字，略去心理描写，体会鸟儿对树的深情。

（3）演读课文，理解对话。

①分角色朗读：分别选择不同的学生来扮演鸟、树根、门先生、灯火，从对话中体会小鸟在一次次的寻找中的心情变化。

②指导朗读，读前想想鸟儿此时的心情，再读一读鸟儿说的话，体会出鸟儿的心情一次比一次着急，体会鸟儿对树的感情深厚。

③理解童话语言特点：对话体，朴实无华。“看”字简洁凝练，表现了鸟儿对树的真挚情感。

（4）想象拓展，体会童话特点。

①拓展想象说：鸟儿会和灯火说什么？明年春天鸟儿还会回来吗?

②总结童话特点：大树、小鸟、树根、大门等等都会说话，这是拟人，这样的童话叫拟人体童话，初步感受到童话想象的魅力。

【设计分析】

该设计主要围绕童话语言特点展开，从体会童话的特点开始教学，让学生交流喜欢的童话，在整体感知文章内容的基础上提炼出四次对话，感受拟人体童话语言特点；通过鸟儿的表现，感受到它费尽周折找到朋友，信守承诺、珍惜友情的品质。理解“看”字在平淡中蕴含深挚透明的美，引导学生想象鸟儿在寻找朋友过程中以及面对灯火时的心理活动。

第四节　教材文本的片段教学设计范例

那片绿绿的爬山虎

（人教版课标本第七册）

【选文】

这一年暑假，语文老师找到我，说：“叶圣陶先生要请你到他家做客。”我感到意外：像叶圣陶先生那样的大作家，居然要见一个初中生！

那天下午，天气很好。我来到叶老先生住的四合院。刚进里院，一墙绿葱葱的爬山虎扑入眼帘。夏日的燥热仿佛一下子减少了许多，阳光都变成绿色的，像温柔的小精灵一样在上面跳跃着，闪烁着迷离的光点。

叶老先生见了我，像会见大人一样同我握了握手，一下子让我觉得距离缩短不少。

我们的交谈很融洽，仿佛我不是小孩，而是大人，一个他的老朋友。他亲切之中蕴含的认真，质朴之中包容的期待，把我小小的心融化了，以至不知黄昏什么时候到来，悄悄将落日的余晖染红窗棂，院里那一墙的爬山虎，黄昏中绿得沉郁，如同一片浓浓的湖水，映在客厅的玻璃窗上，不停地摇曳着，显得虎虎有生气。

【设计要求】

1. 联系上下文理解含义深刻的句子，感受叶圣陶先生的人品。

2. 启发学生学习作者通过景物描写抒发感情的方法。

3. 对画线部分进行片段教学设计。

【设计参考】

1. 初步品读，整体感知。

（1）默读文章，思考文中写了件什么事？（我到叶圣陶先生家做客并与他交流。）

（2）说说文中我的心情是怎么样的。（感到意外……）

2. 品词析句，感受叶圣陶先生的人品。

（1）从文中找出两处有关爬山虎描写的句子。（①刚进里院，一墙绿葱葱的爬山虎扑入眼帘……闪烁着迷离的光点。②落日的余晖染红窗棂……显得虎虎有生气。）

（2）读一读，并思考它们分别写了什么时候的爬山虎。（一处是下午刚进院里时，另一处是黄昏落日余晖时。）

（3）从作者对爬山虎的描写中，你感受到什么呢？体会到叶圣陶先生怎样的人品呢？（从这两段描写中，我感受到了一种美、生机与活力，以及作者对叶老的敬佩，体会到叶圣陶先生亲切质朴的人格美。）

（4）说说文中两次描写爬山虎，有何作用？（爬山虎确实是一种美的风景，作者通过爬山虎营造出一种美的意境，使美的景色与美的人格完美融合。）

（5）朗读指导，读出感情。（男女对读）

3. 小结延伸，读写结合

（1）小练笔：写写生活中自己成长的事，并运用到景物描写。

（2）推荐肖复兴的作品《中学生三部曲》等。

翠　鸟

（人教版课标本第六册）

【选文】

翠鸟喜欢停在水边的苇秆上，一双红色的小爪子紧紧地抓住苇秆。它的颜色非常鲜艳。头上的羽毛像橄色的头巾，绣满了翠绿色的花纹。背上的羽毛像浅绿色的外衣。腹部的羽毛像赤褐色的衬衫。它小巧玲珑，一双透亮灵活的眼睛下面，长着一双又尖又长的嘴。

翠鸟鸣声清脆，爱贴着水面疾飞，一眨眼，又轻轻地停在苇秆上了。它一动不动地注视着泛着微波的水面，等待游到水面上来的小鱼。

小鱼悄悄地把头露出水面，吹了个小泡泡。尽管它这样机灵，还是难以逃脱翠鸟锐利的眼睛。翠鸟蹬开苇秆，像箭一样飞过去，叼起小鱼，贴着水面往远处飞起了。只有苇秆还在摇晃，水波还在荡漾。

【设计要求】

1. 引导学生联系上下文理解文中一些词句，了解翠鸟的特点。

2. 作者是如何抓住翠鸟特点进行描写和说明的。

【设计参考】

1. 熟读第一段，了解翠鸟的外形特点。

（1）自由读，说说第一段描写翠鸟外形的什么特点。

（2）联系上下文理解词语的意思。

理解“鲜艳”的意思，体会翠鸟羽毛的特点。（鲜明而美丽）

（3）了解文章表达顺序：通过什么顺序介绍翠鸟羽毛的颜色？

从上到下，从头部、背部、腹部分别具体介绍。

2. 品读第二段，了解翠鸟飞行时的特点。

翠鸟活动时有什么特点？从哪里可以看出？

（1）边读边画出动作词并理解：“贴”“疾飞”“停”“一动不动”“等待”。

（2）查字典，再联系上下文理解“疾飞”一词的意思。

（疾：快。疾飞：飞得很快。）

（3）理解词意。

“疾飞”表示动作敏捷。通过“贴”和“一眨眼”，表现翠鸟飞行速度快。“一动不动”表示非常专心，翠鸟捉鱼时等待小鱼的专心。

3. 合作学习，体会翠鸟捕鱼时的特点。

（1）说说翠鸟捉鱼时的特点。它的本领和它的外形有什么关系？

它有一双能“紧紧地抓住苇秆”的小爪、一双“透亮灵活”的眼睛、“又尖又长”的嘴，身体“小巧玲珑”。

（2）比喻句“像箭一样飞过去”，表现翠鸟的敏捷。

（3）指导朗读，读出翠鸟的敏捷与机灵。

（4）背诵你喜欢的段落。

4. 拓展延伸。

（1）写作手法：精确用词，形象描写，侧面烘托，语言生动具体。

（2）推荐阅读《珍珠鸟》，进一步感受文章的写作手法。

鲸

（人教版课标本第九册）

【选文】

不少人看到过象，都说象是很大的动物。其实还有比象大得多的动物，那就是鲸。目前已知最大的鲸约有十六万公斤重，最小的也有两千公斤。我国发现过一头近四万公斤重的鲸，约十七米长，一条舌头就有十几头大肥猪那么重。它要是张开嘴，人站在它嘴里，举起手来还摸不到它的上腭，四个人围着桌子坐在它的嘴里看书，还显得很宽敞。

【设计要求】

1. 引导学生去理解鲸的形体特点和进化过程，体会文章的说明方法。

2. 引导学生通过品味重点词句，体会作者遣词造句的简练明确。

【设计参考】

1. 初读课文，感知鲸的形体特点。

（1）自由读课文，了解鲸的形态。（大）

（2）画出描写鲸形态庞大的相关句子。

2. 研读句子，体会写法。

（1）找出文中描写鲸的重量和长度的语句读一读，体会用数字说明的好处。

①比较句子，体会表达效果的不同，体会作者用词的准确性。为什么作者要拿鲸和象对比（突出大），点出这种写法在说明文中叫作比较。

②修改句子，对比发现。如果把文中“16 万公斤”“两千公斤”等词一概

换为“庞大”“巨大”好吗？(体会具体数字能让学生更准确了解鲸的特点)

③试着用列数字的方法说明一个事物。

(2) 理解数字的大小，感受鲸之大。

①“四人围着桌子”有多大？实际对比，可见鲸的嘴巴十分宽敞。

②“十几头肥猪”有多重？我们很难感受，但我们知道一个人有多重，一个人的十倍重才等于一头猪，何况还是肥猪，用全班的人加起来的重量还达不到鲸舌头的重量，对鲸舌头的重量有了更直观的体会。

(3) 鲸如此之大，它又是怎样进化的呢？同桌合作探究认识鲸是哺乳动物。

3. 回顾内容，学习写法，扩展延伸。

课堂小练笔，写一写：假如你是鲸，你会如何向你的朋友们介绍自己？运用所学到的说明方法（列数字，作比较等）来介绍。

长　城

（人教版课标本第八册）

【选文】

远看长城，它像一条长龙，在崇山峻岭之间蜿蜒盘旋。从东头的山海关到西头的嘉峪关，有一万三千多里。

从北京出发，不过一百多里就来到长城脚下。这一段长城修筑在八达岭上，高大坚固，是用巨大的条石和城砖筑成的。城墙顶上铺着方砖，十分平整，像很宽的马路，五六匹马可以并行。城墙外沿有两米多高的成排的垛子，垛子上有方形的瞭望口和射口，供瞭望和射击用。城墙顶上，每隔三百多米就有一座方形的城台，是屯兵的堡垒。打仗的时候，城台之间可以互相呼应。

【设计要求】

1. 抓住重点词句，结合生活经验，领会长城特点。

2. 指导朗读，配合内容适当板书。

【设计参考】

1. 图片导入，引发兴趣。

(1) 出示长城图片，感受长城的魅力。

(2) 说说长城给你留下的印象。

2. 初读课文，感知文章。

(1) 自由读课文。从文中找出相关句子并画下来读一读。(像长龙，高大坚固……)

(2) 提问：为什么把长城比作长龙，有什么特殊的意义吗？(龙是中华民族的象征，我们是龙的传人)

(3) 联系生活经验，从“一万三千多里”这个数字中品析长城的长，“一万三千多里”等于北京到上海的路程。

(4) 出示长城的地图，直观感受长城的长。

3. 研读词句，品读长城。

(1) 从第二段找出“高大坚固”一词，说说从哪几个地方感受到长城的高大坚固。(条石，城砖，垛子，城台……)

(2) 再走近看，把目光投到城墙顶上，你看到了什么？(方砖，十分平整)

如果把“五六匹马可以并行”删去，行吗？(不行，不够形象)

点名让学生起立朗读，读出长城的宽。

(3) 除了看到又宽又平整的城墙顶，你还看到什么？

出示图片，请学生指出具体位置。瞭望口用于____，射口用于____。

(4) 城台又是怎样的？请用横线画出相关词语。

每隔三百米就有城台，这样设计的目的是什么？(打仗的时候可以互相呼应)

小结：由此可见，长城的设计十分巧妙。

4. 观景练笔。

播放长城的图片，面对这巍然屹立的万里长城，此时此刻，你最想说什么？请写下来。

穷　人

（人教版课标本第十一册）

【选文】

渔夫的妻子桑娜坐在火炉旁补一张破帆。屋外寒风呼啸，汹涌澎湃的海浪拍击着海岸，溅起一阵阵浪花。海上正起着风暴，外面又黑又冷，这间渔家的小屋里却温暖而舒适。地扫得干干净净，炉子里的火还没有熄，食具在搁板上闪闪发亮。挂着白色帐子的床上，五个孩子正在海风呼啸声中安静地睡着。丈夫清早驾着小船出海，这时候还没有回来。桑娜听着波涛的轰鸣和狂风的怒吼，感到心惊肉跳。

古老的钟发哑地敲了十下，十一下……始终不见丈夫回来。桑娜沉思：丈夫不顾惜身体，冒着寒冷和风暴出去打鱼，她自己也从早到晚地干活，还只能勉强填饱肚子。孩子们没有鞋穿，不论冬夏都光着脚跑来跑去；吃的是黑面包，菜只有鱼。不过，感谢上帝，孩子们都还健康。没什么可抱怨的。桑娜倾听着风暴的声音，“他现在在哪儿？上帝啊，保佑他，救救他，开开恩吧！”她一面自言自语，一面在胸前画着十字。

【设计要求】

1. 引导学生结合语言材料，感受人物形象。

2. 学习作者通过环境描写、心理描写表现人物思想感情的写法。

3. 对第一、二自然段进行片段教学设计。

【设计参考】

1. 初读选段，整体感知。

(1) 自由读选段，说说选段讲了一件什么事？（桑娜在狂风暴雨中等待着丈夫回来。）

(2) 课题是“穷人”，可文中没有一个字用到“穷”，文中哪些地方让你感受到了贫穷？

(3) 小组自读后交流汇报。

①丈夫不顾惜身体，冒着寒冷和风暴出去打鱼，清早驾着小船出海，这时候还没有回来。她自己也从早到晚地干活，还只能勉强填饱肚子。

②孩子们没有鞋穿，不论冬夏都光着脚跑来跑去。

③吃的是黑面包，菜只有鱼。

2. 精读选段，体会人物的思想感情。

(1) 屋外寒风呼啸，汹涌澎湃的海浪拍击着海岸，溅起一阵阵浪花。海上正起着风暴，外面又黑又冷，这间渔家的小屋里却温暖而舒适。

①说一说作者这样写的目的是什么？（通过描写环境，可以体现穷人生活的穷苦。）

②理解“温暖”“舒适”的意思。（通过与外面环境的对比，表现桑娜一家人的勤劳能干，把屋子整理得温馨。）

(2) 思考：面对穷苦的生活，桑娜一家人有怎样的表现？（提示：不过，感谢上帝，孩子们都还健康。没什么可抱怨的。）

(3)“桑娜沉思……填饱肚子。”“桑娜倾听着风暴的声音……在胸前画着十字。”运用心理、语言、动作描写，表现了桑娜等丈夫归来的焦急、担心，体现了桑娜的善良及对丈夫的爱。

3. 总结内容，升华情感。

(1) 总结写作方法：环境、心理、动作、语言描写，并试着用这些方法写一段话。

(2) 自由朗读，读出情感。

为中华之崛起而读书

（人教版课标本第七册）

【选文】

一个风和日丽的星期天，周恩来背着大伯，约了一个要好的同学闯进了租界。嘿！这一带果真和别处大不相同：一条条街道灯红酒绿，热闹非凡，街道两旁行走的大多是黄头发、白皮肤、大鼻子的外国人和耀武扬威的巡警。

正当周恩来和同学左顾右盼时，忽然发现巡警局门前围着一群人，正大声吵嚷着什么。他们急忙奔了过去，只见人群中有个衣衫褴褛的妇女正在哭诉着什么，一个大个子洋人则得意扬扬地站在一旁。一问才知道，这个妇女的亲人被洋人的汽车轧死了，她原指望中国的巡警局能给她撑腰，惩处这个洋人。谁知中国巡警不但不惩处肇事的洋人，反而把她训斥了一通。围观的中国人都紧握着拳头。但是，在外国租界地里，谁又敢怎么样呢？只能劝劝那个不幸的妇女。这时周恩来才真正体会到伯父说的“中华不振”的含义。

【设计要求】

1. 引导学生品读重点词句，弄懂周恩来立志“为中华之崛起而读书”的原因。

2. 指导学生正确流利有感情地朗读，找出四字成语摘抄下来。

【设计参考】

1. 初读课文，感知事情发展脉络。

说一说：用自己的话概括周恩来走进租界后发生的事。

预设：本来怀着好奇之心，结果却发现外国人欺负中国人，他感到愤怒。

2. 品读课文，理解“中华不振”。

(1) 小组讨论交流：你是如何理解“中华不振”的？

预设：中国落后，所以被外国人欺负。

(2) 师生共读交流：从哪些地方看出“中华不振”？

预设：中国妇女——哭诉——可怜

中国巡警——训斥——可恨

洋人——得意洋洋——可恶

围观的人——敢怒不敢言——可悲

(3) 想一想：少年周恩来的心情怎样？

预设：立志为中华之崛起而读书。

3. 指导朗读，体会“中华不振”。

(1) PPT 出示，租界的灯红酒绿，贫民的生活现状。在对比中感受到中华不振。

看到这一切，周恩来的心里充满着愤怒。看到这一切，周恩来又陷入了深深的沉思。从那个时候开始，他在自己的心里立下了一个坚定的誓言，那就是——为中华之崛起而读书！

(2) 配乐朗读，读出不同的人不同的心情与表现。

(3) 教师范读。

4. 拓展延伸，感悟“中华不振”。

(1) 课外查阅资料，了解租界的历史和故事。

(2) 从租界回来后，周恩来会想些什么？试着写一写吧。

拉萨的天空

（苏教版第五册）

【选文】

拉萨是有名的“日光城”。那里的天空总是那么湛蓝、透亮，好像用清水洗过的蓝宝石一样。

在拉萨，人们说话的声音能碰到蓝天，伸出手来能摸到蓝天。有人说“掬一捧蓝天可以洗脸”，这话真是太妙了。有贴着山顶的白云映衬，湛蓝的天空显得越发纯净；有拉萨河畔草地的对照，湛蓝的天空显得更加明洁。

拉萨的天空蓝得让人神往，它把你的视线紧紧吸引，让你久久不忍移开。

一年四季中，不管是隆冬还是盛夏，布达拉宫的上空总是蓝晶晶的。有了这蓝天，依山而建的布达拉宫显得更加雄伟、壮丽。

在藏语中，拉萨是圣地的意思，那么，这湛蓝的天就是圣地的窗帘了。

【设计要求】

1. 引导学生抓住重点词句，边读边想象，理解课文内容，感受拉萨天空的美。

2. 指导学生朗读，体会作者热爱拉萨的情感。

【设计参考】

1. 初读课文，整体感知拉萨天空的美。

(1) 自由默读课文，边读边思考，文章主要讲了什么？(拉萨天空的美)

(2) 批注标画出文中主要形容拉萨天空的词。(湛蓝、透亮)

2. 精读课文，深入感受拉萨天空的美。

(1) 自由默读课文，思考：文中哪一句话触动到你的心灵？

(出示 PPT：那里的天空总是那么湛蓝、透亮，好像用清水洗过的蓝宝石一样。)

(2) 联系生活谈谈清水洗过的蓝宝石给你怎样的印象。(美，蓝的清透)

(3) 如此美丽清透的拉萨具体体现在哪些地方？

①PPT 展示：在拉萨，人们说话的声音能碰到蓝天，伸出手来能摸到蓝天。有人说“掬一捧蓝天可以洗脸”，这话真是太妙了。有贴着山顶的白云映衬，湛蓝的天空显得越发纯净；有拉萨河畔草地的对照，湛蓝的天空显得更加明洁。

学生读，并画出关键词。(碰、摸、贴)

句子比较：在拉萨，人们说话的声音能飘到蓝天，伸出手来能触到蓝天。有人说“掬一捧蓝天可以洗脸”，这话真是太妙了。

同桌交流，对比感受：“碰”和“摸”能更好地表现出拉萨天空的近，从而更加体会到拉萨天空的湛蓝、透亮。

②PPT 展示：一年四季中，不管是隆冬还是盛夏，布达拉宫的上空总是蓝晶晶的。有了这蓝天，依山而建的布达拉宫显得更加雄伟、壮丽。

联系生活思考：平时我们是如何形容天空的？(天空很蓝)

小组讨论：同样形容天空的蓝，“很蓝”与“蓝晶晶”有什么不同？(前者很乏味，后者不仅仅形容天空的蓝，还凸显出天空蓝的程度是纯粹的蓝，没有一点儿杂质的蓝，这样一形容不禁使人心生向往。)

3. 朗读指导，升华情感。

(1) 假如你就身处在如此美的拉萨，看着一伸手就可摸到的拉萨天空，那么蓝那么纯粹，那么清亮，你有什么想法？(惊叹不已)

（2）师生对读课文，注意带着舍不得的感情来读。

4. 小结练笔，学习习作。

积累课文中优美词语，试着用这些词语说一说你看到的蓝天。

蟋蟀的住宅

（人教版课标本第七册）

【选文】

在儿童时代，我到草地上去捉蟋蟀，把它们养在笼子里，用菜叶喂它们。现在为了研究蟋蟀，我又搜索起它们的巢穴来。

在朝着阳光的堤岸上，青草丛中隐藏着一条倾斜的隧道，即使有骤雨，这里也立刻就会干的。隧道顺着地势弯弯曲曲，最多不过九寸深，一指宽，这便是蟋蟀的住宅。出口的地方总有一丛草半掩着，就像一座门。蟋蟀出来吃周围的嫩草，决不去碰这一丛草。那微斜的门口，经过仔细耙扫，收拾得很平坦。这就是蟋蟀的平台。当四周很安静的时候，蟋蟀就在这平台上弹琴。

【设计要求】

1. 指导学生品读重点语句，体会蟋蟀的品质及作者对它的喜爱之情。

2. 引导学生学习作者认真观察事物和抓住事物的特点形象生动地描述的写作方法。

【设计参考】

1. 初读段落，认识住宅的特点。

（1）蟋蟀的住宅有什么特点呢？请学生再读课文第2自然段，用横线画出有关句子，并能把每一个特点用一个词概括出来。

（2）学生自由读课文，找特点并概括。

（3）请学生板书自己概括出来的蟋蟀住宅的特点。

2. 品读句子，感受蟋蟀的品质

（1）读句子，比较蟋蟀住宅特点。

①青草丛中隐藏着一条倾斜的隧道。（隐蔽）

②即使有骤雨，这里也立刻就会干的。（干燥）

（2）讨论，感受蟋蟀的品质。

①那微斜的门口，经过仔细耙扫，收拾得很平坦。这就是蟋蟀的平台。（明确：蟋蟀爱清洁，卫生，爱干净）

②蟋蟀就在这平台上弹琴。（爱生活）

3. 小结段落，学习写作方法。

（1）为什么作者会把蟋蟀住宅的特点介绍得这么详细具体呢？（观察仔细）

（2）为什么我们在读作者的这篇文章时会觉得很有趣味，一点也不枯燥呢？（作者在介绍蟋蟀特点时，采用了拟人的手法，又恰当地运用了打比方等多种说明方法，所以文章显得生动而富有儿童情趣。）

（3）写法迁移。学习用拟人的手法，认真观察，写一写你喜爱的小动物。

搭　石

（人教版课标本第七册）

【选文】

搭石，构成了家乡的一道风景。秋凉以后，人们早早地将搭石摆放好。如果别处都有搭石，唯独这一处没有，人们会谴责这里的人懒惰。上了点年岁的人，无论怎样急着赶路，只要发现哪块搭石不平稳，一定会放下带的东西，找来合适的石头搭上，再在上边踏上几个来回，直到满意了才肯离去。

家乡有一句“紧走搭石慢过桥”的俗语。搭石，原本就是天然石块，踩上去难免会活动，走得快才容易保持平衡。人们走搭石不能抢路，也不能突然止步。如果前面的人突然停住，后边的人没处落脚，就会掉进水里。每当上工、下工，一行人走搭石的时候，动作是那么协调有序！前面的抬起脚来，后面的紧跟上去，踏踏的声音，像轻快的音乐；清波漾漾，人影绰绰，给人画一般的美感。

【设计要求】

1. 引导学生边读边想象画面，从乡亲们摆搭石、走搭石的情景中体会人性美。

2. 指导学生品味重点词句，感悟表达方法。

3. 请对以上段落中的画线句子进行片段教学设计。

【设计参考】

1. 初读句子，感知人性美。

自由读课文，思考：文中讲述了一件什么事？（家乡人走搭石协调有序的场面）

2. 品读句子，领悟人性美。

（1）默读课文，将文中描写乡亲走搭石的句子画出来做批注，并反复品味。

（2）出示 PPT，“紧走搭石慢过桥”这句话怎么理解？从文中找到描写人们走搭石的句子。

一行人走搭石的时候，动作是那么协调有序！前面的抬起脚来，后面的紧跟上去，踏踏的声音，像轻快的音乐；清波漾漾，人影绰绰，给人画一般的美感。

（3）出示乡亲们走搭石的图片。思考：走搭石能不能抢路，或者突然止步？（不能，否则会掉到水里）

（4）提问：联系上下文，从“协调有序”你体会到什么？

家乡人走搭石的默契和人性美。

3. 指导朗读，读出情感。

（1）配乐，让学生再读课文。

（2）语调轻快，读出家乡人走搭石的欢快场景。

4. 总结课文，拓展迁移。

（1）创设情景，结合想象，感受人性美和家乡的和谐氛围。

（2）小练笔：家乡人在走搭石的时候心里会怎么想，试着写出来。

第六章

教学案例分析与训练

第一节　案例与教学案例分析

一、“案例” 与“教学案例分析” 的概念

“案例”一词最早见于中国《词源》记载：“案”为已成之旧案，“例”为确定之成例，合而称之为“案例”。在现代科学中的“案例”译自英语“Case”一词，原意为状态、情形、事例等。“案例”一词含义丰富，郑金洲认为：“案例就是一个实际情境的描述，在这个情境中，包含有一个或多个疑难问题，同时也可能包含有解决这些问题的方法。”换句话说，案例就是含有问题或疑难情境在内的典型事件。

学者理查特（Richert・A. E.）认为：“教学案例描述教学实践。它以丰富的叙述形式，向人们展示了一些包含有教师和学生的典型行为、思想、感情在内的故事。”“教学案例”与一般“案例”不同之处主要在于：教学案例要体现学科特点，围绕特定的教学内容主题展开，以事实为素材而编写成的对某一实际情境的客观描述。教学案例中的情景取自教育中真实发生的典型事件，是对真实教育事件的有意截取、改造或改编。

“案例分析”是对案例的运用，是根据某些普遍原理，对社会生活中的典型事件或社会实践的典型范例进行研究和剖析，以寻求解决有关领域同类问题的思路、方法和模式，提出新的问题，探索一般的规律，检验某些结论的一种社会科学研究方法。“教学案例分析”是以教育理论学习为基础，对案例进行分析、讨论、演绎、归纳，其基础是教育教学理论，而目标指向的是教师实际问题的解决和教育理论的实践运用。总之，案例分析是运用相关理论、有步骤有层次地对案例进行解释和分析的过程。

案例分析考查的是高层次的认知目标。它不仅能考查学生了解知识的程度，而且能考查理解、运用知识的能力，更重要的是它能考查综合、分析、评价方面的能力。因此，案例分析是有一定的难度和区分度。

二、 教学案例的主要特征

教学案例常常是将教学中的某一实际情境进行呈现和描述，从而引起分析、讨论、演绎、归纳，最终解决实际问题的方法。教学案例一般具备如下主要特征：

（1）案例是真实的。教学案例取材于教育中真实发生过，或经过适度加工过的事件或实例，它不是个人的想象或杜撰，必须真实，才能借此去认识教育的内在规律。

（2）案例是典型的。教学案例要求典型，即事件或实例涉及的教学内容是重要的、基本的，是经常发生的事件或实例且与教学基本思想、重要理论相联系。

（3）案例是复杂的。案例的构成是复杂的，案例的事件或实例是由有联系的、“多个问题”组成。

案例分析重在考查对知识的了解程度，理解、运用知识的能力，综合、分析、评价方面的能力。日常教学中的案例分析是解读案例，再依据课标等知识点来分析案例中的教育理念等，考试中的案例分析则是“因知识点设题”，所提供的教学案例材料针对特定知识点来设计和构造，所以在分析中要做的就是“因题找知识点”和“依知识点作答”。因此，我们只要掌握教学案例题的特点与规律，就能有正确的分析思路。

教学案例来源于课堂教学，围绕课堂教学和课程目标进行的有针对性的教学，体现教学基本特点。教学案例可从多个不同角度进行分析，体现案例分析的过程性。

三、 教学案例分析的内容

在福建省教师招聘小学语文学科考试大纲中指出“案例分析”的内容为：

1. 正确理解和掌握《义务教育语文课程标准（2011 年版）》第一部分前言，包括课程性质、课程基本理念、课程设计思路；第二部分课程目标与内容，包括总体目标与内容、学段目标与内容（识字与写字、阅读、写话或写作、口语交际、综合性学习）；第三部分实施建议，包括教学建议、评价建议、课程资源开发与利用建议等，以及“附录”的内容要求。

2. 掌握小学语文教学基本方法，根据小学语文的课程性质、课程目标与内容、实施建议和学情合理运用。掌握小学语文教学评价的种类及其特点与功能，包括：终结性评价与形成性评价、定性评价与定量评价等。

3. 根据所提供的教材内容进行教材分析和教学设计，对有关教学案例进行评析（教材内容及教学案例主要取自第三学段）。书面教学设计包括：确定教学目标、选择教学内容、把握教学重难点、运用教学方法、使用媒体手段、设计教学过程（课堂导入、教学活动、课堂提问、组织讨论、课堂作业、课堂总结、课后作业、板书设计等）。教学案例评析要求依据语文课程性质、课程基本理念、实施建议及现代教育教学理论对案例的教学目标、教学方式方法及其教学效果等进行评析，做到有理有据。

四、 教学案例分析的步骤

教学案例分析涉及不同的教学实践内容，需要用到教学目标、教学理念、教学方法来进行分析，案例分析一般可以依据以下步骤：

步骤 1：读懂案例

拿到一篇案例，需要反复阅读，才能掌握案例中的相关信息，阅读的过程注意案例的背景、主要问题、需要解决的难题或关键问题等。

步骤 2：分析案例的关键问题

分析案例主要是搜索案例中的事实，并对事实进行区别、分类，分析涉及的教学理念、基本原则等。这里包括明确案例考查的范围。小学语文教学案例分析其知识点的考查范围主要是《义务教育语文课程标准》，主要包括以下内容：课程性质与特点、课程基本特点、课程基本理念、课程的三维目标（含核心素养、价值观）、学段目标（第三学段是重点）、教学建议、评价建议等。在明确知识点的基础上，能分析案例中涉及的教学原理、基本原则等问题。案例中出现的数据或事实有时是一些表面现象，不能仅仅依靠这些数据或事实进行简单的分析。分析案例要结合教育学、心理学和语文课程论的基本原理，还包括已有的课堂教学经验来分析当前问题。

步骤 3：运用知识点解决问题

在对案例分析后，要依据“因知识点设题”找出问题的关键，概括需要解决的问题以及问题解决的障碍和症结等，运用基本的理论来分析概括案例中的关键点和重点处，这一环节至关重要且具有一定的难度。关键点有教学目标制订合理性、教学理念的正确性、不同课型教学的关键点、教学方法选择的主要依据、学生学习方式不同等。在概括案例关键问题基础上提出具体建议或者解决方案。

五、 案例分析的方法

（一）有理有据，理据结合

案例分析中依据的“理”主要有以下这些：

（1）课程的性质：语文课程是一门学习语言文字运用的综合性、实践性课程。

（2）课程的基本特点：工具性与人文性的统一，是语文科课程的基本特点。

（3）课程的基本理念：一是全面提高学生的语文素养；二是正确把握语

文教育的特点；三是积极倡导自主、合作、探究的学习方式；四是努力建设开发有活力的语文课程。

（4）学段目标。包括识字写字、口语交际、综合性学习、阅读教学、习作教学的学段目标等。

（5）教学建议的基本原则：一是充分发挥师生双方在教学中的主动性和创造性。学生是语文学习的主人，教师是学习活动的组织者和引导者。语文教学应在师生平等对话的过程中进行。二是教学中努力体现语文的实践性和综合性，重视学生读书、写作、口语交际、搜集处理信息等语文实践，提倡多读多写，改变机械、粗糙、繁琐的作业方式。充分利用学校、家庭和社区等教育资源，开展综合性学习活动，拓宽学生的学习空间。三是重视情感、态度、价值观的正确导向。四是重视培养学生的创新精神和实践能力。

（6）评价建议的基本原则：一是充分发挥语文课程评价的多种功能；二是恰当运用多种评价方式；三是注重评价主体的多元与互动；四是突出语文课程评价的整体性和综合性。

依据《义务教育语文课程标准》这些“理”的基础上再结合案例本身，寻找与之相适应的“据”，进行分析。

（二）合理安排，分点作答

第一步，看点。就是看案例提出的要分析的问题。分析案例时，先看问题，思考其涉及哪一个知识点，属于哪种题型之后再阅读案例。带着问题阅读的效果比盲目阅读好。找准知识点是解题的关键。看点，重在准确、明晰。

第二步，审题。认真而仔细的审题是至关重要的。审题可逐字逐句地阅读案例，也可边读边画出关键词，即在与问题有关的词下面画线，标明和知识点相关的课标理念和原则等。每一道案例中涉及的知识点很多，可以在审题的时候都画出来。有必要的话，可将有关知识点或原理列在稿上或做批注。审题，重在快速、全面、准确和理解。

第三步，答题。答题就是事实与教育理论的有机契合，是解决问题能力的体现。答题可分为三步：先组织解答提纲，再确定解答方式，最后落笔成文。答题中要注意分点作答。一点一个方面，做到完整准确、简明扼要。写的时候要观点加例子；要留意优点和缺点，如果要求案例“分析”，一般是优缺点并存，有利有弊，详写优点，缺点少写，如果是要求分析案例中“如何落实有效性”的则只分析优点即可。

（三）组织语言，突出重点

分析要注意抓住重点。评析教学行为要善于抓住主要信息，提炼优缺点，提出改进意见。在审题后应根据所提出的问题和给定的材料，思考相应的知识点，回忆课标中的有关基本理念、原则、目标等概念或原理组织解答提纲。首先，选择最合适的理论点进行组织语言来分析答题。其次，要分清主次。最贴近题目要求的理论点先行详细阐述，接着再根据问题、材料、有关知识点和教育理论，写出其他的要点，不要遗漏。最后，答题时注意扣“点”，再简单展开即可，无需过多赘述。

此外，答题的表述尽可能多用专业语言和教育理论语言，尽量整洁明了，书写工整，力求美观，卷面清晰整洁。

六、 学习建议

（1）提高学科知识素养和学科教学能力，更好应对案例分析。

案例分析的目的是考查学科知识和学科教学知识掌握情况，侧重能力导向和实践导向，是提升教学质量的重要举措。

掌握案例分析题的关键，更好地应对学科教学知识的考查。案例分析题是教育实践知识考试的形式之一，也是将学科知识转化为教学知识的体现，进行案例分析时，要重视案例所给的提示。

提示可以作为思考问题的切入点，但又不能局限于此，应打开思路，独立思考，拟定自己分析的思路. 最好的做法是在对案例粗读之后、精读之前，先问自己几个基本问题，并反复思索这样几个问题：第一，案例中的关键问题是什么？第二，这是一个什么类型的案例？该案例与所学课程中哪些内容有关？分析这个案例要达到什么目的？第三，除了案例的提示外，是否还有一些隐含的重要问题？这些问题应联系起来考虑，不要孤立地只想其中的某一个问题。在思考问题的过程中不断地试图回答它们，直到弄清案例的目的和关键问题。此外，分析案例时，要善于发掘在案例提示中尚未明确的重要问题，需要加强学科知识的理解和运用。

挖掘案例中隐藏的重要问题是把握案例实质和要点所必需的。关键是从理解与该案例相关的课程内容去发掘，或结合个人的学习经历去设想可能遇到的问题或情况，也即案例分析要进入角色，如身临其境地拟定各种情景以发现重要问题。

(2) 根据案例分析题的考查维度，注意案例分析的表述，做好学科教学知识的考查。如针对某一教学内容的课程目标设置、相关内容之间的联系、该内容的课程呈现方式等。此外，进行案例分析时应注意理论联系实践，根据案例发生的条件、产生的背景及其内在联系进行科学合理的判断和分析；进行案例分析时应注意案例分析的表述。

第一，要有个人的见解，防止单纯复述或罗列案例提供的事实，用所学过的理论和知识，发现案例中比较明显的问题和潜在的问题，并对这些问题加以逻辑排列，从中抓住主要矛盾。

第二，文字表达要开门见山。在案例分析中，为使论点突出，可以使用小标题在各段落的开始进行标注，应突出该段落的主题句，随后用陈述句支持主题句进行分析，分析思路要清晰、逻辑性要强。

只有很好地掌握课标的理论和学科知识，才能更好地分析案例。学科知识内容掌握的欠缺，会影响到学科教学内容知识的理解。为此，首先要具备很好的学科知识素养，这需要在学习中真正领悟各门专业课的精髓、实质，把握概念、理论的来龙去脉、本质、应用，建立知识内容之间的相互关联等。

第三，提出的建议要有针对性。首先，提出的建议要符合具体情况，有明确的针对性，防止空洞的口号、模棱两可的观点及含糊不清的语句。应当注意的是，问题可能有多种解决办法，不会是唯一答案，关键是对问题的分析要符合逻辑，对所提出的观点和建议方案要有充分的信息支持和必要的论证，并进行合理的比较。

第四，重视解决方案的可操作性和可行性。在分析案例时提出的解决方案要能操作、可实施，否则方案就失去了实际意义，不具说服力。

第二节　案例分析的典型问题

一、 教学目标设计的评析

教学目标是教育目的和课程目标的具体化，它是教学活动预期达到的结果，也是教师完成教学任务所要达到的要求和标准。

在某一学科的课堂教学中，教师需要根据课程目标和具体的教学内容来确定详细的教学目标以便选择教学内容和确定教学效果。

具体的学科目标都应包括三个方面的内容：知识与技能，过程与方法，情感、态度和价值观。即让学生了解学科知识形成的过程、探究知识的过程；学会发现问题、思考问题、解决问题的方法，学会学习，形成创新精神和实践能力等。同时要让学生养成正确的人生观、价值观，成为有社会责任感和使命感的社会公民等。

因此，知识与技能维度的目标立足于让学生学会；过程与方法维度的目标立足于让学生会学；情感、态度与价值观维度的目标立足于让学生乐学。

知识与技能，过程与方法，情感态度与价值观三者是一个有机的整体。任何割裂三者的教学都不能促进学生的健全发展。

（一）教学目标设计要遵循的基本原则

1. 教学目标要体现课程的基本特点和基本理念精神。

2. 教学目标的设定要体现三维的有效整合又有所侧重。

3. 要落实学段目标和单元训练重点。

4. 教学目标的表述应是明确指出课堂教学中学生具体的学习结果，它具有可操作、可观察和可测量的特点。

5. 教学目标制订要从学生的角度进行描述，指示要明确。

注意：教学目标强调的主体是学生，尽量少用“指导”“培养”“教育”等词来陈述。尽可能不使用或少使用“理解”“领会”这一类含混不清的词语。要体现文章教学重点和难点等，体现文本的特色。

【案例分析】

请评析以下教学目标：

《临死前的严监生》

1. 把握文章主旨，体会严监生吝啬鬼的特点。

2. 培养学生自主阅读的能力、口语表达能力和处理信息的能力。

3. 增强学生课外阅读文学名著的兴趣。

【评析】

以上教学目标优点是能体现教学目标的三个维度，但是也存在如下问题：首先，教学目标制订是从教师角度确定，如“培养学生……”“增强学生……”等词语，不能体现学生为主体；其次，目标用语模糊不清，文章主旨具体是什么不甚明了，“把握”“体会”这些词语用语模糊，“培养……能力”较为宽泛；第三个目标很不明确，读者误以为要通过一节课学习增强课外阅读文学名著的兴趣，显得“很虚”。

《临死前的严监生》教学目标可做如下修改：

(1) 能结合文中的注释和上下文说出词语的意思。

(2) 通过品读描述严监生临死前的动作神态的语句，揣摩严监生内心活动，并能有感情地朗读课文中最精彩的描写的内容。

(3) 从严监生日常看似矛盾的行为，产生阅读《儒林外史》的兴趣。

评析：修改后的教学目标，主语都是学生。对于文章的学习从知识、能力、兴趣三个角度，更有利于切实提高教学实效，避免给课堂教学带来随意性。目标用语明确，易于把握，可操作性强。

（二）教学目标评析

在对教学目标的评析中除了围绕几条基本原则，还要抓住重要的几点展开评析，不必面面俱到。既能发现优点也能指出不足，提出改进意见。主要围绕以下几点展开评析：

1. 依据学生的年龄特点、知识结构；依据教材的重点难点；依据课程标准、学段目标的要求。

2. 从知识和能力、过程和方法、情感态度和价值观三个维度的结合来评析课堂教学目标。

【案例分析】

案例一：请你分析以下课堂教学目标的不合理之处并进行修改。

[例 1]《卖火柴的小女孩》的教学目标：

培养学生的想象力。

[例 2]《少年闰土》的教学目标：

1. 理解课文详略得当的写作方法；

2. 学习课文运用对比突出文章中心的写法；

3. 让学生学习抓住人物特点具体地描写人物性格的写法。

[例 3]《忆江南》的教学目标：

1. 培养学生有感情地朗读课文及背诵这首诗；

2. 培养学生的想象能力，体会词语表达的意境和思想感情；

3. 培养学生学习古诗词的兴趣。

【评析】

[例 1] 该目标设计只有一个维度，不够全面，且“培养学生的

想象能力”这是课程目标，而不是这一节课的目标，不够具体。

［例 2］虽然是设计了三个教学目标，但这三个教学目标的设计都是在同一层面上，都是学习和掌握课文的写作方法，体现不出语文教学三维目标的有效整合。

［例 3］三个教学目标中都采用了“培养”一词来表述，这样的表述体现出的都是教师的行为。教师怎样培养，用什么手段去培养，该目标的表述不具体。

以上的教学目标可以做如下修改：

《卖火柴的小女孩》的教学目标：

1. 会认“蜷”“灌”等 7 个生字词，积累“哆哆嗦嗦”等词语。

2. 理解文章内容，通过对小女孩五次擦亮火柴出现的幻觉体会其悲惨命运。

3. 学习课文中虚实对比的写法，激发想象力，感受童话的语言魅力。

4. 有感情地朗读课文，体会对幸福生活的渴望，保持童心与爱心。

《少年闰土》的教学目标：

1. 识字学词，读准生字的字音，了解词义，正确书写字词。

2. 学习课文，从“我”和闰土的童年故事中感受到对情谊的珍惜，对故乡和童年的怀念。

3. 学习抓住人物特点具体地描写人物性格的写法。学习作者运用对比突出文章中心的写法，感受闰土的机智、淳朴、勤劳。

4. 激发阅读鲁迅作品《故乡》的兴趣。

《忆江南》的教学目标：

1. 读准字音，能借助注释和课外资料理解诗句意思。

2. 体会词语表达的意境和思想感情；有感情地朗读及背诵这首诗；读出诗歌的意境美和韵律美。

3. 想象“日出江花红胜火”的景象，感受作者对江南春天的喜爱和怀念。

4. 热爱古诗词，有主动学习古诗词的兴趣。

案例二：

请根据语文课程性质、语文课程领域和第三阶段目标的课程目标，评析以下《桥》教学设计的教学目标：

1. 正确、流利、有感情地朗读课文。

2. 通过研究课文中重点词语，感悟洪水肆虐的危机情境，体会老汉的大山形象。

【评析】

《义务教育语文课程标准（2011 年版）》指出：语文课程是学习语言文字运用的课程，在阅读教学中要引导学生理解课文的语言形式，还要将课文的语言形式迁移运用到语言表达活动，以及积累词语，掌握学习方法等。语文课程标准第三学段要求，阅读教学既要理解作者思想感情，又要掌握文章的基本表达方法。

据此，上述教学目标存在问题如下：

1. 缺少语言文字积累和运用的目标。教学目标中有“体会老汉的大山形象”属于理解课文内容，没有语言形式的探究和运用，不能体现语文课程性质。

2. 缺少知识能力维度和情感态度价值观维度的目标。虽然有“体会老汉的大山形象”，但是不足以全面领悟文章的思想感情。老汉的形象表达方法也没有体现出来。

案例三：《自己的花是让别人看的》教学目标：

1. 能有感情地朗读课文，正确读写课后 7 个生字，借助工具书，联系上下文理解生字词在课文中的意思。

2. 能抓住文章的主要内容，了解德国风景、风情的特点。通过讨论、比较等揣摩作者是怎样写出这种特点的。

3. 能背诵课文第三自然段，主动积累优美词句并在习作中运用。

4. 丰富对异域文化的感受，向往美好情境。

【评析】

（1）该设计体现三维目标的统一，如，教学目标1和3主要是知识和能力目标；教学目标2既有知识与能力目标，又体现过程与方法目标；教学目标4主要是情感态度与价值观目标。

（2）该设计体现语文课程的基本特点，即工具性与人文性统一。

（3）该设计体现这篇课文的特点。

（4）该设计具体明确，可考核，如，第1和3项目标。（观点和举例结合，意思对即可）

（5）该设计符合小学生认知特点。

二、 课堂导入设计的评析

好的课堂导入具有特定的价值，它不仅能吸引学生的注意力，激发学生的学习兴趣，还能点燃学生思维的火花，而且能拓展学生的想象思维，激起师生间的情感共鸣，是师生心灵沟通的桥梁。

（一）导入设计要求

1. 导入要根据学生的年龄特征、心理特征和认知水平的角度进行综合考虑。

2. 导入的内容安排应与新课的内容有内在的逻辑联系。

3. 新课导入的设计，除了要根据学生情况、教师自身业务水平、教学内容，还要根据学校的设备媒体的功能等因素做整体考虑，进行有效组合和调整。

（二）评析课堂导入

1. 评析课堂导入方法。先指明所采用的导入方法，如故事导入、谜语导入、问题导入、情境导入、活动导入、检查预习导入等，再评析所用方法与文本的教学内容是否适切。

2. 评析课堂导入效果。（课堂导入的价值）

是否激发兴趣，引发思考，提示学习要点或者集中学生注意力等。

3. 评析课堂导入成本，所花的时间、精力以及所采用的手段等是否切合。

案例一：《爬山虎的脚》（四年级）导入设计

1. 教师板书“脚”，提问：同学们，你能说出哪些动物有脚吗？你们听说过植物也长脚吗？

2. 板书课题：“爬山虎的脚”，它的脚是用来干什么的呢？

3. 出示课件，引发观察：

爬山虎的脚长在哪儿呢？爬山虎的脚又有哪些特点呢？今天我们要学习课文《爬山虎的脚》。

4. 学生自读课文。

【评析】

该案例采用的是“问题导入”法，有助于学生集中思维。接着还用图片等方法引导学生学会观察，引发思考。该教学导入和所教的课文内容和特点相结合，能结合学生的特点，激发学生学习的兴趣。

案例二：《七颗钻石》（三年级）导入设计

同学们，在夏天的夜晚，当你仰望天空，你会看到什么？想到什么？

（预设学生回答：会看到星星、月亮等；会想到是否有外星人、宇宙飞船等）

同学们的想象力真丰富呀，今天就让我们乘着想象的翅膀飞向那遥远的天际，跟随作家列夫·托尔斯泰一起走进课文《七颗钻石》吧！

【评析】

(1) 该案例是通过问题引发学生的思考和质疑，鼓励学生联想和展开想象。

(2) 该导入与新课《七颗钻石》的内容没有内在的逻辑联系。《七颗钻石》是人教版三年级的精读课文，是俄国文学巨匠列夫·托尔斯泰写的一篇童话故事。课文为我们讲述了一个小姑娘在地球上发生了大旱灾，许多人和动物都焦渴而死之时，为她生病的母亲找水，而当得到水的时候却几次让水，使得水罐一次又一次发生神奇变化的故事。本课重点是感受童话的特点，鼓励学生做一个有爱心的人。而该导入则没有体现以上两个特点和要求。

(3) 建议教师在导入设计中可以创设一定的情境，从童话的特点出发，培养大胆想象的能力，为课文的教学打下基础，使学生能从水罐的一次次变化中体会爱心的神奇力量，能发挥丰富的想象力为课文“补白”。

案例三：《丑小鸭》（二年级）教学导入设计

丑小鸭变成天鹅是幸福的，但是丑小鸭变成天鹅的过程遭遇了哪些事呢？这些遭遇给你留下了什么感受？请用笔在课文旁边做批注。自由读课文，一起走进丑小鸭的世界吧！

【评析】

(1) 该设计采用直接导入法，回顾旧知识，衔接新课文，能集中学生注意力，并且激发学生思考。

(2) 该设计不符合年级特点和学生特点。第一学段对阅读的要求是“学习默读”，“结合上下文和生活实际了解课文中词句的意思，在阅读中积累词语”。该导入对学生提出的要求较高，如自由读，做批注等；此外，应该是在学习课文的基础上才能说出自己的感受，这个不符合导入的特点。

三、 课堂教学活动设计的评析

课堂教学活动包括课堂中教师的教学方法、课堂组织等等，每个教学片段中都会包含教师的教和学生的学。对教学活动的评析一般从以下几个方面出发：从课标出发；从教材出发；从学生出发；从教师自身出发。要抓住关键词来进行评析。

（一）教学方法的评析

教学有法，教无定法，适用者贵。教学方法一般有讲授法、讨论法、练习法、谈话法、自学法、朗读法、背诵法等。教学中用得比较多的是讲授法，集中快速传授知识，但是不利于培养学生独立思考的精神。因此在教学中各种教学方法应当灵活运用，为了更好地实现教学目标，引导学生学习，特别提倡启发式、讨论式教学，培养学生独立思考、合作探究的精神。

（二）提问的评析

提问应扣紧教学目标，适合教学重点的需要；提问要难易适合，切合学生的实际发展水平；提问要着眼整体，环环相扣且有层次性；力求语言文字训练和人文内涵的统一。

（三）教学片段的评析

对课堂教学片段的综合评析主要看案例是否体现课标理念与五大板块，结合学生学段特点和年龄特点，结合相应教学内容。评析课堂的教学行为要善于抓住主要信息，提炼优缺点，提出改进意见。一般要围绕《义务教育语文课程标准》，从以下几个方面展开：

1. 是否反映课程标准的基本理念，把握语文课程的基本特点，培养学生正确理解祖国语言文字的能力，提升语文素养。

2. 是否以人为本，培养自主学习、独立思考的能力和合作探究的精神，促进学生健康和谐发展；是否充分发挥师生双方在教学中的主动性和创造性，正确处理基本素养和创新能力的关系；是否遵循学生的身心发展规律和语文学习规律，选择教学策略。

3. 教学方法是否恰当，教学程序是否循序渐进，练习设计是否有效，教学效果、教学氛围如何等。

4. 要发现教学片段中某些特殊细节的教育价值，如：以生为本，因学而教；质疑问难，合作探究；自主学习，讨论交流；情景创设，朗读指导；抓关键词教学；读写结合，拓展生成等，彰显教育价值。也可根据实际情况提出改进意见。

【案例分析】

案例：《自己的花是让别人看的》教学片段案例分析

教学片段

……

师：默读第②自然段，动笔圈画关键词句，写下自己的感受。用文中的一个词语概括这个自然段的主要内容。（学生默读、批注）

师：同桌先交流一下。（同桌交流）

接下来，指名反馈。老师根据反馈情况总结并板书：奇丽。

讨论：作者是怎样写出“奇丽”的特点？

讨论后，指名反馈。老师根据反馈总结并板书：准确用词，对比描写。

师：作者通过“真切”“家家户户”“临街窗户的外面”等词语以及德国风情与中国对比，突出了德国风情奇丽的特点。我们在写作文的时候也要注意准确用词，学习运用对比的方法，以突出人物或事物的特点。

师（播放背景音乐）：请同学们想象画面，用心地朗读第②自然段。

师：还有什么读不懂的地方请提出来。

……

【评析】

优点方面：(1) 教学中三维目标统一，把知识与能力、过程与方法、情感态度与价值观统一在实践教学过程中，以上的教学片段中教师既能引导学生学习词语，也指导学生注意准确用词，学习对比的方法，体会人物或事物的特点，感受“奇丽”；(2) 体现以人为本，在教学中教师作为教学的组织者角色，引导学生主动积极地进行合作探究式学习，如默读、批注、同桌讨论等；(3) 把握语文教育特点，体现语文实践的理念，在语文实践中培养语文素养，如让学生能充分地读书、默想；(4) 体现课文文体特点，这是一篇散文，引导学生品味文字，体会情感；(5) 注意学习方法的提炼和运用，如学习文章对比的手法；(6) 多媒体运用得当，如播放图片和背景音乐等。

四、 朗读教学的评析

各个学段的阅读教学都要重视朗读和默读。各学段关于朗读的目标都要求“有感情地朗读”，这是指，要让学生在朗读中通过品味语言，体会作者及作品中的情感态度，学习用恰当的语气语调朗读，表现自己对作者及其作品情感态度的理解。朗读要提倡自然，要摒弃矫情做作的腔调。

能用普通话正确、流利、有感情地朗读课文，是朗读评价的总要求。根据阶段目标，各学段的要求可以有所侧重。评价学生的朗读，可从语音、语调和语气等方面进行综合考察，评价“有感情地朗读”，要以对内容的理解与把握为基础，要防止矫情做作。

诵读的评价，重在提高学生的诵读兴趣，增加积累，发展语感，加深体验和领悟。在不同学段，可在诵读材料的内容、范围、数量、篇幅、类型等方面逐渐增加难度。

1. 朗读的要求。正确：准确的普通话，按句读停顿，不唱读。流利：读完整，不读断句；要读出句、段之间的停顿，连贯流畅，速度适中。有感情：语气、语调恰当，有轻重缓急；读出文章的思想感情；情感的表达要真挚、朴实、自然，要用自己声音的本色表情达意。

2. 朗读方式。有教师示范读、学生展示读、默读、大声朗读、齐读、个别读，有循序阅读、回环反复读、跳跃式阅读，还有引读，也有角色体验朗读、重点词句的反复阅读。

3. 朗读指导方法。注重范读，增强感染力，目的明确，要求恰当；要根据语文教学大纲，考虑到不同年级的学生有不同的朗读要求，认真设计好每一节课的朗读要求；形式多样，体会情感；熟读成诵，激发兴趣。

4. 朗读教学设计要点：①能围绕正确、流利、有感情等几个层次展开。每一次朗读的目的和重点不同。②设计能抓住关键词句展开，结合上下文语句，引导学生在读中感悟，读中体验；在品味语言中帮助学生理解本段内容，感受作者和作品中人物的心情。③能抓住本段语言特点（包括标点符号）等展开设计。注重节奏停顿，在朗读中培养学生语言感受能力。④设计能合理使用不同的朗读教学方法，如默读、学生自由读、师生对读、分角色朗读、教师示范朗读等。

【案例分析】

案例一：请阅读《凡卡》（六年级）教学片段并分析其朗读教学设计。

天气真好，晴朗，一丝风也没有，干冷干冷的。那是没有月亮的夜晚，可是整个村子——白房顶啦，烟囱里冒出来的一缕缕的烟啦，披着浓霜一身银白的树木啦，雪堆啦，全看得见。天空撒满了快活地眨着眼睛的星星，天河显得很清楚，仿佛为了过节，有人拿雪把它擦亮了似的……

教学设计（片段）：

1. 在指导朗读中体会：

我们想象没有月亮的夜晚一定——很黑，很安静，很美，轻轻地再读——可没想到的是——是什么？读——

“可是整个村子——白房顶啦，烟囱里冒出来的一缕缕的烟啦，披着浓霜一身银白的树木啦，雪堆啦，全看得见。”

2. 想象如果此刻你就是凡卡，你是怎样的感觉？

（陶醉、激动、兴奋，读出凡卡的表情）

3. 对读（师生配乐对读）

“全看得见”前停顿。朗读抑扬顿挫，“顿”即停顿的意思。

看似简单的平凡的词却写出了他的情感——太美啦，凡卡陶醉啦，凡卡着迷啦！——可更吸引凡卡的是——

“天空撒满了快活地眨着眼睛的星星，天河显得很清楚，仿佛为了过节，有人拿雪把它擦亮了似的……”

（“擦”轻声，轻轻地擦，擦得亮亮的。试读，读出其中的美好）

4. 想象读：此时，身在莫斯科的凡卡能看得见吗？想看吗？（停顿）假如他回到家乡，一定会看得见，一定把这一切再——看个够！

5. 全班合作读

（齐）天气真好……

【评析】

《义务教育语文课程标准（2011 年版）》指出，各学段关于朗读的目标中都要求“有感情地朗读”，这是指，要让学生在朗读中通过品味语言，体会作者及作品中的情感态度，学习用恰当的语气语调朗读，表现自己对作者及其作品情感态度的理解。朗读要提倡自然，要摒弃矫情做作的腔调。

(1) 在本案例中，教师注重指导学生理解文本内容，从“没有月亮的夜晚一定——很黑，很安静，很美”中，感受夜晚的特点，从而在朗读中读出“轻”。在理解内容的基础上，引导学生想象凡卡此时的感受，凡卡想到故乡一定是陶醉和激动，在朗读中读出兴奋的感觉等。

（2）该案例中教师指导学生朗读用了多种方式，如默读、想象读、对读（师生配乐对读）、全班合作读等。多种多样的读既能激发学习的兴趣也让学生在读中体会、理解文本。

（3）注重朗读技巧的指导。如读轻声、重音、停顿等。如读“全看得见”前停顿，读“擦”轻声。尤其是鼓励学生进行“想象读”读出美好。

案例二：请简要评析《盘古开天地》（人教版三年级）教学实录中的朗读指导。

师：（范读课文）“很久很久以前，天和地还没有分开，宇宙混沌一片。有个叫盘古的巨人，在这混沌之中，一直睡了十万八千年。有一天，盘古忽然醒了。他见周围一片漆黑，就抡起斧头，朝眼前的黑暗，猛劈过去。”（伴随着东西炸裂的响声）

师：好，睁开眼睛，刚才你仿佛看到了怎样的画面？

生：我看到了盘古拿起斧头向旷野的黑暗猛劈过去。

生：我看到盘古正睡着，然后他醒来，他醒过来后朝黑暗的地方猛劈过去。

师：同学们这画面太神奇了，就让我们带着这样的画面去读一读一、二两个自然段，读出它的神奇。

生：很久很久以前，天和地还没有分开，宇宙混沌一片……

师：（启发指导朗读）你这是混沌一小团，宇宙是一大团混沌，混沌一片啊。你再读。

生：（继续）有个叫盘古的巨人，在这混沌之中，一直睡了十万八千年（语气稍微平淡）……

师：（示范）一直睡了十万八千年，（强调“一直”和“十万八千”。“八千”教师用虚声来读，效果很好）

师：老师把这句话改一下，你看行吗？“有一天，盘古突然醒了。他见周围一片漆黑，就拿起大斧头，朝眼前的黑暗，砍过去。”这样改行吗？

生：不行，我觉得这样很没有力气。

师：用“抡”，用“猛劈”，怎么就有力气了呢？

生：因为猛劈，就是要用很大的力气朝前面劈过去。

师：而且是“抡”起大斧头！请大家做一个“抡”的动作。（学生抡后做猛劈状）

师：同学们，盘古抡起斧子猛劈的时候，你仿佛看到他脸上的表情是怎样的？你说！

生：就是咬紧牙关，很用力！

师：你把这种用力的感觉读出来。

生：（读）有一天，盘古突然醒了，他见周围一片漆黑，就抡起大斧头，朝眼前的黑暗猛劈过去。

师：劈得够猛的！这一劈，宇宙发生了巨变，接着读——

生：（齐）只听一声巨响，混沌一片的东西渐渐分开了。

师：天和地这个时候形成了，产生了奇妙的变化。同学们我们来看。

投影出示：

轻而清的东西，缓缓上升，变成了天；

重而浊的东西，渐渐下降，变成了地。

师：老师读上半句，请大家注意听。老师将哪些词语稍稍强调了一下，等一下，你读的时候，把下一句的相应的词语也强调一下。（师读）“轻而清的东西，缓缓上升，变成了天。”

生：（齐读）重而浊的东西，渐渐下降，变成了地。

师：轻而清的东西，缓缓上升，变成了天。

生：（一生读）重而浊的东西，慢慢下降，变成了地。

师：全体女同学，你们就是“轻而清的东西”，你们读！

生：（女生齐）轻而清的东西，缓缓上升，变成了天。

师：男孩子，你们就是重而浊的东西。你们读下半句。

生：（男生齐）重而浊的东西，慢慢下降，变成了地。

师：男同学，你们就是轻而清的东西，一起读。

生：轻而清的东西，缓缓上升，变成了天。

【评析】

（1）各个学段的阅读教学都要重视朗读。在本段的教学中，教师指导学生进行“有感情地朗读”，体会神话的神奇和画面的奇妙。如：就让我们带着这样的画面去读一读一、二两个自然段，读出它的神奇。

（2）教师让学生通过品味语言，体会作者及其作品中的情感态度，朗读自然，摒弃矫情做作的腔调。品味“抡”“猛劈”等词，来感受盘古开天地之神奇。

（3）朗读指导方式多种多样。比如带着动作读、带着表情读、男女生对读、教师范读等，能激发学生读的兴趣。

（4）学习用恰当的语气语调朗读，注意节奏和停顿，表现自己对作者作品情感态度的理解。如读“轻而清的东西，缓缓上升，变成了天”“重而浊的东西，慢慢下降，变成了地”。

五、 多媒体运用的评析

首先，了解多媒体运用优势：

（1）多媒体有图文声像集于一体的特点，要调动多种感官，创设真实情境，激发学生的兴趣，突破教学的重难点。

（2）多媒体教学的超文本性，利于扩充课堂容量，加大信息密度，节约教学时间，提高课堂效率。

（3）多媒体教学的动态性、交互性的特点，利于突破传统语文教学中平面、封闭的局限，建立多元、开放的语文课堂。

其次，了解多媒体教学的负面影响：

（1）多媒体图文声像一体化的特点满足了小学生的多感官需求，但是可能限制了学生的想象和情感体验。

（2）超文本性利于语文知识的获取但是可能忽略语感的训练，淡化了语文的味道。

（3）多媒体是人的延伸，用得越多人的主体性就有可能被弱化，不利于人的主体性的发挥。

（4）人机对话替代课堂的师生交往，会疏远师生关系。

【案例分析】

案例：比较以下两个《田忌赛马》的教学设计。

教学设计一：

1. 自由读并思考：两次赛马的经过怎么样？有什么不同？

2. 教师用 FLASH 演示赛马过程并让学生认真观察。

3. 全班交流思考。

教学设计二：

1. 默读课文并思考两次赛马的经过怎么样？有什么不同？

2. 每个同学用手中马的卡片摆一摆赛马过程，小组交流自己想法。

3. 全班交流思考，说说依据。

4. 小组内再次摆一摆，思考：田忌要想战胜齐威王还有哪些对阵顺序？再次交流。

5. 读读课文并体会。

【评析】

（1）设计一体现了多媒体运用的优势，如运用Flash动画演示赛马过程，直观形象生动，发挥多媒体优点，图文声像集于一体，调动多种感官，激发学生的兴趣，快速突破教学的重难点。信息密度大，节约教学时间，提高课堂效率。

缺点是限制了学生的想象和情感体验；忽略对课文的多次阅读和语言的交流，淡化了语文的味道；而且，人机对话替代课堂的同学交流和师生交往，会疏远师生、同学关系。

（2）设计二优点是有充分的阅读和讨论，重视人的主体性的发挥。师生互动多，体现了自主、互动和合作。如：有两次用手中马的卡片摆一摆赛马过程，小组交流自己想法。能围绕文本中的文字来思考和交流，如，一开始的“默读课文”和后面的再读课文。

缺点是耗时较多，课堂的重难点突破比较慢，需要多次讨论交流才能理解其中赛马获胜的原因。

六、 作业的评析

（一）课堂作业的评析

1. 作业的即时性，教学完就做作业；

2. 作业的针对性，针对教学的重点难点设计；

3. 作业的包容性，少而精，快速完成，即时反馈，广泛迁移，巩固知识，形成能力，学以致用。

（二）课后作业设计的评析

1. 作业设计原则：主体性、差异性、实践性、趣味性、开放性原则。

2. 作业布置注意事项：

（1）作业设计要强调五个方面的结合：知识性与趣味性、统一性与层次性、封闭性与开放性、实践性与创新性、自主性与他主性相结合。

（2）作业设计要注意分层，考虑作业难易度、学习能力的差异性。

（3）注意作业的量与质。从量的方面看，作业适量，符合国家或地方规定（一、二年级不留作业，三、四年级不超过半个小时，五、六年级不超过一个小时）。从质的方面看，形式多样，适应课后广阔的时间和空间，作业的内容要有针对性、选择性和探究性。

（4）书本中的课后练习、生字词、小练笔等应该在课内完成。

【案例分析】

案例一：《自己的花是让别人看的》作业的设计：

1. 抄写生字词5遍。

2. 背诵描写花多那一段，并默写一遍。

3. 阅读季羡林的其他文章。

【评析】

体现广泛阅读，探究性学习的精神，如第3题；课外作业切合实际，为学生考虑。不足之处，第1题有机械重复、“一刀切”之嫌，可以改进。

案例二：《走遍天下书为侣》（五年级）课后作业：

请根据这节课的教学，想想你自己阅读目标明确吗，你愿意制订你的阅读书目和阅读目标吗？与同学交流下自己的看法。

【评析】

属于开放性的课后作业，没有硬性的规定一定要落实在纸上，这样的课后作业，具有开放性、实践性的特点，注重引发学生的思考和交流，并有助于学生进行自我反思。

七、板书设计的分析

板书设计具有示范和引导作用，同时给人以美的享受。精心设计的板书，能使学生赏心悦目，兴趣盎然，活化知识，对知识加深理解，加深记忆。板书设计的评价标准是体现教学思路，突出教学重难点，直观形象，有一定的创造性。板书评析从以下几个角度展开：

1. 板书内容体现文章重难点。板书是学生掌握教材内容的凭借，巩固知识的依据，板书设计遵循教材的逻辑顺序，紧紧把握教学内容的重点和难点。力求向更深层次奋力挖掘，使认识达到更高的层次。板书内容设计，应根据教材的内容、教师的设计技巧和学生的适应程度而定。一般说来，内容的设计可以从以下几点入手：能引导学生思路发展的内容，如文章的标题、段落主题、中心句提炼、情感核心点等；能引导学生由形象思维向抽象思维过渡的内容；能引导学生产生联想、便于记忆的内容，如对课文结构的提炼等；读写结合，体现知识能力的迁移。

2. 内容完整，条理系统。一堂课的板书，应是对该堂课讲述内容的浓缩，内容应完整系统，以便学生在课后利用板书的章、节、目、条、款，进行归纳小结，收到再现知识、加深理解、强化记忆的效果。

3. 语言要确切、精当。言简意明、一目了然的板书，给人以凝炼之感，能起到画龙点睛、指点引路的作用。

【案例分析】

根据文本特点和义务教育第三学段阅读教学目标，为《风筝》课堂教学设计一个主板书，并简要说明设计理由。

《风筝》是人教版课标本第五册第三单元的课文，板书设计如下：

	做风筝	高兴
风筝	放风筝	快活
	找风筝	难过

【设计理由】该板书设计以课题“风筝”为主线，突出了童年时候和小伙伴“做风筝”“放风筝”和“找风筝”的情景和心情：“做风筝”时，心中充满了憧憬和希望；“放风筝”时，他们快活地喊叫着；“找风筝”时他们都哭了。因为风筝寄托着他们的快乐，寄托着他们的幸福，寄托着他们对未来的憧憬和希望。主线明晰，涉及文

章内容和情感，简洁明了。

【案例分析】请给《刷子李》设计一份板书，并说说设计理由：

技艺高超
刷子李：规矩奇特　　一波三折
动作娴熟

曹小三：（半信半疑）佩服↗失落↘敬佩↗心服口服

【设计理由】《刷子李》一文主要体现刷子李技艺高超。读小说，要关注人物的特点，也要关注故事情节发展的精彩，关注小说布局谋篇的精妙。同时本文也从曹小三的内心世界变化表现刷子李的特点。此外，小说情节推进的特点是一波三折。该板书的设计不是简单的“告诉”，而是真正提升学生的小说阅读和品鉴的能力。

【评析】

1. 以上两个板书设计都包含几个方面的内容，如主要内容、叙事线索、人物形象、作者感情等。

2. 整个板书突出重点，内容精练，字体规范，板面设计合理。

3. 能结合板书内容解释设计的理由。

第三节　不同类型的案例分析

一、识字与写字教学的案例分析

在案例分析中，识字写字部分的案例一般都是围绕其学段目标、教学建议和评价建议来分析。

（一）识字写字的学段目标

第一学段（1～2 年级）

1. 喜欢学习汉字，有主动识字、写字的愿望。

2. 认识常用汉字 1600 个左右，其中 800 个左右会写。

3. 掌握汉字的基本笔画和常用的偏旁部首，能按笔顺规则用硬笔写字，注意间架结构。初步感受汉字的形体美。

4. 努力养成良好的写字习惯，写字姿势正确，书写规范、端正、整洁。

5. 学会汉语拼音。能读准声母、韵母、声调和整体认读音节。能准确地拼读音节，正确书写声母、韵母和音节。认识大写字母，熟记《汉语拼音字母表》。

6. 学习独立识字。能借助汉语拼音认读汉字，学会用音序检字法和部首检字法查字典。

第二学段（3～4 年级）

1. 对学习汉字有浓厚的兴趣，养成主动识字的习惯。

2. 累计认识常用汉字 2500 个左右，其中 1600 个左右会写。

3. 有初步的独立识字能力。会运用音序检字法和部首检字法查字典、词典。

4. 能使用硬笔熟练地书写正楷字，做到规范、端正、整洁。用毛笔临摹正楷字帖。

5. 写字姿势正确，有良好的书写习惯。

第三学段（5～6 年级）

1. 有较强的独立识字能力。累计认识常用汉字 3000 个左右，其中 2500 个左右会写。

2. 硬笔书写楷书，行款整齐，力求美观，有一定的速度。

3. 能用毛笔书写楷书，在书写中体会汉字的优美。

4. 写字姿势正确，有良好的书写习惯。

（二）识字写字的教学建议

识字教学要注意儿童特点，将学生熟识的语言因素作为主要材料，结合学生的生活经验，引导他们利用各种机会主动识字，力求识用结合。要运用多种识字教学方法和形象直观的教学手段，创设丰富多彩的教学情境，提高识字教学效率。按照规范要求认真写好汉字是教学的基本要求，练字的过程也是学生性情、态度、审美趣味养成的过程。每个学段都要指导学生写好汉字。要求学生写字姿势正确，指导学生掌握基本的书写技能，养成良好的书写习惯，提高书写质量。第一、第二、第三学段，要在每天的语文课中安排10分钟，在教师指导下随堂练习，做到天天练。要在日常书写中增强练字意识，讲究练字效果。

（三）识字写字的评价建议

识字的评价，要考查学生认清字形、读准字音、掌握汉字基本意义的情况，以及在具体语言环境中运用汉字的能力，借助字典、词典等工具书查检字词的能力。第一、第二学段应多关注学生主动识字的兴趣，第三、第四学段要重视考查学生独立识字的能力。

写字的评价，要考查学生对要求“会写”的字的掌握情况，重视书写的正确、端正、整洁，在此基础上，逐步要求书写流利。第一学段要关注学生写好基本笔画、基本结构和基本字，第二、第三学段还要关注学生的毛笔书写，第四学段还要关注学生基本行楷字的书写和对名家书法作品的临摹。义务教育的各个学段的写字评价都要关注学生写字的姿势与习惯，引导学生提高书写质量。第三学段要求学生会写2500个字。对学生写字学习情况的评价，当以标准附录5“义务教育语文课程常用字表·字表一”为依据。

评价要有利于激发学生识字、写字的兴趣，帮助学生养成写规范字的习惯，减少错别字。

（四）典型案例与分析

【案例】请根据以下实录说说识字写字教学的特点。

《盘古开天地》（三年级）教学实录

师：同学们，今天我们学习神话故事《盘古开天地》，请大家打开语文课本，认认真真地把课文读一遍。注意把每一句话读通顺，碰到难读的地方反反复复地读。

生：（读课文）

师：读好了吗？（出示词语）这儿有几个词语大家来看一下。谁能够把这些词语读正确？

生：（读词语）混沌、清浊、血液、滋润。

师：请你把第一个词语再读一遍。

生：（读“混沌”，音不是很准确）

师：（纠正）“清”“浊”分开读，再读一遍。

生：（齐读词语）

师：请同学认真地看屏幕上的这组词语，它们有什么特点？你发现了没有？

生：都是有三点水。

师：嗯，很会观察，那么想想“混沌”这个词语，在课文里是什么意思？

生：就是什么都看不清楚。分不清楚什么和什么。

师：你说得很好，文章里的原句你把它读出来。

生：（读句子）很久很久以前，天和地还没有分开，宇宙混沌一片。

师：连成一团，看不清楚，这就叫做“混沌”（生齐说），再看“清”“浊”，想一想，你所看过的哪些东西是“清”的，哪些东西是“浊”的。

生：很干净的水是清的。

师：那什么样的水是浊的呢？

生：很脏的水是浊的。

师：比方说一些污水排出来，一些泥土混在水中，是吗？一起读。

师：（领着学生读）清浊、血液，“血”，还有一个音读“xiě”。

流血了。血液，再读，最后一个词语。（师生一起读“滋润”）

师：（指名读“滋润”）想一想，很干燥的季节，你喝了一口水，或者很干燥的大地，下过一场雨的土地，你的喉咙就滋润了起来，土地也滋润起来了，是吗？把这种感觉读出来。“滋润”预备起。

生：（读词语）

师：同学们，写字要善于掌握规律，有些时候抓住它的字形结构和偏旁，就能把它记清楚，接下来请同学看一看这些词语。你觉得哪几个比较难写的，在书上写一到两遍，可以写一个，可以写两个，可以写三个，看清楚每一个笔画。

生：（写生字）

师：看老师写“创造”这个词语。请大家注意观察“创”字什么旁？

生：立刀旁。

师：想一想，为什么要用“立刀旁”？

生：这个“创”字有时候也许是刻石雕。它要用刻的，刻的时候用刀。

师：需要工具是吗？谁还有不同的理解？你说。

生：就是要用很大的力气。

师：再看“造”字，创造的“造”为什么要用“走之底”？

生：要创造，必须要行动起来啊！

师：是啊，原地不动，能创造吗？同学们“创造”需要工具，它需要力量，需要行动！我们今天就去看一看，盘古是怎样创造这个美丽的宇宙的呢？

【案例分析】

1. 识字教学要结合儿童的生活经验，引导学生利用各种机会主动识字。如：想一想，你所看过的哪些东西是“清”的，哪些东西是“浊”的。还有“滋润”的教法等。

2. 教师注重指导学生写好汉字。指导学生掌握基本的书写技能，养成良好的书写习惯，提高书写质量。如“创”字的写法；教师课堂上要求学生书写汉字要抓住字形结构和偏旁，要求学生写比较难写的字，在书上写一到两遍，可以写一个，可以写两个，可以写三个，看清楚每一个笔画。

3. 培养学生良好的识字的习惯，对学习汉字有浓厚的兴趣。如：认真地看屏幕上的这组词语，它们有什么特点？你发现了没有？引导学生发现共同点。

【思路分析】本案例的分析主要是从识字写字的“教学建议”入手，根据教学实录中教师的教学，教师在教学“清”和“浊”时采用的是结合自己生活中对水的清浊来理解意义的，在教学“滋润”时，引导学生想一想，很干燥的季节，你喝了一口水，或者很干燥的大地，下过一场雨的土地，你的喉咙就滋润了起来，土地也滋润起来了，这就是“结合儿童的生活经验，引导学生利用各种机会主动识字”。教学“创”字的写法，引导学生书写汉字要抓住字形结构和偏旁，这就是“注重指导学生写好汉字”。在本案例中，还能发现教师能够引导学生发现汉字的规律和造字法等，培养学生良好的识字习惯。

注意案例分析要有理有据。先从课标中相关的理论着手，再结合案例中的例子来分点阐述。

二、 口语交际教学评价

（一）学段目标

第一学段（1～2 年级）

1. 学说普通话，逐步养成讲普通话的习惯。
2. 能认真听别人讲话，努力了解讲话的主要内容。

3. 听故事，看音像作品，能复述大意和自己感兴趣的情节。

4. 能较完整地讲述小故事，能简要讲述自己感兴趣的见闻。

5. 与别人交谈，态度自然大方，有礼貌。

6. 有表达的自信心。积极参加讨论，敢于发表自己的意见。

第二学段（3～4年级）

1. 能用普通话交谈。学会认真倾听，能就不理解的地方向人请教，就不同的意见与人商讨。

2. 听人说话能把握主要内容，并能简要转述。

3. 能清楚明白地讲述见闻，说出自己的感受和想法。讲述故事力求具体生动。

第三学段（5～6年级）

1. 与人交流能尊重和理解对方。

2. 乐于参与讨论，敢于发表自己的意见。

3. 听人说话认真、耐心，能抓住要点，并能简要转述。

4. 表达有条理，语气、语调适当。

5. 能根据对象和场合，稍作准备，作简单的发言。

6. 注意语言美，抵制不文明的语言。

（二）口语交际的教学建议

口语交际能力是现代公民的必备能力。应培养学生倾听、表达和应对的能力，使学生具有文明和谐地进行人际交流的素养。

口语交际是听与说双方的互动过程。教学活动主要应在具体的交际情境中进行，不宜采用大量讲授口语交际原则、要领的方式。应努力选择贴近生活的话题，采用灵活的形式组织教学。

重视在语文课堂教学中培养口语交际的能力，鼓励学生在各科教学活动以及日常生活中锻炼口语交际能力。

（三）口语交际的评价建议

口语交际的评价，须注重提高学生对口语交际的认识和表达沟通的水平。

考查口语交际水平的基本项目可以有讲述、应对、复述、转述、即席讲话、主题演讲、问题讨论等。

口语交际的评价，应按照不同学段的要求，综合考查学生的参与意识、情意态度和表达能力。第一学段主要评价学生口语交际的态度与习惯，重在鼓励学生自信地表达；第二、第三学段主要评价学生日常口语交际的基本能力，学会倾听、表达与交流；第四学段要通过多种评价方式，促进学生根据不同的对象和内容，文明地进行人际沟通和社会交往。评价宜在具体的交际情境中进行，让学生承担有实际意义的交际任务，并结合学生在日常生活和学习活动中的表现，综合考查学生真实的口语交际水平。

（四）典型案例与分析

【案例】下面是著名特级教师于永正老师的教学片段实录《口语交际——学会赞美》

（片段一）

师：可能有人会说，赞美不就是夸奖人吗，这个还要学吗？是要学习的。请看一幅图——（投影：妈妈做好了饭，一家人准备吃饭。）

师：妈妈上班很劳累，回到家又忙着做饭，吃着妈妈做的可口的饭菜，你准备对妈妈说什么？想一想再说。

（学生思考，师巡视，作些了解，然后指名说。）

生：妈妈，你今天做的菜可真好吃！

生：妈妈，你今天做的菜味道真美，不咸也不淡，正好！

生：妈妈，你今天做的菜真香，我本来不想吃饭的，有了这道好菜，一碗米饭准不够！

师：说得都不错。大家说说，妈妈听了哪句话会更高兴？

生：哪一句话听了都会高兴的。

师：有没有会更高兴的？（教师又请刚才几位同学重新把赞美的话说了一遍，让学生比较。）

生：说得比较具体一点的，妈妈会更高兴一些。例如第二句。

生：第三位同学虽然没说菜的味道怎么样，但说有了这道菜，胃口大开了，她挺会说的。这句话妈妈听了会更高兴一些。

师：有比较才有鉴别。这么一比较，哪句话更好一些就看出来了。所以，赞美也要学一学，要会赞美。我们可以总结出两条：第一，赞美要尽量说得具体一些，虽然只是一句话。如第二位同学说的“味道美”“不咸不淡”，这就不是笼统的夸奖。如果说到某一盘菜，就更好说具体了，比如红烧肉，比如炒韭菜等等，就可以说味道怎么样，烂不烂，嫩不嫩，脆不脆等等。第二，有时可以不直接说，而是换个角度说。比方我们赞美一位同学写的字好，你可以说他写得入体，可以说他写得匀称，可以说写得有力，但也可以不直接说字的本身，可以说：“哟，这是你写的！你不说我还以为是请书法家替你写的呢!”

（片段二）

师：你们学过一篇课文叫《狐狸和乌鸦》，课文中的狐狸是不是在赞美乌鸦?

生：不是的，它说的都是假话。

师：那是奉承。奉承人和赞美人是两回事。一个是虚情假意，说假话，企图不良。一个是发自内心，真心实意，说真话。还有一条，会赞美人，首先得善于发现别人的“美”，能正确对待别人，关心别人，尊重别人。不然的话，别人的优点就发现不了，即使发现了，也不愿意去赞美。一句话，我们要做个好人。

请根据《义务教育语文课程标准（2011年版）》口语交际的教学建议，简要评析以上两个教学片段。

【思路分析】

从教学片段可以看出，教学过程始终紧扣口语交际的教学建议。

1. 应培养学生倾听、表达和应对的能力。如教师请同学说对母亲的赞美，之后还要求几位同学重新把赞美的话说了一遍，让学生比较。这都是在培养学生倾听和表达的能力。

2. 使学生具有文明和谐地进行人际交流的素养。如教师引导学生会赞美人，首先得善于发现别人的“美”，能正确对待别人，关心别人，尊重别人。

3. 教学活动主要应在具体的交际情境中进行，努力选择贴近生活的话题，采用灵活的形式组织教学。如教师借助投影的图片：妈妈做好了饭，一家人准备吃饭。这个画面和场景学生都很熟悉，让学生说说，准备对母亲说些什么？

4. 重视在语文课堂教学中培养口语交际的能力，鼓励学生在各科教学活动以及日常生活中锻炼口语交际能力。教师在学生发言后可以总结出两条：第一，赞美要尽量说得具体一些；第二，要学会换个角度说。这是重视培养学生口语交际的能力。

三、 综合性学习的评价

（一）学段目标

第一学段（1～2 年级）

1. 对周围事物有好奇心，能就感兴趣的内容提出问题，结合课内外阅读共同讨论。

2. 结合语文学习，观察大自然，用口头或图文等方式表达自己的观察所得。

3. 热心参加校园、社区活动。结合活动，用口头或图文等方式表达自己的见闻和想法。

第二学段（3～4 年级）

1. 能提出学习和生活中的问题，有目的地搜集资料，共同讨论。

2. 结合语文学习，观察大自然，观察社会，用书面或口头方式表达自己的观察所得。

3. 能在教师的指导下组织有趣味的语文活动，在活动中学习语文，学会合作。

4. 在家庭生活、学校生活中，尝试运用语文知识和能力解决简单问题。

第三学段（5～6 年级）

1. 为解决与学习和生活相关的问题，利用图书馆、网络等信息渠道获取资料，尝试写简单的研究报告。

2. 策划简单的校园活动和社会活动，对所策划的主题进行讨论和分析，学写活动计划和活动总结。

3. 对自己身边的、大家共同关注的问题，或电视、电影中的故事和形象，组织讨论，专题演讲，学习辨别是非、善恶、美丑。

4. 初步了解查找资料、运用资料的基本方法。

（二）综合性学习的教学建议

综合性学习主要体现为语文知识的综合运用、听说读写能力的整体发展、语文课程与其他课程的沟通、书本学习与生活实践的紧密结合。

综合性学习应贴近现实生活。联系生活中的实际问题开展学习活动，在实现语文学习目标的同时，提高对自然、社会现象与问题的认识，追求积极、健康、和谐的生活方式，增强抵御风险和侵害的意识，增强在与自然、社会和他人互动中的应对能力。

综合性学习应突出学生的自主性，重视学生主动积极的参与精神，主要由学生自行设计和组织活动，特别注重探索和研究的过程，要加强教师在各环节中的指导作用。

综合性学习应强调合作精神，注意培养学生策划、组织、协调和实施的能力。

综合性学习的设计应开放、多元，提倡与其他课程相结合，开展跨领域学习。跨学科学习，也应以提高学生语文素养为目的。

积极构建网络环境下的学习平台，拓展学生学习和创造的空间，支持和丰富语文综合性学习。

（三）综合性学习的评价建议

综合性学习的评价，应着重考查学生的语文综合运用能力、探究精神与合作态度。主要着眼于学生在综合性学习过程中的表现，如是否能积极参与活动，是否能主动提出问题，还有搜集整理材料、综合运用语文知识探究问题、展示与交流学习成果等方面的情况。第一、第二学段要较多地关注学生参与语文学习活动的兴趣与态度。第三、第四学段要多关注学生在语文活动中提出问题、探究问题以及展示学习活动成果的能力。各个学段综合性学习的评价都要着眼于促进学生提高语文水平的效率，并有助于他们扩大视野，更好地掌握学习语文的方法。

评价要尊重和保护学生学习的自主性和积极性，鼓励学生运用多种方法，从不同的角度进行探究；要充分注意学生解决问题的思路和方法，对有新意的思路和表达以及有特点的展示方式，尤其要给予足够的重视。除了教师的评价之外，要多让学生开展自我评价和相互评价。

（四）典型案例与分析

【案例】《遨游汉字王国》（人教版五年级上册）教学实录

吴兴区八里店小学　吴新颜

一、谈话导入

师：这两个星期，我们开展了“遨游汉字王国”的综合性学习，经过讨论商定，我们集中开展了“寻找身边的错别字”活动，同学们还对错别字的情况作了一番调查和研究。活动之前，各小队都制订了详细的活动计划（幻灯出示计划表），下面我请一位同学来读一下计划。

生：我们小队的活动计划是这样的：队长是谁？队员有哪些？活动时间是几月几日？活动内容是什么？活动是怎样分工的？活动成果呈现方式有哪些？

师：很好。良好的开端是成功的一半。有了这么周密的计划，这一次的实践活动，大家的收获肯定不小。这节课，我们就把小组活动的成果展示一下。我相信，通过课堂上的交流与共享，同学们会有更大的收获。

二、活动展示

（一）第一小组展示

生$_1$：大家好！我们是智慧果小队。我们的任务是查找社区临街的各个店面和一些流动摊位的错别字情况。请大家随着我们的脚步一起来找找错别字吧——看看哪个同学的眼睛最尖！（生$_2$负责播放幻灯片）

（小组展示找到的错别字并让同学找错别字）

……

生$_3$：我们小队的同学在活动中有个新的发现！我们发现这些不规范的汉字可以分为3种情况。第一是错字，比如把“补胎”的“补”少写了一点；第二是别字，比如把“安装”的“安”写成了读音相近的“按”，把“好像”的“像”写成“大象”的“象”；第三是繁体字。我们小组的同学上网查找了资料，知道了繁体字不属于错别字，而是一种不规范汉字，现在已经不用了。我国法律还规定，一般的招牌不能乱用繁体字。

……

师：（小结）看来生活中的错别字可真多，要想纠正错别字还真是任重而道远。

（二）第二小组展示

生$_1$：我们胜鹰小队在这次活动中的任务主要是寻找社区灯箱广告、宣传窗等地方的错别字情况，这是我们小队找到的错别字，请听我们队员的汇报——

（略）

（三）第三小组展示

生$_1$：我们金苹果小队对五年级同学作文中出现的错别字情况进行了调查。下面展示我们小组绘制的统计图。

生$_2$：（把统计图放上投影仪）大家请看，这是我们小队的成员在调查的基础上请教了数学老师以后绘制的统计图。这张柱形统计图中，用橙色标出的是5年级3个班中“白字的”在作文中出现的错误次数。红色和绿色标示的分别是“地”和“得”在3个班中的错误次数。你看，一不留神，错别字就会出现在我们的作业本上。同学们，我们一定要注意，可千万别让错别字在我们的笔下诞生啊！

（四）第四小组展示

生$_1$：我们小队收集了很多有关错别字的故事，编成了小品，大家掌声有请——生$_2$、生$_3$上台表演故事。

（略）

师：（小结）是啊！一个小小的错别字，轻则闹个笑话，重则造成重大的损失。无论是在商业活动中，还是在军事行动中，都会造成无法挽救的损失！错别字的危害如此之大，人们为什么还会屡屡犯错呢？我们是不是应该研究一下错别字产生的原因以及避免写错别字的方法呢？

（五）探究根源，纠正错字

1. 小组讨论，分析错字原因。

2. 交流。

3. 学生归纳原因并板书：

（1）音近相混（2）形近相混（3）增减笔画

……

4. 寻找对策。你有什么好方法可以减少错别字？

学生总结方法并板书：

错字记录本，经常复习；

编编字谜；

编故事；

……

（六）继续开展防止和纠正错别字的活动

师：同学们的研究和分析真是不错，这些研究成果可以有效地帮助我们自己减少错别字的出现。可是，在我们的生活中人们对错别字的危害认识依然不足，需要大家的努力，同学们你们有什么好主意来帮助人们提高认识、转变观念吗？我们下一次活动再来交流。

思考：以上综合性学习案例体现了综合性学习的哪些特点？

【思路分析】

（1）综合性学习内容贴近现实生活。该案例的主题是“汉字”，并且聚焦在“错别字”这一内容，能让学生联系生活中的实际问题，解决与学习和生活相关的问题。

（2）引导学生关注自己身边的问题、大家共同关注的问题展开研究和实践，并注重解决问题的能力。比如在第三大环节中鼓励学生探究根源，纠正错字，寻找对策，并且继续开展防止和纠正错别字的活动等。

（3）突出学生的自主性，重视学生主动积极的参与精神。该案例从策划到组织，都是由学生自行设计和组织活动，特别注重探索和研究的过程，教师在各环节中的有起到指导作用。展示阶段教师还起到了引领的作用。

（4）综合性学习应强调合作精神，各个小组不仅在实践阶段能分工合作，体现了良好的策划、组织、协调和实施的能力，同时在展示阶段也是能分工合作。每个小组都有不同的任务分工，比如第一组，有人负责汇报，有人负责做幻灯片，有人负责得出结论等。

（5）运用多种方法，从不同的角度进行探究。该案例中不同小组展示的方式也不一样，多姿多彩，体现了学生解决问题的思路和方法多元；并且有新意的思路和表达，如戏剧表演和图表展示等。

缺点：首先，学生获取资料的来源比较单一，大部分是实践中收集资料，教师在指导学生定计划时可以鼓励学生利用图书馆、网络等信息渠道获取资料；其次，成果的呈现方式可以更加多元，鼓励学生尝试写简单的研究报告等；其三，在展示阶段，学生的自评和互评较少，除了教师的评价之外，要多让学生开展自我评价和相互评价。

四、 阅读教学的案例评析

（一）阅读教学的学段目标

第一学段（1～2 年级）

1. 喜欢阅读，感受阅读的乐趣。养成爱护图书的习惯。

2. 学习用普通话正确、流利、有感情地朗读课文。学习默读。

3. 结合上下文和生活实际了解课文中词句的意思，在阅读中积累词语。借助读物中的图画阅读。

4. 阅读浅近的童话、寓言、故事，向往美好的情境，关心自然和生命，对感兴趣的人物和事件有自己的感受和想法，并乐于与人交流。

5. 诵读儿歌、儿童诗和浅近的古诗，展开想象，获得初步的情感体验，感受语言的优美。

6. 认识课文中出现的常用标点符号。在阅读中体会句号、问号、感叹号所表达的不同语气。

7. 积累自己喜欢的成语和格言警句。背诵优秀诗文 50 篇（段）。课外阅读总量不少于 5 万字。

第二学段（3～4 年级）

1. 用普通话正确、流利、有感情地朗读课文。

2. 初步学会默读，做到不出声，不指读。学习略读，粗知文章大意。

3. 能联系上下文，理解词句的意思，体会课文中关键词句表达情意的作用。能借助字典、词典和生活积累，理解生词的意义。

4. 能初步把握文章的主要内容，体会文章表达的思想感情。能对课文中不理解的地方提出疑问。

5. 能复述叙事性作品的大意，初步感受作品中生动的形象和优美的语言，关心作品中人物的命运和喜怒哀乐，与他人交流自己的阅读感受。

6. 诵读优秀诗文，注意在诵读过程中体验情感，展开想象，领悟诗文大意。

7. 在理解语句的过程中，体会句号与逗号的不同用法，了解冒号、引号的一般用法。

8. 积累课文中的优美词语、精彩句段，以及在课外阅读和生活中获得的语言材料。背诵优秀诗文 50 篇（段）。

9. 养成读书看报的习惯，收藏图书资料，乐于与同学交流。课外阅读总量不少于 40 万字。

第三学段（5～6 年级）

1. 能用普通话正确、流利、有感情地朗读课文。

2. 默读有一定的速度，默读一般读物每分钟不少于 300 字。学习浏览，扩大知识面，根据需要搜集信息。

3. 能联系上下文和自己的积累，推想课文中有关词句的意思，辨别词语的感情色彩，体会其表达效果。

4. 在阅读中了解文章的表达顺序，体会作者的思想感情，初步领悟文章的基本表达方法。在交流和讨论中，敢于提出看法，作出自己的判断。

5. 阅读叙事性作品，了解事件梗概，能简单描述自己印象最深的场景、人物、细节，说出自己的喜爱、憎恶、崇敬、向往、同情等感受。阅读诗歌，大体把握诗意，想象诗歌描述的情境，体会作品的情感。受到优秀作品的感染和激励，向往和追求美好的理想。阅读说明性文章，能抓住要点，了解文章的基本说明方法。阅读简单的非连续性文本，能从图文等组合材料中找出有价值的信息。

6. 在理解课文的过程中，体会顿号与逗号、分号与句号的不同用法。

7. 诵读优秀诗文，注意通过语调、韵律、节奏等体味作品的内容和情感。背诵优秀诗文 60 篇（段）。

8. 扩展阅读面。课外阅读总量不少于 100 万字。

在三个学段目标中，重点掌握第三学段的教学目标，尤其是其中关于词语学习和积累的方法、文本的表现方式和表达方法、文体的教学特点等。

（二）阅读的教学建议

阅读是学生的个性化行为。阅读教学应引导学生钻研文本，在主动积极的思维和情感活动中，加深理解和体验，有所感悟和思考，受到情感熏陶，获得思想启迪，享受审美乐趣。要珍视学生独特的感受、体验和理解。教师应加强对学生阅读的指导、引领和点拨，但不应以教师的分析来代替学生的阅读实践，不应以模式化的解读来代替学生的体验和思考；要善于通过合作学习解决阅读中的问题，但也要防止用集体讨论来代替个人阅读。

阅读教学应注重培养学生感受、理解、欣赏和评价的能力。这种综合能力的培养，各学段可以有所侧重，但不应把它们机械地割裂开来。

在理解课文的基础上，提倡多角度、有创意的阅读，利用阅读期待、阅读反思和批判等环节，拓展思维空间，提高阅读质量。但要防止逐字逐句的过深分析和远离文本的过度发挥。

各个学段的阅读教学都要重视朗读和默读。各学段关于朗读的目标中都要求“有感情地朗读”，这是指，要让学生在朗读中通过品味语言，体会作者及作品中的情感态度，学习用恰当的语气语调朗读，表现自己对作者及其作品情感态度的理解。朗读要提倡自然，要摒弃矫情做作的腔调。

（三）阅读的评价建议

阅读的评价，要综合考查学生阅读过程中的感受、体验和理解，要关注其阅读兴趣与价值取向、阅读方法与习惯，也要关注其阅读面和阅读量，以及选择阅读材料的能力。重视对学生多角度、有创意阅读的评价。

精读的评价，重点评价学生对阅读材料的综合理解能力，要重视评价学生的情感体验和创造性的理解。第一学段可侧重考查对文章内容的初步感知和文中重要词句的理解、积累；第二学段侧重考查通过重要词句帮助理解文章，体会其表情达意的作用，以及对文章大意的把握；第三学段侧重考查对文章表达顺序和基本表达方法的了解领悟。

文学作品阅读的评价，着重考查学生感受形象、体验情感、品味语言的水平，对学生独特的感受和体验应加以鼓励。第一学段侧重考查学生能通过朗读和想象等手段，大体感受作品的情境、节奏和韵味；第二学段侧重考查在阅读全文基础上对重要段落和语句的细致阅读，具体感受作品的形象和语言；第三、第四学段，可通过考查学生对形象、情感、语言的领悟程度，以及自己的体验，来评价学生初步鉴赏文学作品的水平。

（四）典型案例与分析

【案例 1】请阅读以下《搭石》一课的教学实录，完成题目。

每当上工、下工，一行人走搭石的时候，动作是那么协调有序！前面的抬起脚来，后面的紧跟上去，踏踏的声音，像轻快的音乐；清波漾漾，人影绰绰，给人画一般的美感。

师：（出示该语段）你找的是这幅画面。你们从哪个词语体会到这幅画面的美呢？

生：协调有序。

师：怎样的动作才是协调有序的呢？（师引读：每当上工、下工，一行人走搭石的时候，动作是那么协调有序！前面的——

生：抬起脚来。

师：后面的——

生：紧跟上去。

师：没有人踩脚，没有人跌入水中，该是有人指挥吧。（生摇头）对，没有人指挥，然而确实那么的默契，那么的有序，这样的动作就叫作——

生：协调有序！

师：真美！这既像是一幅美丽的画，又像是一首清丽的小诗，你看——（点击变成诗的语段，音乐起）

师：谁来读？读出诗一般的韵律美。

（生读诗）

师：同学们，刘章爷爷在大山里工作了13年，每年都有200多天走在搭石上，他常常看到这样的情景，读——（生齐读诗）

师：刘章爷爷在搭石上一遍遍走，一遍遍数，一天走上62道，一共踏过了166 400多道搭石啊，他怎能忘记这样的情景。（诗变回文中的语段，生再次融情朗读）

师：是呀，这一行人在搭石上走出了音乐美、画面美，这的确是家乡的（指板书）——

生：一道风景。

思考：结合第二学段的阅读教学目标，分析上面这段教学实录是如何进行词句的教学的。

【思路分析】

（1）第二学段的阅读教学提到词句的教学，要求“能联系上下文，理解词句的意思，体会课文中关键词句表情达意的作用”。

（2）在本段的教学中，教师抓住关键词“协调有序”引导学生抓住关键词来理解句子内容，先从字面理解，再到联系上下文体会“协调有序”在文章表情达意的作用；接着学生与老师反复合作读“前面的抬起脚来”“后面的紧跟上去”，与走搭石形成通感，如身临其境地体会“抬起脚来，紧跟上去”的和谐，体会没有人踩脚、没有人跌入水中的默契，既体现对语言的揣摩，又渗透人文的浸润，实现抓住关键词语，引导学生还原文本达到理解文本内容的目的。

【案例2】请阅读以下教学实录，完成题目。

《钓鱼的启示》（人教版四年级）

师：课题是“钓鱼的启示”，一看就知道，由两部分组成，一是钓鱼，一是“启示”，请通读课文，哪几个自然段是写作者小时候钓鱼的事；哪几个自然段写作者成年以后得到的启示?

生：倒数第二自然段是写作者获得的启示。

生：第一到第九自然段是写钓鱼的事情。

师：那是一件什么事情呢?

生：课文写的是“我”跟着父亲去钓鱼，钓着了一条大鱼，父亲让“我”把鱼放掉，“我”依依不舍地把鱼放掉了。

师：我能给你的答案打 80 分，其中最主要的漏掉了，会让人产生歧义。这父亲凭什么要让人把鱼放了呀!

生：(恍然大悟) 是我在鲈鱼开放日前就钓着了鱼，父亲才让我放鱼的。

师：请同学们组织好语言再交流。

生：“我”跟着父亲去钓鱼，在鲈鱼开放日前两小时钓着了一条大鱼，父亲坚决要“我”把鲈鱼放掉，“我”无可奈何，依依不舍地把鱼放到了湖里，这件事情让“我”受到了启示。

师：我们这样概括依然会让人产生歧义。“我”当时就从这件事情上得到了启示吗?

生：不是的。

师：(出示幻灯片文字) 鲈鱼捕捞开放日的前一个晚上，“我”和父亲去钓鱼，由于离捕捞开放时间还差两个小时，爸爸要“我”把钓到的鲈鱼放回湖中。“我”依依不舍地把鱼放了。34 年后，当“我”成了著名建筑工程师后，从自身的成长经历中体会到那个令人难忘的夜晚经历的事情使“我”获得终身的启示。

你们觉得老师出示的文字值得你学习的地方在哪里?

生：你增加了最后一句话：“从自身的成长经历中体会到那个令人难忘的夜晚经历的事情使我获得终身的启示”，整个内容概括全面了，不会让人产生误会了。

题目：结合阅读教学的“评价建议”分析以上教学实录，说说第二学段阅读教学的重点。

【思路分析】

（1）“第二学段侧重考查通过重要词句帮助理解文章，体会其表情达意的作用，以及对文章大意的把握。”在这个案例中，教师就是通过引导学生从段中找出关键词“启示”来理解文章。

（2）通过品味“启示”一词的教学引导学生体会其表情达意的作用，并体会文中人物的心情。

（3）通过课文标题“启示”这个重点词，帮助学生理解文章的大意，从自身的成长经历中体会到那个令人难忘的夜晚经历的事情使“我”获得终身的启示。

五、课标理念的评析

（一）基本理念

1. 全面提高学生的语文素养

九年义务教育阶段的语文课程，必须面向全体学生，使学生获得基本的语文素养。

语文课程应激发和培育学生热爱祖国语文的思想感情，引导学生丰富语言积累，培养语感，发展思维，初步掌握学习语文的基本方法，养成良好的学习习惯，具有适应实际生活需要的识字写字能力、阅读能力、写作能力、口语交际能力，正确运用祖国语言文字。语文课程还应通过优秀文化的熏陶感染，促进学生和谐发展，使他们提高思想道德修养和审美情趣，逐步形成良好的个性和健全的人格。

2. 正确把握语文教育的特点

语文课程丰富的人文内涵对学生精神世界的影响是广泛而深刻的，学生对语文材料的感受和理解又往往是多元的。因此，应该重视语文课程对学生思想情感所起的熏陶感染作用，注意课程内容的价值取向，要继承和发扬中华优秀文化传统和革命传统，体现社会主义核心价值体系的引领作用，突出中国特色社会主义共同理想，弘扬以爱国主义为核心的民族精神和以改革创新为核心的时代精神，树立社会主义荣辱观，培养良好思想道德风尚，同时也要尊重学生在语文学习过程中的独特体验。

语文课程是实践性课程，应着重培养学生的语文实践能力，而培养这种能力的主要途径也应是语文实践。语文课程是学生学习运用祖国语言文字的课程，学习资源和实践机会无处不在，无时不有。因而，应该让学生多读多写，日积月累，在大量的语文实践中体会、把握运用语文的规律。

语文课程应特别关注汉语言文字的特点对学生识字写字、阅读、写作、口语交际和思维发展等方面的影响，在教学中尤其要重视培养良好的语感和整体把握的能力。

3. 积极倡导自主、合作、探究的学习方式

学生是学习的主体。语文课程必须根据学生身心发展和语文学习的特点，爱护学生的好奇心、求知欲，鼓励自主阅读、自由表达，充分激发他们的问题意识和进取精神，关注个体差异和不同的学习需求，积极倡导自主、合作、探究的学习方式。教学内容的确定，教学方法的选择，评价方式的设计，都应有助于这种学习方式的形成。

语文学习应注重听说读写的相互联系，注重语文与生活的结合，注重知识与能力、过程与方法、情感态度与价值观的整体发展。综合性学习既符合语文教育的传统，又具有现代社会的学习特征，有利于学生在感兴趣的自主活动中全面提高语文素养，有利于培养学生主动探究、团结合作、勇于创新的精神，应该积极提倡。

4. 努力建设开放而有活力的语文课程

语文课程的建设应继承我国语文教育的优良传统，注重读书、积累和感悟，注重整体把握和熏陶感染；同时应密切关注现代社会发展的需要。拓宽

语文学习和运用的领域，注重跨学科的学习和现代科技手段的运用，使学生在不同内容和方法的相互交叉、渗透和整合中开阔视野，提高学习效率，初步养成现代社会所需要的语文素养。

语文课程应该是开放而富有创新活力的。要尽可能满足不同地区、不同学校、不同学生的需求，确立适应时代需要的课程目标，开发与之相适应的课程资源，形成相对稳定而又灵活的实施机制，不断地自我调节、更新发展。

【案例分析】

阅读下面《童年·冬阳·骆驼队》课堂教学实录（片段），按要求完成题目。

师：冬阳，童年，骆驼队，三个词组成了文章的题目。请同学们展开想象的翅膀，从这三个词当中，你仿佛看到了怎样的画面？

生：我看到了一个冬天的早晨，有很好很好的太阳，一群骆驼队走过来了，然后有很多小孩子围上去玩，玩得十分高兴！

生：我看到了那时刚刚下过雪，人们把雪扫干净了。来了一支骆驼队，一群小孩子围着骆驼，在那边转啊，转啊，一边笑一边玩！

生：在一个冬天的早晨，刚刚从地平线上升起的太阳，暖暖地照耀着大地。一群骆驼从遥远的地方来到了北京城南，一群小孩子围上去东摸摸西摸摸，觉得非常新奇。长大了，这一段美好的回忆就留在了他们的心里。

师：这一群小孩子中也许就有文章的作者林海音。刚才大家在头脑中想象的画面，其实也是林海音女士无数次在脑海中浮现的画面。（出示画面请学生欣赏，遥远的音乐起）你看，冬阳下的骆驼队缓缓地走来，响着悦耳的铜铃声。这一幅画面成为作者关于童年生活的最为清晰的记忆，正如作者在文章的结尾所说的“看见冬阳下的骆驼队走过来，听见缓慢悦耳的铃声，童年重临于我的心头”。那么当作者的脑海中无数次地浮现出这一画面的时候，童年的哪些往事又重临于“我”的心头呢？请同学们读一读这篇文章。

学生自由朗读，教师巡视。

思考："正确把握语文教育的特点"是《义务教育语文课程标准(2011年版)》提出的课程基本理念之一，请简析本教学实录中教师的教学是如何落实这一理念的。

【思路分析】

(1) 体现了"语文教育的熏陶感染作用"。如让学生从"冬阳""童年""骆驼队"三个词中来想象画面，培养学生想象力。

(2) 尊重学生的独特体验。如每个学生想象的画面不一样，有的抓住场景，有的关注人，还有的留意画面细节，教师都予以肯定和评价，让学生充分展开想象。

(3) 体现了语文是实践性很强的课程，如让学生表达、倾听和想象、讨论、朗读，在大量的语文实践中把握运用语言的规律。

(4) 注意培养学生整体感知的良好语感。如让学生自由表达，出示画面请学生欣赏。

(5) 培养学生整体把握的能力，如让学生讲故事，从而掌握文章的内容。

(二) 教学建议理念

1. 充分发挥师生双方在教学中的主动性和创造性

学生是语文学习的主体，教师是学习活动的组织者和引导者。语文教学应在师生平等对话的过程中进行。

语文教学应激发学生的学习兴趣，培养学生自主学习的意识和习惯，引导学生掌握语文学习的方法，为学生创设有利于自主、合作、探究学习的环境。应尊重学生的个体差异，鼓励学生选择适合自己的学习方式。

教师应确立适应社会发展和学生需求的语文教育观念，注重吸收新知识，不断提高自身的综合素养。应认真钻研教材，正确理解、把握教材内容，创造性地使用教材；积极开发、合理利用课程资源，灵活运用多种教学策略和现代教育技术，努力探索网络环境下新的教学方式；精心设计和组织教学活动，重视启发式、讨论式教学，启迪学生智慧，提高语文教学质量。

2. 教学中努力体现语文的实践性和综合性

教师应努力改进课堂教学，整体考虑知识与能力、过程与方法、情感态度与价值观的综合，注重听说读写之间的有机联系，加强教学内容的整合，统筹安排教学活动，促进学生语文素养的整体提高。

重视学生读书、写作、口语交际、搜集处理信息等语文实践，提倡多读多写，改变机械、粗糙、繁琐的作业方式，让学生在语文实践中学习语文，学会学习。善于通过专题学习等方式，沟通课堂内外，沟通听说读写，增加学生语文实践的机会。充分利用学校、家庭和社区等教育资源，开展综合性学习活动，拓宽学生的学习空间。

3. 重视情感、态度、价值观的正确导向

培养学生正确的思想观念、科学的思维方式、高尚的道德情操、健康的审美情趣和积极的人生态度，是与帮助他们掌握学习方法、提高语文能力的过程融为一体的，不应该当做外在的附加任务。应该根据语文学科的特点，注重熏陶感染，潜移默化，把这些内容渗透于日常的教学过程之中。

4. 重视培养学生的创新精神和实践能力

语文教学要注重语言的积累、感悟和运用，注重基本技能训练，让学生打好扎实的语文基础。尤其要注重激发学生的好奇心、求知欲，发展学生的思维，培养想象力，开发创造潜能，提高学生发现、分析和解决问题的能力，提高语文综合应用能力。

【案例分析】

案例一：《草虫的村落》教学片段（人教版六年级）

师：今天咱们继续跟随作者到草虫的村落里去游历。这节课同学们要学习一种新的读书方法。咱们要特别关注带这些特殊标点符号的句子：比如说感叹号，去品读里边所蕴含的语言和情感信息。请大家快速默读这两段课文，关注带感叹号的句子，最后用笔画下来。好，赶紧自己先读。（待学生读完后，教师提问）这个句子你们都找到了没有？那咱们一起来读一读。

生：（齐读）我想它一定是游侠吧！

师："游侠"这个词你理解吗？说说看，什么是"游侠"？

生：英勇的人。

生：游历四方的大侠。

师：这种人你在哪里看到过？

生：动画片里。

师：也可能是在武侠片里看过。专门行侠仗义，爱打抱不平的，我们称他为"侠"，经常云游四方的大侠我们就称他为"游侠"。这个词分开来理解会更有味道。这样吧，我们通过读课文去读懂这个词。咱们再读读课文三、四段。你从哪些语句当中读懂了它真的是一个大侠，而且是一个云游四方的大侠？好，咱们再读书，一边读，一边把重要的语句画下来。

（生读）

师：谁想来说一说你从哪些语句当中读出了它真的是一个大侠？

……

（省略部分是师生就"从哪里看出它是一个游侠"这个问题展开交流，并让学生说出"游侠的气概"。）

师：一种勇往直前的英雄气概。这只黑甲虫走到村子里后，你看，它走着走着，一路上，碰到了许多同伴，它们互相打着招呼。你想，它们是怎样互相打招呼的呢？老师来做甲虫村子里的村民，你们来做这个游侠"保罗"好不好？我和你们打招呼：保罗，你回来啦？

生：是的。

师：你饭吃过了没有？

生：吃过了。

师：今天天气不错呀！

生：是不错，要不要出去散散步？

师：刚回来就要出去散步了。哎呀，保罗，你变黑变瘦了。

生：（笑）我觉得我变胖了。

师：哎呀，我觉得你黑了瘦了。保罗，你这回回来不会再走了吧！

生：是，我不走了。

师：哦，你想在家里休息一段时间。你们看，这游侠一回来，村民就跟它打招呼，课文中有个词叫……

生：寒暄。

师：从这“寒暄”中，我们也读懂了黑甲虫是常年云游在外的大侠。读到这儿，你肯定这是大侠了吗？肯定了，那你就肯定地读读这个句子，一起来。

……

（省略部分为教师指导学生带着自己的感受读：“我想它一定是游侠吧！”）

思考：根据语文课程标准的理念，从师生关系的处理方面评析这段教学实录。

【思路分析】

本教学片段充分体现了学生的主体地位。整个教学过程都是让学生自己体验、感悟和思考，亲历了自我的阅读实践。教师在其中引领和点拨，而不是用自己的分析代替学生的分析。是一次师生间平等的对话。

在该教学中，教师作为知识的传授者，学生作为接受者，双方相互促进，一方面教师循循善诱，角色扮演，模拟情境，充分调动学生参与到教学活动中来，引导学生理解重点词句的意思；另一方面，学生也积极回应老师的号召，双方彼此互动，增强了课堂的生动性和趣味性。

【案例分析】

案例二：《海底世界》教学实录（片段）（人教版三年级）

师：同学们，海底真是个景色奇异、物产丰富的世界，你们想不想让更多的人来了解这个景色奇异、物产丰富的海底世界呢？

生：想！

师：我提议，咱们来开一个有关“海底世界”的新闻发布会吧！

生：太棒啦！

师：在开新闻发布会之前，我们要做哪些准备工作呢？

生：收集有关海底世界的资料。

生：多读课文，看看文中有什么信息。

师：对，现在我就是船长，（挂工作证）你们是潜水员，快快潜入课文中的海底世界吧，看看你们能发现些什么，发现了情况立即向我报告。

（学生快速浏览课文）

生：报告船长，我发现了海底并不是没有一点儿声音，海底的动物常常在窃窃私语。

师：好，你发现了海底有声音。（出示组牌：声音）注意简单地向我汇报你们的发现。

生：报告船长，我发现了海底的动物有很多种，而且活动方法各不相同。

师：很好，你发现了海底有动物。（出示组牌：动物）

生：报告船长，我发现了海底有植物。

师：不错！（出示组牌：植物）

生：报告船长，我发现了海底有矿物。

师：（出示组牌：矿物）还有其他的发现吗？

生：报告船长，我发现了海底有光。

师：(出示组牌：光) 潜水员们，你们的发现可真不少！

师：下面就请大家各自选择自己最感兴趣的发现，分组进行专题研究。注意一方面要读懂课文，讨论疑难问题，准备好本组的发布内容；另一方面还要做好准备回答记者们的提问。遇到困难可以向我和电脑求助。

(教师引导分组，并指导各小组采用不同的形式来发布本组的内容)

师：我宣布“海底世界”新闻发布会现在开始！请各小组按照课文描写的顺序上台发布你们的发现。

师：台下的同学们，你们现在就是各报社、各电台的记者，注意认真听各组的发现，你们呆会儿可以围绕课文内容提出相关问题。

师：首先请听光组的发现。(教师把组牌“光”贴在黑板上)

生：我们组想用朗读的方式向大家发布我们的发现。(鼓掌)

生：请大家闭上眼睛，想象一下！(本组有感情地朗读)

生：记者们你们感受到了海底世界，那黑暗中却有光亮的奇异景象吗？欢迎大家就我们所介绍的内容提出问题。

思考一：结合教学片段分析教师在教学中如何体现“学生是学习的主体”？具体表现在哪些地方？

思考二：请用语文课程的基本理念“努力建设开放而有活力的语文课程”，分析以上教学片段。

【思路分析】

思考一：

(1) 学生是学习的主体。语文课程必须根据学生身心发展和语文学习的特点，爱护学生的好奇心、求知欲。如，在本案例中教师鼓励学生自主阅读、自由表达，充分激发他们的问题意识和进取精神。

(2) 关注个体差异和不同的学习需求，积极倡导自主、合作、探究的学习方式，如，将学生分成几个组来讨论学习。

(3) 教学内容的确定，教学方法的选择，评价方式的设计，都应有助于这种学习方式的形成。

思考二：

(1) 语文课程应该是开放而富有创新活力的。

(2) 拓宽语文学习和运用的领域，注重跨学科的学习和现代科技手段的运用，如，教师创设情境——“我是船长”，引导学生“潜入海底”探索未知的世界，鼓励学生遇到困难可以向电脑求助。

(3) 使学生在不同内容和方法的相互交叉、渗透和整合中开阔视野，提高学习效率，初步养成现代社会所需要的语文素养，如，教师组织学生开展专题研究（综合性学习），用不同方式发布自己小组的研究成果等。

（三）评价建议的理念

语文课程评价的根本目的是为了促进学生学习，改善教师教学。语文课程评价应准确反映学生的学习水平和学习状况，全面落实语文课程目标。应充分发挥语文课程评价的多重功能，恰当运用多种评价方式，注重评价主体的多元与互动，突出语文课程评价的整体性和综合性。要根据不同年龄学生的学习特点，按照不同学段的课程目标，抓住关键，突出重点，采用合适方式，提高评价效率。语文课程评价应该改变过于重视甄别和选拔的状况，突出评价的诊断和发展功能。

1. 充分发挥语文课程评价的多种功能

语文课程评价具有检查、诊断、反馈、激励、甄别和选拔等多种功能，其目的是为了考察学生实现课程目标的程度，检验和改进学生的学习和教师的教学，改善课程设计，完善教学过程。应发挥语文课程评价的多种功能，尤其应注意发挥其诊断、反馈和激励的功能，有效地促进学生的发展。

2. 恰当运用多种评价方式

形成性评价关注学习过程，有利于及时揭示问题、及时反馈、及时改进教与学活动。终结性评价关注学习结果，有利于对教学活动作出总结性的结论。形成性评价和终结性评价都是必要的。应加强形成性评价，注意收集、积累能够反映学生语文学习与发展的资料，可采用成长记录袋等各种方式，记录学生的成长过程。对学生语文学习的日常表现，应以表扬、鼓励等积极的评价为主，采用激励性的评语，从正面加以引导。

要坚持定性评价和定量评价相结合，全面反映学生语文学习的状态及水平。评价方法除了纸笔测试以外，还有平时的行为观察与记录、问卷调查、面谈讨论等各种方法。语文学习具有重情感体验和感悟的特点，更应重视定性评价。学校和教师要对学生的成长记录和考试结果进行分析，评价结果的呈现方式除了等级或分数以外，还可用代表性的事实客观描述学生语文学习的进步，并提出建议。

各种评价方法都有其一定的适应性，在评价的客观性和深刻性上也各有差别，因此，评价设计要注重可行性和有效性，力戒繁琐，防止片面追求形式。

3. 注重评价主体的多元与互动

应注意将教师的评价、学生的自我评价及学生之间的相互评价相结合，加强学生的自我评价和相互评价，促进学生主动学习，自我反思。教师评价要理解和尊重学生的自我评价与相互评价。要尊重学生的个体差异，有利于每个学生的健康发展。

根据需要，可让学生家长、社区、专业人员等适当参与评价活动，争取社会对学生语文学习的更多关注和支持。

4. 突出语文课程评价的整体性和综合性

语文课程评价要体现语文课程目标的整体性和综合性，全面考查学生的语文素养。应注意识字与写字、阅读、写作、口语交际、综合性学习五个方面的有机联系，注意知识与能力、过程与方法、情感态度与价值观的交融、整合，避免只从知识、技能方面进行评价。

【案例评析】

案例一：阅读下面材料，完成题目。

［材料］《太阳》一直是人教版五年级语文教材旧版本里的一篇课文。下面是一位名师的教学集锦。

［集锦1］师生互相问好，鼓励学生积极参与学习，然后用比赛等方式读课文，其中有个片段：

老师让一位不愿举手、朗读基础不好的学生读。

生：（读）太阳有杀菌（读成jǔn）的能力，我们可以利用它来预防和治疗疾病。

师：不错，声音响亮，也读得流利，但有一个字读错了，请把课文看仔细！

学生再读，仍读错，其他学生有笑声。

师：他勇敢地站起来读，而且读得很好，但因为太紧张，没有把句中的注音看清楚，静下心，把括号里的拼音看仔细，相信你这次一定能读好。

生读，正确、流利、响亮。

［集锦2］师：刚才你们读到课文最后的“一句话，没有太阳，就没有我们这个美丽而可爱的世界”，这开头的“一句话”三个字，在这儿起到了什么作用呢？

生：这三个字起一个总结作用。

师：能够在句子中起到总结作用的除去“一句话”这三个字，还有什么词？

生：还有“总之”。

师：“总之”，变成四个字是什么？

生：总而言之。

师：还有什么？

……

师：对了，所以你们想，咱们汉语是多么的丰富多彩，一个意思能用好多不同的词来表达，还想不想读课文？

……

［集锦3］师：这回大家默读，拿出一支笔来，做两个工作：在读课文的过程中，你认真思考，哪里讲了什么事，你明白了，就把它画下来；哪里有疑问，就画个问号。

学生默读，勾画，交流汇报。老师让学生把读懂的内容用最简洁的文字写在黑板上，最后再给那些内容标注数字，结果是：

(1) 太阳离地球有一亿五千万公里远

(2) 步行去太阳要三千五百年

(3) 坐飞机要二十几年

(4) 130万个地球才能抵得上一个太阳

(5) 太阳是个大火球

(6) 太阳表面温度有六千度

(7) 中心温度估计是表面温度的三千倍

(8) 关系密切

(9) 形成生态环境

(10) 产生气象变化

(11) 杀菌防治疾病

(12) 没有太阳就没有美丽可爱的世界

请根据语文课程标准的评价建议，对集锦1中老师的评价进行简要分析。

【评析】

(1) 语文课程标准倡导发挥课程评价的多种功能，尤其应注意发挥其诊断、反馈和激励的功能，有效促进学生发展。对学生语文学习的日常表现，应以表扬、鼓励等积极评价为主。

(2) 案例中，老师让学生把注音看仔细，注意了评价的诊断性；

充分肯定学生朗读的优点，注意评价的激励性，这样，有助于激发学生学习的自信心和积极性。

六、 教学资源的开发与利用

语文课程资源包括课堂教学资源和课外学习资源，例如：教科书、相关配套阅读材料、其他图书、报刊、工具书、教学挂图，电影、电视、广播、网络、报告会、演讲会、辩论会、研讨会、戏剧表演、生产劳动与社会实践场所、图书馆、博物馆、纪念馆、展览馆、布告栏、报廊、各种标牌广告，等等。

自然风光、文化遗产、风俗民情、方言土语、国内外的重要事件、日常生活的话题等也都可以成为语文课程的资源。

各地都蕴藏着多种语文课程资源。学校要有强烈的资源意识，认真分析本地和本校的特点，充分利用已有的资源，积极开发潜在的资源，特别是人的资源因素和在课程实施过程中生成的资源因素。

学校应积极创造条件，努力为语文教学配置相应的设备；还应当争取社会各方面的支持，与社区建立稳定的联系，给学生创设语文实践的环境，开展多种形式的语文学习活动。

语文教师应高度重视课程资源的开发与利用，创造性地开展各类活动，增强学生在各种场合学语文、用语文的意识，通过多种途径提高学生的语文素养。

【案例分析】

《莫高窟》教学片段

师：（饱含深情状）莫高窟，一个光彩夺目的名字，一个令人神往的艺术圣地。有人说，莫高窟是祖国西北的一颗明珠。有人说莫高窟是举世闻名的艺术宝库。也有人说莫高窟凝结着中国古代劳动人民的汗水和智慧。（生神情向往）

师：同学们，刚才老师说了些什么？（生茫然）

师：没听清？我再读一遍。

师再一遍有感情地朗诵，生认真听记。

这一次学生们回答得很好。

师：同学们，生活中处处是语文呀！我们不仅读课文要记，听人讲话也要记，这也是学语文呀。老师布置课前预习了，谁查过资料知道敦煌莫高窟呢？能给大家介绍一下吗？

生：莫高窟是一处著名的文物古迹，地处我国西北，有许多珍贵的历史文物，有精妙绝伦的彩塑，宏伟瑰丽的壁画，还收藏着许多珍贵的古代经书、帛画、刺绣等。

师：你是怎么知道的？

生：我在课外书上看过。

师：真好，你课前已经在认真积极地做预习工作了。我们学习就要像你一样，在课前认真做好准备工作，善于搜集相关资料。大家课后还可以借助电脑，上网查找更多的资料。

【评析】

(1) 语文课程是学生学习运用祖国语言文字的课程，学习资源和实践机会无处不在，无时不有。语文课程资源包括课堂教学资源和课外学习资源，自然风光、文化遗产都是语文课程资源。该案例中的莫高窟既是自然风光，更是文化遗产，是重要的语文课程资源。教师借助这样的课程资源来学习，能增加学生对中华民族优秀传统文化的热爱。

(2) 教师要积极开发潜在的资源，特别是人的资源因素和在课程实施过程中生成的资源因素。在案例中，教师让学生课前预习和让学生课后借助电脑来查找资料理解文本，都是发挥人的资源因素。

(3) 语文学习应该让学生多读多写，日积月累，增强学生在各种场合学语文、用语文的意识，通过多种途径提高学生的语文素养。案例中，教师让学生注意听读，以及找资料等方法就是让学生在实践中学习和运用语文。

参考文献

1. 教育部. 义务教育语文课程标准（2011 年版）. 北京师范大学出版社，2011.

2. 杨再隋，等. 语文课程的目标、理念、策略. 湖南教育出版社，2012.

3. 钟启泉. 学科教学论基础. 华东师范大学出版社，2001.

4. 孙绍振. 名作细读（修订版）. 上海教育出版社，2010.

5. 孙绍振. 孙绍振如是解读作品. 福建教育出版社，2007.

6. 王荣生. 语文科课程论基础. 教育科学出版社，2014.

7. 王荣生. 语文课程与教学内容. 教育科学出版社，2015.

8. 王荣生. 阅读教学设计的要诀. 中国轻工业出版社，2016.

9. 王荣生. 实用文教学教什么. 华东师范大学出版社，2014.

10. 王荣生. 文言文教学教什么. 华东师范大学出版社，2014.

11. 王荣生. 写作教学教什么. 华东师范大学出版社，2014.

12. 王荣生. 语文综合性学习教什么. 华东师范大学出版社，2014.

13. 王荣生. 散文教学教什么. 华东师范大学出版社，2014.

14. 王荣生. 小说教学教什么. 华东师范大学出版社，2015.

15. 王荣生. 小说教学教什么. 华东师范大学出版社，2016.

16. 韩雪屏. 中国当代阅读理论和阅读教学. 四川教育出版社，2000.

17. 潘新和. 课程语文教学论. 人民教育出版社，2005.

18. 潘新和. 语文：表现与存在. 福建人民出版社，2004.

19. 潘新和. 语文：审视与前瞻——走近名家. 福建人民出版社，2009.

20. 潘新和. 语文：回望与沉思——走近大师. 福建人民出版社，2012.

21. 钱理群，孙绍振，王富仁. 解读语文. 福建人民出版社，2010.

22. 钱理群. 语文教育门外谈. 广西师范大学出版社，2003.

23. 赖瑞云. 语文课程理论与运用. 海峡文艺出版社，2008.

24. 赖瑞云. 混沌阅读. 福建教育出版社，2010.

25. 赖瑞云. 文本解读与语文教学论. 北京师范大学出版社，2013.

26. 张心科. 清末民国儿童文学教育发展史论. 北京师范大学出版社，2011.

27. 张心科. 语文课程论. 福建教育出版社，2014.

28. 张心科. 民国儿童文学教育文论辑笺. 海豚出版社，2012.

29. 施茂枝. 这样教写作不难. 高等教育出版社，2018.

30. 施茂枝. 课例中的儿童本位理念. 福建教育出版社，2014.

31. 施茂枝. 语文教学：学科逻辑与心理逻辑. 教育科学出版社，2013.

32. 刘仁增. 课文细读：指向文本秘妙. 福建教育出版社，2014.

33. 刘仁增. 我的语用教学观. 福建教育出版社，2014.

34. 刘仁增. 语用：开启语文教学新门. 福建教育出版社，2015.

35. 陈日亮. 如是我读. 华东师范大学出版社，2010.

36. 陈日亮. 我即语文. 福建教育出版社，2007.

37. 王守恒. 小学语文教学与研究. 人民教育出版社，2006.

38. 蒋蓉. 小学语文课程与教学论. 北京师范大学出版社，2015.

39. 吴忠豪. 小学语文课程与教学论. 北京师范大学出版社，2004.

40. 吴忠豪. 从教课文到教语文——小学语文教学专题行动研究. 高等教育出版社，2012.

41. 吴忠豪. 小学语文课程与教学. 中国人民大学出版社，2015.

42. 江平. 小学语文课程与教学. 高等教育出版社，2017.

43. 王崧舟. 听名师讲课. 华东师范大学出版社，2016.

44. 薛法根. 文本分类教学. 福建教育出版社，2016.

45. 窦桂梅. 听窦桂梅老师评课. 华东师范大学出版社，2012.

46. 闫学. 小学语文文本解读. 华东师范大学出版社，2012.

47. 罗晓辉，冯胜兰. 文本解读与阅读教学讲谈. 华东师范大学出版社，2018.

48. 周一贯. 小学语文文体教学大观. 上海教育出版社，2017.

后 记

《文本解读与小学语文教学设计》一书是福建省创新创业共享课程“小学语文教学与研究”的研究实践成果。本书可以作为该课程的辅助教材，亦能帮助指导参加教师资格考试的人员以及即将从事教师职业的群体了解课程标准的要求，达到考试大纲规定的理论和实际能力水平，形成符合从事教师职业从业要求的语文教学素养。

语文课程有五个学习领域：识字与写字、阅读、写作、口语交际与综合性学习，阅读教学是其中最主要的领域。文本解读能力是阅读教学的基础，也是阅读教学是否正确、能否深入的关键。但真实的情况是教师文本解读能力的普遍欠缺。为此在长期的师范教学实践中，我边实践边研究，力图在日常的教学中引导学生重视文本解读，在正确理解文本的基础上再行设计与教学；同时，本书还根据课文文体特点确定“教什么”“怎么教”的问题，从理论和实践两个方面对不同文体教学给出了具体的设计课例，让“关注文体”的课程理念落地生根。本书对一线教师的备课教学也具有一定的参考价值。

本书的写作历时两年，但是其中的资料和案例却是多年教学的锱铢积累。我阅读并学习了这个学科教学大部分的国内教材，在遵循学科体系和学理基础上，选择其中的重点和难点——阅读教学与教学设计入手来寻求突破。我省语文教学拥有一批名师和名家，毕业于福建师范大学的我，一直关注师长们的研究及其成果，孙绍振先生、潘新和先生、赖瑞云先生、施茂枝先生有关阅读教学的学术研究成果是本书重要的学术资源。而“闽派语文”更是长期滋养着我，二十多年的教学生涯中，我一直跟踪着小学一线名师的课堂：林莘、刘仁增、洪丽玲……长期的一线教学更为本书的编写提供了实践依据，我的每一届学生的实践作业都是我案例分析的最好资源。本书后面所列参考书目虽未穷尽学科教学书目，但已是本书的最佳参考读本。

本书的编写过程正值教材的改版，已经尽量使用最新统编版的教材，而三年级以后的课文只能留待下次修订时再予以补充和完善；其次，本书主要是日常教学和学生实践的整理，甚至有部分就是实录，因为除了适用于日常的课程教学之外，还有个非常明确的目标，那就是适用于学生的教师资格证考试和教师招聘考试，因此，部分的案例偏向于模式化，可能有失周全。这是需要请求读者谅解的。所幸的是，其中部分的章节已经拍摄成了微课，部分未能在本书中谈及的内容也拍摄成了精品课的视频课，可以作为本书的辅助解读和补充。

本课程的建设和本书的编写出版得到了闽江师范高等专科学校以及闽江师范高等专科学校初教系领导的大力支持，本书部分的教学设计案例也得到许多老师和同学无私的支持，在此一并表示衷心感谢。

创新创业课程建设是一个动态的建设过程，也是一个与时俱进的过程，而编写小学语文教学权威而实用的考试用书，也是一项艰难而富有创造性的工作。在今后的建设过程中，我们将继续努力，逐步完善。由于时间及知识水平所限，本书在编写过程中难免有不足之处，恳请各位读者批评指正，以便我们努力改进。

在该书的编写中，我们得到很多师友的热情无私帮助，不过，虽经多方努力，仍有部分文章和案例的作者没能联系上，请文章版权所有人见书后与编者联系。